wmf**martinsfontes**   ubu

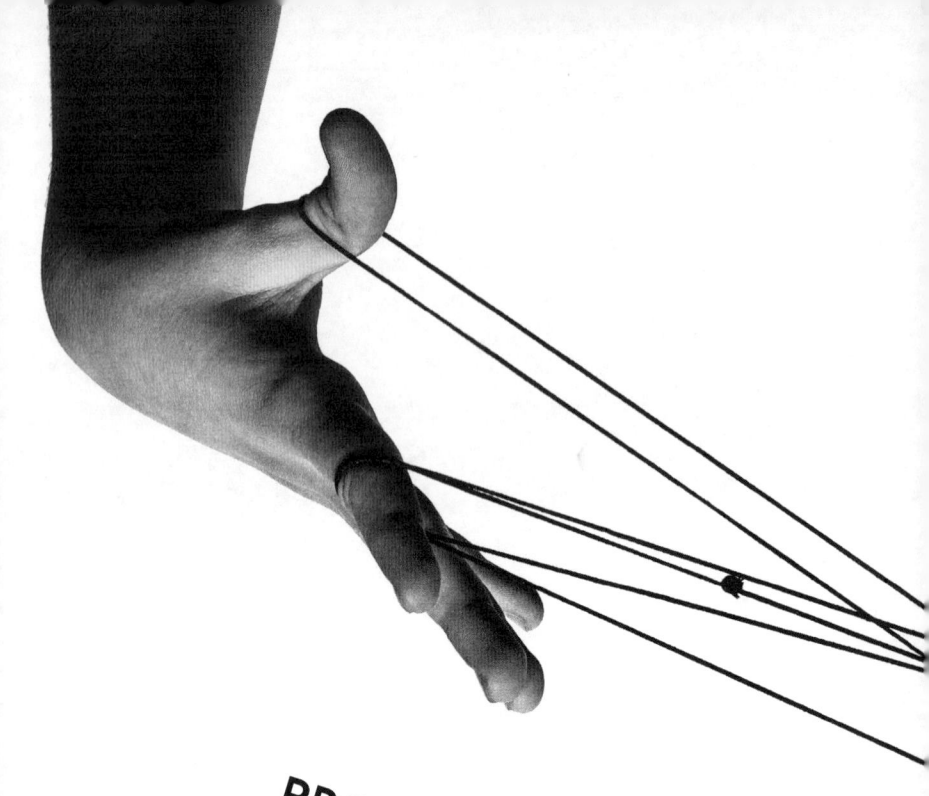

PROCESSOS DE AMADURECIMENTO E AMBIENTE FACILITADOR: ESTUDOS SOBRE A TEORIA DO DESENVOLVIMENTO EMOCIONAL

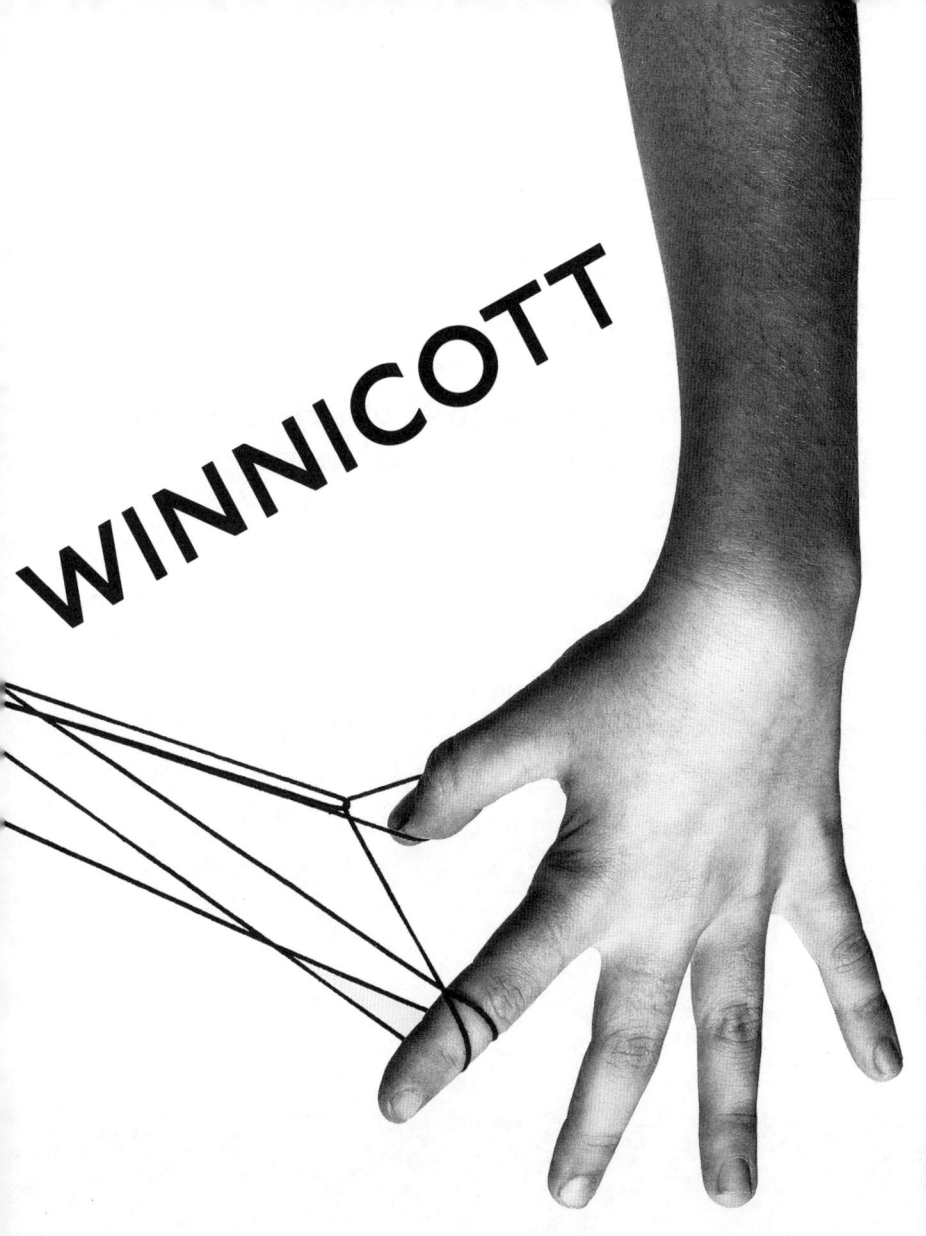

WINNICOTT

TRADUÇÃO
IRINEO CONSTANTINO SCHUCH ORTIZ

7   Nota do organizador
9   Agradecimentos

11   INTRODUÇÃO

PARTE I ESTUDOS SOBRE O DESENVOLVIMENTO

15   1. Psicanálise e o sentimento de culpa
34   2. A capacidade de ficar sozinho
44   3. A teoria do relacionamento pais-bebê
70   4. A integração do ego no desenvolvimento da criança
79   5. Provisão para a criança na saúde e na crise
91   6. O desenvolvimento da capacidade para a consideração
104   7. Da dependência à independência no desenvolvimento do indivíduo
117   8. Moral e educação

PARTE II TEORIA E TÉCNICA

- 135 9. Sobre a contribuição da observação direta de crianças para a psicanálise
- 143 10. Análise da criança no período de latência
- 155 11. Classificação: existe uma contribuição psicanalítica à classificação psiquiátrica?
- 177 12. Distorção do ego em termos de self verdadeiro e falso self
- 195 13. Cordão: uma técnica de comunicação
- 202 14. Contratransferência
- 212 15. Os objetivos do tratamento psicanalítico
- 218 16. Enfoque pessoal da contribuição kleiniana
- 229 17. Comunicação e falta de comunicação levando ao estudo de certos opostos
- 248 18. Formação em psiquiatria infantil
- 261 19. Psicoterapia dos distúrbios de caráter
- 279 20. Os doentes mentais nos casos clínicos dos assistentes sociais
- 296 21. Distúrbios psiquiátricos nos processos de amadurecimento infantil
- 312 22. O atendimento hospitalar como complemento de psicoterapia intensiva na adolescência
- 321 23. Dependência no cuidado do bebê, no cuidado da criança e no *setting* psicanalítico

- 337 Índice remissivo
- 347 Sobre o autor

NOTA DO ORGANIZADOR

Este volume reúne estudos tanto publicados como inéditos do dr. Winnicott sobre psicanálise e desenvolvimento da criança, de 1957 a 1963. A série de estudos apresentados aqui complementa os publicados em *Collected Papers: Through Paediatrics to Psycho-Analysis* (London: Tavistock Publications, 1958).

Para que o texto não ficasse sobrecarregado de citações e notas de rodapé, as inter-relações dos temas e conceitos tratados nos artigos do dr. Winnicott são fornecidas no índice remissivo, no fim. Os temas principais são divididos em subcategorias e indexados de modo que as várias implicações e conotações de uma ideia fiquem facilmente disponíveis para o leitor. Os conceitos básicos de Freud são indexados em conexão com as discussões e elaborações que o dr. Winnicott faz sobre eles. Frequentemente o dr. Winnicott menciona um conceito de Freud em um contexto dado, mas não o discute como tal; é nosso propósito que o índice em parte complemente isso ao indicar as ligações entre as ideias do dr. Winnicott e as de Freud.

M. MASUD R. KHAN

AGRADECIMENTOS

Quero inicialmente agradecer a meus colegas psicanalistas. Efetuei minha formação como membro desse grupo e após tantos anos de relacionamento torna-se impossível para mim saber o que aprendi e quais foram minhas contribuições. Em certo sentido, as obras de cada um de nós podem ser em parte copiadas. A despeito disso, acho que não copiamos; trabalhamos e observamos e pensamos e descobrimos, mesmo se for possível verificar que o que descobrimos já tinha sido descoberto antes.

Acho que foi de grande valor ter viajado ao exterior para discutir minhas ideias com aqueles que trabalham nos contextos analítico, psiquiátrico, pediátrico e educacional, e em grupos sociais diferentes dos que temos em Londres.

Quero agradecer à minha secretária, sra. Joyce Coles, cuja precisão no trabalho se tornou uma parte importante da elaboração de cada um destes estudos em sua origem. Agradeço também à srta. Ann Hutchinson, que preparou os estudos para publicação.

Finalmente, agradeço ao Sr. Masud Khan, que me deu o estímulo que resultou na publicação deste livro. O sr. Khan contribuiu com muito de seu tempo na tarefa de confecção e preparação para editá-lo. Fez também um sem-número de sugestões valiosas, das quais aceitei a maioria. Ele foi o artífice de minha percepção gradual da relação de meu trabalho com o de outros analistas do passado e do presente. Sou-lhe particularmente grato pela preparação do índice.

D. W. WINNICOTT

INTRODUÇÃO

O objetivo principal desta coletânea de estudos é retomar a aplicação das teorias de Freud aos primeiros estágios da infância. Freud demonstrou que a neurose tem seu ponto de origem nos relacionamentos interpessoais do amadurecimento inicial, pertencente aos primeiros anos. Participei do estudo da ideia de que distúrbios mentais necessitando de hospitalização decorrem de falhas relacionadas ao desenvolvimento na infância inicial. O distúrbio esquizofrênico, nesse sentido, se revela como o *negativo* de processos que podem ser detalhados como os processos *positivos* de amadurecimento da primeiríssima e primeira infâncias do indivíduo.

A dependência nos estágios iniciais da infância é um fato, e nestes estudos tento inserir a dependência na teoria do desenvolvimento da personalidade. A psicologia do ego só faz sentido se firmemente apoiada no fato da dependência, tanto no estudo da infância inicial como no estudo dos mecanismos mentais e processos psíquicos primitivos.

Quando o ego começa a surgir, ele a princípio depende quase absolutamente do apoio egoico da figura materna, bem como do fracasso cuidadosamente gradual dela em se adaptar. Isso faz parte do que denomino "maternagem suficientemente boa"; nesse sentido o ambiente assume seu lugar entre os fatores essenciais da dependência, em meio aos quais o bebê está se desenvolvendo e utilizando mecanismos mentais primitivos.

A perturbação do surgimento do ego, decorrente de falha ambiental, leva, por exemplo, à dissociação entre self verdadeiro e self falso tal como observamos no "caso *borderline*". Desenvolvo esse tema com um ponto de vista próprio, observando sinais indicativos dessa dissociação em pessoas saudáveis e no viver saudável (um self particular reservado para intimidades e um self público orientado para a socialização), examinando também a patologia dessa condição. No polo extremo da doença, encaro o self verdadeiro como algo potencial, oculto e protegido pelo self falso e submisso, que mais

INTRODUÇÃO

tarde acaba se tornando uma organização defensiva baseada nas várias funções do aparelho do ego e em suas técnicas de autocuidado. Isso está relacionado também ao conceito de ego observador.

Desenvolvendo a ideia da dependência absoluta na infância inicial, proponho uma nova maneira de examinar a classificação de distúrbios mentais. Meu propósito nesse sentido não é tanto rotular tipos de personalidade, mas fomentar especulação e pesquisa sobre os aspectos da técnica analítica que se relacionam com a satisfação das necessidades do paciente em termos de dependência na situação e no relacionamento analíticos.

Examina-se também a origem da tendência antissocial. Acredito que ela seja uma reação à *deprivação*, e não o resultado de uma *privação*;[1] nesse sentido a tendência antissocial é própria do estágio de dependência relativa (e não absoluta). O ponto de origem da tendência antissocial no desenvolvimento da criança pode até estar na latência, quando o ego da criança já adquiriu autonomia, de modo que a criança pode ser traumatizada, em vez de deformada, quanto ao funcionamento do ego.

Como corolário, a maioria dos transtornos psicóticos são encarados como intimamente relacionados a fatores ambientais, enquanto a neurose é mais natural, em essência – ela é produto de um conflito pessoal, algo que uma criação adequada por si só não pode prevenir. Discuto também como, no tratamento de casos *borderline*, essas novas considerações teriam aplicação prática, e de fato esses tratamentos proporcionam os dados mais precisos e significativos para compreender a infância inicial e o bebê dependente.

---

1 [N. E. de Leopoldo Fulgencio: Mais precisamente, na obra de Winnicott o termo *privation* diz respeito à privação em termos primitivos: à falta de sustentação ambiental, de uma mãe-ambiente que daria sustentação ativa para que o sentimento de ser pudesse ser experienciado. A deprivação, por sua vez, supõe a experiência de sustentação ambiental e uma perda posterior, gerando a percepção de ter sido roubado ou agredido pela falha do ambiente. Mantivemos, portanto, "privação" para o sentido de "nunca ter tido", e "deprivação", para o de "ter tido e ter perdido".]

PARTE I

ESTUDOS SOBRE O DESENVOLVIMENTO

1
PSICANÁLISE E O SENTIMENTO DE CULPA
[1958]

Neste estudo não tentarei me aprofundar mais do que Edmund Burke, que escreveu duzentos anos atrás que a culpa se situa na intenção.[1] Os lampejos intuitivos ou mesmo construções elaboradas dos grandes poetas e filósofos carecem, contudo, de aplicação clínica; e a psicanálise já tornou disponível para a sociologia e para a terapia individual muito do que estava antes encerrado em observações como essa de Burke.

O psicanalista aborda o tema da culpa como se esperaria de quem tem o hábito de pensar em termos de crescimento, em termos de evolução do indivíduo humano, do indivíduo como pessoa, e em relação ao ambiente. O estudo do sentimento de culpa implica para o analista o estudo do crescimento emocional do indivíduo. Geralmente considera-se o sentimento de culpa como algo que resulta do ensinamento religioso ou moral. Aqui tentarei estudá-lo não como algo a ser inculcado, mas como um aspecto do desenvolvimento do indivíduo. Influências culturais por certo são impor-

---

1 Palestra proferida em uma série, como parte das comemorações do centenário do nascimento de Freud na Friend's House, abril de 1956, e publicada inicialmente *em Psychoanalysis and Contemporary Thought*, org. J. D. Sutherland. London: Hogarth, 1958.

I. PSICANÁLISE E O SENTIMENTO DE CULPA

tantes, vitalmente importantes; mas essas influências, por si só, podem ser estudadas como a superposição de inúmeros padrões pessoais. Dito de outro modo, a chave para a psicologia social e de grupo é a psicologia do indivíduo. Aqueles que sustentam o ponto de vista de que a moralidade precisa ser inculcada ensinam as crianças pequenas de acordo com essa ideia, e renunciam ao prazer de observar a moralidade se desenvolver naturalmente em seus filhos, que estão se desenvolvendo em um bom ambiente, proporcionado de um modo pessoal e individual.

Não é necessário examinar variações na constituição. Tudo indica que indivíduos mentalmente saudáveis estão livres, por sua constituição, para desenvolver um senso moral. No entanto, observamos todos os graus de sucesso ou fracasso no desenvolvimento de um senso moral. Tentarei explicar essas variações. Sem dúvida, há crianças e adultos com deficiência no sentimento de culpa, e tal deficiência não está especificamente ligada a capacidade ou incapacidade intelectual.

Simplificarei minha tarefa dividindo o exame do problema em três partes principais:

1. O sentimento de culpa naqueles indivíduos que desenvolveram e estabeleceram uma capacidade para experimentá-lo.
2. O sentimento de culpa no ponto de sua origem no desenvolvimento emocional do indivíduo.
3. O sentimento de culpa como um aspecto que se distingue por sua ausência em certas pessoas.

    Finalmente, discutirei a perda e recuperação da capacidade de sentir culpa.

A CAPACIDADE PRESUMIDA DE SENTIMENTO DE CULPA

Como se apresenta o conceito de culpa na teoria psicanalítica? Penso que estou certo ao afirmar que os trabalhos de Freud nesse campo estavam relacionados com as vicissitudes do sentimento de culpa naqueles indivíduos em que a capacidade de sentir culpa era tida como certa. Mencionarei por isso algo sobre o ponto de vista de Freud acerca do significado da culpa para o inconsciente saudável e a psicopatologia do sentimento de culpa.

Os trabalhos de Freud revelam como a verdadeira culpa se situa na intenção, na intenção inconsciente. O crime verdadeiro não é a causa do sentimento de culpa; é, antes, o *resultado* da culpa – culpa que pertence à intenção criminosa. Somente a culpa legal se relaciona com o crime; a culpa moral se relaciona com a realidade interna. Freud conseguiu achar sentido nesse paradoxo. Em suas formulações teóricas iniciais ele estava interessado no id, nome pelo qual se referia aos impulsos instintivos, e no ego, nome pelo qual chamava aquela parte do self inteiro que se relaciona com o ambiente. O ego modifica o ambiente a fim de satisfazer o id, e refreia impulsos do id para que aquilo que o ambiente tem a oferecer possa ser aproveitado ao máximo, novamente para satisfazer o id. Mais tarde,[2] Freud usou o termo *superego* para denominar o que é aceito pelo ego para uso no controle do id.

Freud aí lida com a natureza humana em termos *econômicos*, deliberadamente simplificando o problema com o propósito de estabelecer uma formulação teórica. Existe um determinismo implícito em todo esse trabalho, a premissa de que a natureza humana pode ser examinada objetivamente e que podem ser aplicadas a ela as mesmas leis que valem na Física. Em termos de ego-id, o sentimento de culpa é pouco mais do que *ansiedade com uma qualidade especial*, ansiedade sentida por causa do conflito entre amor e ódio. O sen-

---

2 Sigmund Freud, "O eu e o id" [1923], in *Obras completas*, v. 16, trad. Paulo César de Souza. São Paulo: Companhia das Letras, 2011.

I. PSICANÁLISE E O SENTIMENTO DE CULPA

timento de culpa implica a tolerância da ambivalência. Não é difícil aceitar a relação íntima entre a culpa e o conflito pessoal que se origina do amar e odiar coincidentes, porém Freud foi capaz de remontar o conflito a suas raízes e demonstrar que os sentimentos são aqueles associados com a vida instintiva. Como se sabe bem, Freud percebeu que na análise de adultos (mais neuróticos do que psicóticos) ele retornava regularmente à primeira infância do paciente, à ansiedade intolerável, e ao choque entre amor e ódio. Nos termos mais simples do complexo de Édipo, um menino *saudável* chegava a um relacionamento com sua mãe em que o instinto estava envolvido e em que o sonho continha um relacionamento amoroso com ela. Isso levava ao sonho da morte do pai, que por sua vez levava ao medo do pai e ao medo de que o pai fosse destruir o potencial instintivo da criança. Isso é designado como complexo de castração. Ao mesmo tempo havia o amor do menino pelo pai e seu respeito por ele. O conflito do menino entre a parte de sua natureza que o fazia odiar e querer ferir seu pai e o outro lado, com o qual o amava, envolvia o menino no sentimento de culpa. A culpa implicava que o menino poderia tolerar e conter o conflito, que era na verdade um conflito inerente, um conflito que pertence à vida saudável.

Tudo isso é muito simples, exceto pelo fato de apenas por meio de Freud se reconhecer que, na saúde, o clímax da ansiedade e da culpa tem uma data; quer dizer, tem uma situação inicial vitalmente importante: a criança pequena com seus instintos biologicamente determinados vivendo na família e experimentando a primeira relação triangular. (Esse conceito é simplificado de propósito, e não farei aqui nenhuma referência ao complexo de Édipo em termos de relacionamento entre irmãos, nem qualquer conceituação do equivalente ao complexo de Édipo numa criança criada longe de seus pais ou em uma instituição.)

O conceito psicanalítico inicial faz pouca referência aos objetivos destrutivos do impulso amoroso, ou aos impulsos agressivos que apenas na saúde se tornam inteiramente fundidos com o erótico. Isso tudo precisou por fim ser trazido para a teoria da origem da culpa, e examinarei esses desenvolvimentos mais tarde. No primeiro conceito a culpa se origina do choque do amor com o ódio, um choque que é inevitável se amar tem de incluir o elemento instintivo que faz parte dele. O protótipo ocorre na idade pré-escolar.

Todos os psicanalistas estão familiarizados em seu trabalho com a substituição de sintomas pelo desenvolvimento mais normal, um sentimento de culpa, e uma consciência aumentada e a aceitação do conteúdo da fantasia que faz o sentimento de culpa lógico. Quão ilógico o sentimento de culpa pode parecer! Na *Anatomy of Melancholy*[3] de Burton há uma boa compilação de casos ilustrando os absurdos do sentimento de culpa. Em análises prolongadas e profundas, os pacientes se sentem culpados sobre cada coisa e sobre tudo, e mesmo sobre fatores ambientais adversos que podem ser facilmente discernidos como fenômenos casuais. Eis uma simples ilustração: um menino de oito anos de idade se tornou progressivamente ansioso e eventualmente fugiu da escola. Verificou-se estar sofrendo de um sentimento de culpa intolerável por causa da morte de um irmão que ocorrera alguns anos *antes do próprio nascimento*. Ele tinha recentemente ouvido sobre isso e os pais não tinham ideia de que o filho estava perturbado pelas informações. Nesse caso não foi necessário que o menino se submetesse a uma análise prolongada. Em poucas entrevistas terapêuticas ele se deu conta de que o incapacitante sentimento de culpa que sentia sobre essa morte era um deslocamento do complexo de Édipo. Ele era um menino razoavelmente normal; com essa ajuda foi capaz de retornar à escola e seus sintomas desapareceram.

O superego

A introdução do conceito de superego (1923) foi um grande passo na evolução inevitavelmente lenta da metapsicologia psicanalítica.

---

3 Robert Burton, *Anatomy of Melancholy* [1621]. New York: New York Review of Books, 2001.

I. PSICANÁLISE E O SENTIMENTO DE CULPA

Freud havia levado a cabo esse trabalho pioneiro por conta própria, sofrendo as consequências por ter perturbado o mundo ao chamar a atenção para a vida instintiva das crianças. Aos poucos outros pesquisadores adquiriram experiência no uso da técnica e Freud já tinha muitos colegas na época que passou a usar o termo *superego*. Com esse novo termo, Freud estava indicando que o ego, ao lidar com o id, empregava certas forças que mereciam um nome. A criança adquiria gradativamente forças de controle. Na simplificação do complexo de Édipo, o menino introjetava o pai respeitado e temido, e por isso levava com ele forças de controle baseadas no que a criança percebia e sentia em seu pai. Essa figura paterna introjetada era bastante subjetiva, colorida pela experiência da criança com outras figuras paternas além do pai verdadeiro e também pelos padrões culturais da família. (A palavra *introjeção* significava simplesmente uma aceitação mental e emocional, e esse termo evitava as implicações mais funcionais da palavra *incorporação*.) Um sentimento de culpa, portanto, implica que o ego está se conciliando com o superego. A ansiedade amadureceu rumo à culpa.

Aqui no conceito de superego se pode ver a premissa de que a gênese da culpa é uma questão de realidade interna, ou que a culpa reside na intenção. Eis também a razão mais profunda pelo sentimento de culpa relacionado à masturbação e às atividades autoeróticas em geral. A masturbação em si não é crime, ainda assim na fantasia total da masturbação se reúnem todas as intenções conscientes e inconscientes.

Dessa conceituação muito simplificada da psicologia do menino, a psicanálise podia começar a estudar e a examinar o desenvolvimento do superego tanto nos meninos como nas meninas, e também as diferenças que sem dúvida existem no homem e na mulher com respeito à formação do superego, no padrão da consciência, e no desenvolvimento da capacidade para o sentimento de culpa. A partir do conceito de superego muito se desenvolveu. A ideia de introjeção da figura paterna resultou ser demasiado simples. Há uma história precoce do superego em cada indivíduo: a introjeção pode se tornar humana e semelhante ao pai, mas nos estágios iniciais os introjetos do superego, utilizados para controle dos impulsos e produções do id, são sub-humanos, e na verdade primitivos em grau máximo. Por isso nos vemos estudando o sentimento de culpa em cada bebê e criança, como ele se desenvolve de um medo cru para algo semelhante a um relacionamento com um ser humano reverenciado, alguém capaz de compreender e perdoar. (Foi sugerido um paralelo entre o amadurecimento do superego da criança individual e o desenvolvimento do monoteísmo tal como é retratado na história antiga dos judeus.)

O tempo todo, ao conceituar o processo subjacente ao sentimento de culpa, temos em mente o fato de que, mesmo quando é inconsciente e aparentemente irracional, o sentimento de culpa implica certo grau de crescimento emocional, saúde do ego e esperança.

A psicopatologia do sentimento de culpa

É comum encontrar pessoas sobrecarregadas por um sentimento de culpa e, de fato, prejudicadas por ele. Elas o carregam como a carga nas costas dos cristãos no *Pilgrim's Progress*.[4] Sabemos que essas pessoas têm potencial para um esforço construtivo. Muitas vezes, quando deparam com uma oportunidade adequada para trabalho construtivo, o sentimento de culpa deixa de atrapalhá-las e elas se saem excepcionalmente bem; mas uma falha na oportunidade pode levar à volta do sentimento de culpa, intolerável e inexplicável. Estamos lidando aqui com anormalidades do superego. Em uma análise bem-sucedida de indivíduos oprimidos por um sentimento de culpa, vemos uma diminuição gradativa dessa carga. Essa diminuição da carga do sentimento de culpa se segue à diminuição da repressão, ou à aproximação do paciente ao complexo de Édipo e a uma aceitação da responsabilidade por todo o ódio e amor envolvidos. Isso não significa que o paciente perde a capacidade para o sentimento de culpa (exceto em

---

4 John Bunyan, *Pilgrim's Progress* [1678]. New York: W. W. Norton & Company.

alguns casos nos quais pode ter ocorrido o desenvolvimento de um falso superego a partir da intrusão anormal de uma influência autoritária muito poderosa derivada do ambiente nos primeiros anos).

Podemos estudar esses excessos do sentimento de culpa em indivíduos que passam por normais, e que na verdade estão entre os membros mais valiosos da sociedade. É mais fácil, contudo, pensar em termos de doença, e as duas doenças a serem consideradas são a melancolia e a neurose obsessiva. Há uma inter-relação entre elas, e encontramos pacientes que alternam entre uma e outra.

Na neurose obsessiva, o paciente está sempre tentando acertar alguma coisa; mas fica muito claro para os observadores, e talvez para o paciente, que ele não terá êxito nenhum. Sabemos que Lady Macbeth não pode desfazer o passado e escapar às suas intenções malignas só por lavar as mãos. Na neurose obsessiva muitas vezes verificamos um ritual que é como uma caricatura da religião, como se o Deus da religião estivesse morto ou temporariamente indisponível. O pensamento obsessivo pode ser um atributo que consiste na tentativa ferrenha de anular uma ideia com outra, mas em vão. Por trás do processo todo está a confusão, e não importa quanto o paciente possa ser organizado, ele não consegue alterar essa confusão, porque ela é mantida; é inconscientemente mantida para ocultar algo muito simples; em particular, o fato de que, em alguma situação específica da qual o paciente não tem consciência, o ódio é mais poderoso do que o amor.

Citarei o caso de uma menina que não conseguia ir à praia porque via nas ondas alguém pedindo socorro. Uma culpa intolerável exigia que ela se desdobrasse de uma forma absurda para conseguir alguém que viesse vigiar e resgatar. O absurdo do sintoma podia ser demonstrado pelo fato de que ela não podia tolerar nem sequer um cartão-postal da costa marítima. Se visse um em alguma vitrine, tinha que descobrir o autor da fotografia, porque veria alguém se afogando, e teria que organizar o salvamento – a despeito de saber perfeitamente que a fotografia fora tirada meses ou mesmo anos antes. Essa menina muito doente um dia conseguiu vir a ter uma vida razoavelmente normal, muito menos incapacitada por esse sentimento de culpa irracional; mas foi necessário um tratamento de longa duração.

A melancolia é uma forma organizada do estado de depressão ao qual quase todas as pessoas estão sujeitas. O paciente melancólico pode ser paralisado por um sentimento de culpa e pode ficar anos a fio se acusando de ter causado a guerra mundial. Nenhum argumento produz efeito. Quando é possível fazer a análise de tal caso, verifica-se que esse gesto de abarcar em si mesmo a culpa de todas as pessoas do mundo dá lugar, no tratamento do paciente, ao medo de que o ódio seja maior que o amor. A doença é uma tentativa de fazer o impossível. O paciente absurdamente assume a responsabilidade por desastres generalizados, evitando, assim, entrar em contato com sua destrutividade pessoal.

Uma menina de cinco anos de idade reagiu com uma depressão profunda à morte de seu pai, que ocorreu em circunstâncias incomuns. O pai tinha comprado um carro na ocasião em que a menina estava atravessando uma fase na qual estava tanto odiando como amando seu pai. Ela estava, na verdade, sonhando com a morte dele, e quando o pai propôs um passeio de carro ela lhe implorou que não fosse. Ele insistiu em ir, uma vez que é natural que tais crianças sejam sujeitas a esses pesadelos. A família saiu para um passeio, e ocorreu um acidente; o carro capotou e a menina foi a única que não se feriu. Ela se dirigiu a seu pai, que jazia na rodovia, e bateu nele com o pé para acordá-lo. Mas ele estava morto. Pude observar essa criança durante sua séria doença depressiva, em que ela demonstrava uma apatia quase total. Por horas ela se manteve de pé em minha sala sem nada acontecer. Um dia ela chutou a parede muito delicadamente com o mesmo pé que usara para chutar seu pai, tentando acordá-lo. Eu podia pôr em palavras seu desejo de acordar o pai que ela amava, embora ao chutá-lo ela também estivesse expressando raiva. No momento em que chutou a parede ela gradualmente retornou à vida, e depois de mais ou menos um ano foi capaz de voltar à escola e levar uma vida normal.

I. PSICANÁLISE E O SENTIMENTO DE CULPA

Foi possível ter uma compreensão intuitiva da culpa inexplicável e das doenças obsessivas e melancólicas fora da psicanálise. Provavelmente é verdade que somente mediante o instrumento de Freud – a psicanálise e seus derivados – pudemos passar a auxiliar indivíduos sobrecarregados pelo sentimento de culpa e descobrir a verdadeira origem desse sentimento em nossa própria natureza. O sentimento de culpa, visto desse modo, é uma forma especial de ansiedade associada à ambivalência, ou à coexistência de amor e ódio. Mas a ambivalência e a tolerância da culpa pelo indivíduo implicam considerável grau de crescimento e normalidade.

CULPA EM SEU PONTO DE ORIGEM

Chego agora ao estudo do ponto de origem dessa capacidade para o sentimento de culpa, um ponto que existe em cada indivíduo. Melanie Klein[5] chamou a atenção dos psicanalistas para um estágio muito importante no desenvolvimento emocional, ao qual ela deu o nome de "posição depressiva". Seu trabalho sobre a origem da capacidade para o sentimento de culpa no indivíduo humano é um resultado importante da aplicação continuada do método de Freud. Não é possível enumerar as complexidades do conceito de posição depressiva em uma palestra como esta, mas tentarei fazer uma breve conceituação.

Deve-se notar que, enquanto os trabalhos mais precoces da psicanálise lidaram com o conflito entre o ódio e o amor, especialmente em situações triangulares ou a três pessoas, Melanie Klein mais especialmente desenvolveu a ideia do conflito em um relacionamento simples a duas pessoas, o bebê e a mãe, conflito originado das ideias destrutivas que acompanham o impulso amoroso. Naturalmente a data da versão original desse estágio do desenvolvimento individual é anterior à data do complexo de Édipo.

---

5   Melanie Klein, "A Contribution to the Psychogenesis of Manic-Depressive States" [1935], in *Collected Works*. London: Routledge, 2017.

Muda-se a ênfase. No trabalho anterior a ênfase estava na satisfação que o bebê obtinha da experiência instintiva. Agora a ênfase muda para o objetivo, à medida que ele vai aparecendo. Quando a sra. Klein afirma que o bebê objetiva romper impiedosamente a mãe para tirar dela tudo que ele sente ser bom, ela naturalmente não está negando o simples fato de que a experiência instintiva traz satisfação. O objetivo tampouco foi de todo negligenciado nas formulações psicanalíticas anteriores. Klein desenvolveu a ideia, contudo, de que o impulso amoroso primitivo tinha um objetivo agressivo; sendo impiedoso, levava consigo uma quantidade variada de ideias destrutivas não perturbadas pela consideração pelo outro. Essas ideias podem ser muito restritas no começo, mas o bebê que estamos observando e de quem estamos cuidando não precisa ter muitos meses de idade antes que vislumbremos, com clareza, também os primórdios da consideração – consideração pelos resultados dos momentos instintivos que fazem parte do amor que está se desenvolvendo pela mãe. Se a mãe se comporta daquele modo altamente adaptativo que lhe é natural, ela é capaz de proporcionar muito tempo para a criança se conciliar com o fato de que o objeto de seu ataque impiedoso é ela própria, a mesma pessoa responsável pela situação de cuidados maternos gerais. Pode-se ver que o bebê tem consideração por duas coisas: o efeito do ataque na mãe e em seu próprio ser, conforme haja predominância de satisfação ou de frustração e raiva. (Usei a expressão "impulso amoroso primitivo", mas nas obras de Klein a referência é à agressão associada às frustrações que inevitavelmente perturbam a satisfação instintiva à medida que a criança começa a ser afetada pelas exigências da realidade.)

Aqui há muito sendo presumido. Por exemplo, supomos que a criança está se tornando uma unidade, e se tornando capaz de perceber a mãe como uma pessoa. Supomos também a capacidade de reunir os componentes instintivos agressivos e eróticos em uma experiência sádica, bem como a capacidade de encontrar um objeto no ápice da excitação instintiva. Todas essas aquisições podem fracassar nos estágios iniciais, naqueles estágios que fazem parte do início da vida após o nascimento, e que dependem da mãe e de seu manuseio natural do bebê. Quando falamos da origem do sentimento de culpa, presumimos um desenvolvimento normal nos estágios iniciais. No que é chamado de posição depressiva, o bebê não depende tanto da simples habilidade da mãe de segurar [hold] o bebê, que era sua característica nos estágios iniciais, quanto de sua habilidade de sustentar [hold] a situação de cuidado materno por um período de tempo durante o qual o bebê pode ter experiências complexas. Se lhe derem algum tempo – talvez umas poucas horas –, o bebê é capaz de solucionar os resultados da experiência instintiva. A mãe, estando ali, pode estar pronta para receber e compreender se o bebê tem o impulso natural de dar ou de reparar. Nesse estágio em particular o bebê não é capaz de lidar com uma sucessão de lembranças ou com a ausência prolongada da mãe. Para que o sadismo oral seja aceito pelo ego imaturo do bebê, ele precisar ter a oportunidade de fazer reparações e restituições – é essa a segunda contribuição de Klein a essa área.

Bowlby[6] tem se empenhado particularmente em conscientizar o público de que toda criança pequena necessita de certo grau de estabilidade e continuidade nos relacionamentos externos. No século XVII, Richard Burton listou entre as causas de melancolia: "causas não necessárias, externas, adventícias, ou acidentais: como da ama-seca". Em parte ele pensava na passagem de coisas nocivas da ama-seca através do leite, mas não de todo. Por exemplo, ele cita Aristóteles, quando este afirma que "[...] não recorreria a uma ama-seca para cuidar de uma criança; cada mãe devia criar a sua em qualquer condição em que ela estivesse: [...] a mãe será mais cuidadosa, amorosa e prestativa do que qualquer mulher servil, ou do que qualquer dessas empregadas; com isso todo mundo concorda [...]"

Pode-se observar a origem dessa consideração mais por meio da análise de uma criança ou um adulto do que pela observação direta

---

6 John Bowlby. "The Nature of the Child's Tie to His Mother". *International Journal of Psychoanalysis*, v. 39, pp. 350-73.

do bebê. Ao formular essas teorias é preciso naturalmente levar em conta distorções e sofisticações que resultam do relato, que é inerente à situação analítica. Podemos, contudo, ter uma visão em nosso trabalho desse desenvolvimento mais importante do indivíduo humano, a origem da capacidade para um sentimento de culpa. Gradativamente, à medida que o bebê descobre que a mãe sobrevive e aceita seu gesto restitutivo, torna-se capaz de aceitar responsabilidade pela fantasia total do impulso instintivo global que antes era impiedoso. A falta de piedade dá lugar à piedade, e a falta de consideração à consideração. (Esses termos se referem ao desenvolvimento inicial.)

Em análise poderia se dizer: "não dou a mínima" dá lugar ao sentimento de culpa. Há um crescimento gradativo para esse ponto. A experiência mais fascinante esperada pelo analista é a observação do crescimento gradativo da capacidade do indivíduo de tolerar os elementos agressivos em seu impulso amoroso primitivo. Como disse, isso envolve o reconhecimento gradativo da diferença entre fato e fantasia, da capacidade da mãe para sobreviver ao momento instintivo, e assim estar lá para receber e compreender o gesto reparador verdadeiro.

Como logo será esclarecido, essa importante fase do desenvolvimento é composta de inúmeras repetições distribuídas por um certo tempo. Há um círculo benigno de (1) experiência instintiva; (2) aceitação de responsabilidade que se chama culpa; (3) uma elaboração; e (4) um gesto restitutivo verdadeiro. Isso pode ser revertido a um círculo maligno se algo falha em qualquer ponto, caso em que verificamos a dissolução da capacidade para o sentimento de culpa e sua substituição pela inibição do instinto ou alguma outra forma de defesa, tal como a cisão de objetos bons e maus etc. A pergunta será lançada: a que idade do desenvolvimento normal da criança pode-se dizer que se estabelece a capacidade para o sentimento de culpa? Sugiro que estamos falando sobre o primeiro ano da vida do bebê, e de fato sobre o período todo em que o bebê está tendo claramente um relacionamento humano a duas pessoas com a mãe. Não há necessi-

I. PSICANÁLISE E O SENTIMENTO DE CULPA

dade de proclamar que essas coisas acontecem muito cedo, embora possivelmente seja assim. Ao redor dos seis meses o bebê já tem uma psicologia bastante complexa, e é possível que os *primórdios* da posição depressiva se encontrem nessa idade. Há dificuldades imensas em fixar a data da origem do sentimento de culpa no bebê normal, embora seja uma questão de grande interesse procurar a resposta; o trabalho real da análise não é afetado por esse ponto.

Não poderei descrever nesta palestra uma grande parte do trabalho de Melanie Klein, embora seja relevante. Ela enriqueceu sobretudo nossa compreensão da relação complexa entre fantasia e o conceito de Freud de realidade interna, um conceito claramente derivado da filosofia. Klein estudou a inter-relação do que é sentido pelo bebê como benigno ou maligno em termos de forças ou objetos dentro de si próprio. Essa terceira contribuição de Klein nessa área particular toca no problema da eterna luta dentro da natureza interna do homem. Por meio do estudo do crescimento da realidade interna do bebê e da criança, obtemos uma visão de por que existe uma relação entre os conflitos mais profundos que se revelam na religião e em formas de arte e o estado de ânimo deprimido ou a doença melancólica. No centro está a dúvida, dúvida com relação ao resultado da luta entre as forças do bem e do mal ou, em termos psiquiátricos, entre os elementos benignos e persecutórios dentro e fora da personalidade. Na posição depressiva no desenvolvimento emocional de um bebê ou de um paciente, verificamos o surgimento do bem e do mal conforme as experiências instintivas são satisfatórias ou frustrantes. O bem passa a receber proteção contra o mal e um padrão pessoal altamente complexo se estabelece como um sistema de defesa contra o caos de dentro e de fora.

Do meu ponto de vista pessoal, o trabalho de Klein possibilitou à teoria psicanalítica começar a incluir a ideia de um *valor* no indivíduo, enquanto na psicanálise anterior esse conceito era exposto em termos de *saúde* ou *adoecimento* neurótico. Valor está intimamente ligado à capacidade para o sentimento de culpa.

O SENTIMENTO DE CULPA QUANDO SE DISTINGUE POR SUA AUSÊNCIA

Cheguei agora à terceira parte de minha palestra, em que me referirei brevemente à falta de sentimento moral. Sem dúvida, em parte das pessoas há uma falta da capacidade para o senso de culpa. O extremo dessa incapacidade para consideração deve ser raro. Mas não é raro encontrar indivíduos que tiveram um desenvolvimento sadio apenas em parte, e que em parte são incapazes de sentir consideração ou culpa, ou mesmo remorso. Tem-se tentado aqui remontar, para uma explicação, ao fator constitucional, que naturalmente não pode ser ignorado. Contudo, a psicanálise oferece outra explicação: aqueles aos quais falta um senso moral não tiveram nos estágios iniciais de seu desenvolvimento a situação emocional e física que lhes teria possibilitado desenvolver uma capacidade para o sentimento de culpa.

Deve-se compreender que não estou negando que cada bebê leve consigo uma tendência ao desenvolvimento de culpa. Dadas certas condições de saúde e cuidado físico, acontece de o bebê caminhar e falar porque chegou o tempo para esses acontecimentos. No caso do desenvolvimento da capacidade para o sentimento de culpa, as condições ambientais necessárias são, contudo, de ordem muito mais complexa, compreendendo na verdade tudo que é natural e consistente nos cuidados do bebê e da criança. Não devemos procurar o sentimento de culpa nos estágios iniciais do desenvolvimento emocional do indivíduo. O ego não é suficientemente forte e organizado para aceitar as responsabilidades pelos impulsos do id, e a dependência é quase absoluta. Se os estágios iniciais são marcados por um desenvolvimento satisfatório, o ego se torna integrado, possibilitando o surgimento da capacidade para consideração. Aos poucos, em circunstâncias favoráveis, a capacidade para o senso de culpa vai se desenvolvendo no indivíduo em relação a sua mãe, e isso está intimamente relacionado com a oportunidade de reparação. Quando se estabelece a capacidade para consideração, o indivíduo começa a se situar na posição de experimentar o complexo de Édipo e de tolerar a ambivalência inerente nesse estágio posterior, em que a criança, se madura, se envolverá em relacionamentos triangulares entre pessoas humanas plenamente desenvolvidas.

Nesse contexto não faço mais do que reconhecer o fato de que em algumas pessoas, ou em parte dessas pessoas, o desenvolvimento emocional nas fases iniciais é tolhido, incorrendo numa ausência de senso moral. Onde o senso moral pessoal está em falta, o código moral inculcado se torna necessário, mas a socialização resultante é instável.

O artista criativo

É interessante reparar que o artista criativo é capaz de chegar a um tipo de socialização que evidencia a necessidade do sentimento de culpa e a atividade reparativa e restitutiva associada, que forma a base do trabalho construtivo habitual. O artista ou pensador criativo pode, na verdade, falhar em compreender, ou mesmo desprezar, o sentimento de consideração que motiva uma pessoa menos criativa; e dos artistas se pode dizer que alguns não têm capacidade de sentir culpa e ainda assim atingiram uma socialização por meio de seu talento excepcional. As pessoas habitualmente governadas pelo sentimento de culpa acham isso surpreendente, mas mesmo assim nutrem um respeito sub-reptício pela falta de piedade que de fato leva, em tais circunstâncias, a conseguir mais do que o trabalho orientado pela culpa.

Perda e recuperação do sentimento de culpa

Em nosso manejo de crianças e adultos antissociais, podemos observar a perda e recuperação da capacidade do sentimento de culpa, e muitas vezes estamos em posição de avaliar as variações da consistência do ambiente que produzem esses efeitos. É nesse ponto da perda e recuperação do sentimento de culpa que podemos estudar a delinquência e a recidiva. Freud escreveu em 1915 (referindo-se a atos adolescentes e pré-adolescentes, tais como roubos, fraudes e contravenções em pessoas que acabaram se tornando socialmente ajustadas): "O trabalho analítico [...] levou à surpreendente descoberta de que tais ações foram feitas principalmente *porque* (minha ênfase) eram proibidas, e porque sua execução foi acompanhada por alívio mental para quem o fez. Ele estava sofrendo de um sentimento de culpa opressivo, cuja origem ignorava, e após praticar uma má ação essa opressão foi aliviada. Pelo menos seu sentimento de culpa estava ligado a alguma coisa".[7] Embora Freud estivesse se referindo a estágios posteriores do desenvolvimento, o que ele escreveu se aplica também a crianças.

Partindo de nosso trabalho analítico podemos, grosso modo, dividir o comportamento antissocial em dois tipos. O primeiro é comum e infimamente ligado à rebeldia habitual das crianças sadias. Em termos de comportamento a queixa é de roubo, mentira, destrutividade e enurese noturna. Verificamos repetidamente que esses atos são feitos em uma tentativa inconsciente de gerar mais sentimento de culpa. A criança ou o adulto não podem chegar à origem de um sentimento de culpa intolerável, e o fato de esse sentimento não poder ser explicado origina uma sensação de loucura. A pessoa antissocial obtém alívio ao divisar um crime limitado. Esse crime, ainda que disfarçado, é da mesma natureza que aquele pertencente à fantasia reprimida que faz parte do complexo de Édipo original. Isso é o mais próximo que uma pessoa antissocial pode chegar da ambivalência que faz parte do complexo de Édipo. No início a delinquência ou o crime substituto não é satisfatório para o delinquente, mas quando repetido compulsivamente ele adquire características de ganho secundário e assim se torna aceitável para o self da pessoa.

---

[7] S. Freud, "Some Character Types Met with in Psychoanalytic Work" [1915], in *Standard Edition*, v. 14, trad. James Strachey et al. London: Hogarth Press.

I. PSICANÁLISE E O SENTIMENTO DE CULPA

Nosso tratamento tem mais oportunidade de ser efetivo quando aplicado antes de os ganhos secundários se tornarem importantes. Nessa variante, a mais comum do comportamento antissocial, não é tanto a culpa que é reprimida, e sim a fantasia que explica a culpa.

Em contraste, nos episódios antissociais mais sérios e mais raros, perde-se justamente a capacidade do sentimento de culpa. Aí encontramos os piores crimes. Encontramos o criminoso envolvido numa tentativa desesperada de se sentir culpado. É improvável que ele alguma vez venha a ter êxito. Para desenvolver a capacidade do sentimento de culpa, tal pessoa tem que encontrar um ambiente de tipo especializado; na verdade, é necessário provê-lo de um ambiente que corresponda àquilo de que o bebê imaturo normalmente precisa. Sabe-se que é difícil prover tal ambiente, que deve estar capacitado para tolerar todas as tensões resultantes da falta de consideração e impulsividade. Estamos lidando com um bebê, mas com um bebê que tem a força e a astúcia de uma criança mais velha ou mesmo de um adulto.

No manejo do tipo mais comum, em que há um comportamento antissocial, somos frequentemente capazes de produzir uma cura pelo rearranjo do ambiente, baseando o que fazemos na compreensão do que recebemos de Freud.

Darei um exemplo, o do menino que estava roubando na escola. O diretor, em vez de puni-lo, reconheceu que ele estava doente e recomendou uma consulta psiquiátrica. Esse menino de nove anos de idade estava às voltas com uma deprivação pertencente a uma idade anterior, e necessitava de um período em casa. Sua família tinha se reunido e isso lhe dava uma nova esperança. Verifiquei que o menino convivera com a compulsão de roubar, ouvindo uma voz que lhe ordenava que fizesse isso, a voz de um feiticeiro. Em casa ele ficou doente, infantil, dependente, enurético e apático. Seus pais satisfizeram suas necessidades e lhe permitiram ficar doente. Ao fim foram recompensados pela recuperação espontânea do filho. Depois de um ano foi capaz de retornar ao internato e a recuperação resultou duradoura.

Seria fácil ter desviado esse menino do caminho que o levou à recuperação. Naturalmente, ele estava inconsciente da solidão e do vazio intoleráveis subjacentes a sua doença, a ponto de levá-lo a adotar um feiticeiro no lugar de uma organização mais natural do superego; a solidão fazia parte do tempo da separação de sua família, quando tinha cinco anos de idade. Se tivesse levado uma surra, ou se o diretor lhe tivesse dito que ele deveria se sentir malvado, ele teria se endurecido e organizado uma identificação mais completa com o feiticeiro; tornar-se-ia então incontrolável e arrogante e, eventualmente, uma pessoa antissocial. Esse é um tipo comum de caso em psiquiatria de crianças; eu o escolhi simplesmente por ser um caso publicado e ser possível referir-se a ele para detalhes adicionais.[8]

Não podemos esperar curar muitos entre os que se tornaram delinquentes, mas podemos esperar compreender como prevenir o desenvolvimento da tendência antissocial. Podemos pelo menos evitar interromper o relacionamento que está se desenvolvendo entre a mãe e o bebê. Além disso, ao aplicar esses princípios à criação habitual das crianças, podemos verificar a necessidade de certa rigidez no manejo quando o sentimento de culpa próprio da criança ainda é primitivo, rudimentar; com proibições limitadas damos oportunidade àquela rebeldia limitada que consideramos sadia e que contém muito da espontaneidade da criança.

Mais do que ninguém, foi Freud quem possibilitou a compreensão do comportamento antissocial e do crime como *sequela* de uma intenção criminosa inconsciente, e como sintoma de uma falha no cuidado materno. Sugiro que, ao expor essas ideias e demonstrando como podemos testá-las e utilizá-las, Freud deu uma contribuição à psicologia social que pode ter amplas consequências.

---

[8] Donald W. Winnicott, "Tolerância ao sintoma na pediatria: histórico de um caso" [1953], in *Da pediatria à psicanálise*, trad. Davy Bogomoletz. São Paulo: Ubu Editora, 2022, pp. 218-41.

2

A CAPACIDADE DE FICAR SOZINHO
[1958]

Quero aqui examinar a capacidade do indivíduo de ficar sozinho, partindo do pressuposto de que essa capacidade é um dos sinais mais importantes do amadurecimento do desenvolvimento emocional.[1]

Em quase todos os nossos tratamentos psicanalíticos há ocasiões em que a capacidade de ficar sozinho é importante para o paciente. Clinicamente isso se pode representar por uma fase de silêncio, ou uma sessão silenciosa, e esse silêncio, longe de ser evidência de resistência, representa uma conquista por parte do paciente. Talvez aqui ele tenha conseguido ficar sozinho pela primeira vez. É para esse aspecto da transferência no qual o paciente fica sozinho na sessão analítica que eu quero chamar a atenção.

Não há dúvida de que na literatura psicanalítica tem-se escrito mais sobre o *medo* de ficar só, ou o *desejo* de ficar só, do que sobre a *capacidade* de fazê-lo; também tem se produzido uma quantidade considerável de artigos sobre o estado de retraimento, uma organização defensiva que implica uma expectativa de perseguição. Parece-me que a discussão dos aspectos *positivos* da capacidade de ficar sozinho ainda está por ser feita. Na literatura provavelmente

---

[1] Baseado em um artigo lido em uma reunião extracientífica da Sociedade Britânica de Psicanálise, em 24 de julho de 1957, e publicado pela primeira vez no *International Journal of Psychoanalysis*, v. 39, pp. 416-20.

já houve tentativas de especular especificamente sobre essa capacidade; contudo, não tenho informação delas. Desejo fazer uma referência ao conceito de Freud (1914) sobre a *relação anaclítica*.[2]

Relacionamento a duas e a três pessoas

Desde John Rickman pensamos em termos de relacionamento a duas pessoas (diádicas ou bipessoais) e a três pessoas (triádicas ou tripessoais). Frequentemente nos referimos ao complexo de Édipo como um estágio no qual as relações triádicas dominam o campo da experiência. Qualquer tentativa de descrever o complexo de Édipo em termos de duas pessoas fracassa. Contudo, relações diádicas existem, e pertencem a estágios relativamente mais precoces na vida do indivíduo. A relação diádica inicial se dá entre o bebê e a mãe ou mãe substituta, antes que qualquer característica da mãe tenha se diferenciado e moldado na ideia de pai. O conceito kleiniano sobre a posição depressiva pode ser descrito em termos de relação diádica, e talvez a relação diádica de fato seja uma característica essencial do conceito.

Após pensar em termos de relações tripessoais e bipessoais, é natural dar um passo para trás e considerar a relação unipessoal! O narcisismo seria a relação unipessoal, tanto o narcisismo secundário precoce como o próprio narcisismo primário. Sugiro que esse salto da relação diádica à relação individual não pode ser feito sem violação do muito que verificamos no nosso trabalho analítico e na observação direta de mães e bebês.

---

2 Cf. Donald W. Winnicott, "Preocupação materna primária" [1956], in *Da pediatria à psicanálise*, op. cit., pp. 493-501.

2. A CAPACIDADE DE FICAR SOZINHO

Ficar realmente sozinho

Veremos que o que está em pauta não é ficar realmente sozinho. A pessoa pode estar num confinamento solitário, e ainda assim não ser capaz de ficar só. Quanto ela deve sofrer está além da imaginação. Contudo muitas pessoas se tornam capazes de desfrutar a solidão antes de sair da infância, e podem mesmo valorizar a solidão como sua possessão mais preciosa.

A capacidade de ficar só ou é um fenômeno altamente sofisticado, ao qual uma pessoa pode chegar em seu desenvolvimento depois do estabelecimento de relações triádicas, ou então é um fenômeno do início da vida que merece um estudo especial por ser base sobre a qual se constrói a solidão sofisticada.

Paradoxo

O ponto principal dessa contribuição pode agora ser enunciado. Embora muitos tipos de experiência levem à formação da capacidade de ficar só, há um que é básico, e sem o qual a capacidade de ficar sozinho não surge: *trata-se da experiência de ficar sozinho, como bebê ou criança pequena, na presença da mãe*. Assim, a base da capacidade de ficar sozinho é um paradoxo; é a experiência de estar sozinho quando mais alguém está presente.

Aqui está implícito um tipo muito especial de relação, aquela entre o bebê ou a criança pequena que está só, e a mãe ou mãe substituta que está de fato confiantemente presente, ainda que representada por um momento por um berço ou um carrinho de bebê, ou pela atmosfera geral do ambiente próximo. Gostaria de sugerir um nome especial para esse tipo de relação.

Pessoalmente gostaria de usar a expressão "*relação de ego*", que é conveniente porque contrasta de forma clara com a expressão "*relação de id*", a qual é uma complicação repetitiva do que pode ser chamado vida do ego. Relação de ego é relação entre duas pessoas, uma das quais está, em todo caso, sozinha; talvez ambas estejam sozinhas, e ainda assim a presença de uma é importante para a outra. Considero que se compararmos o sentido da palavra *querer* com o da palavra *amar* verificaremos que o querer procede do ego, enquanto amar tem a ver com o id, de forma crua ou sublimada. Antes de desenvolver essas duas ideias a meu modo, gostaria de lembrar como seria possível se referir à capacidade de ficar sozinho numa terminologia psicanalítica bem estabelecida.

Depois da relação sexual

Talvez seja correto afirmar que após a relação sexual satisfatória cada parceiro está só e contente de estar só. Ser capaz de desfrutar estar só estando junto com outra pessoa que também está só é uma experiência normal. Falta de tensão no id pode produzir ansiedade, mas a integração da personalidade no tempo permite ao indivíduo esperar pelo retorno natural da tensão do id e desfrutar a solidão compartilhada, isto é, aquela solidão relativamente livre da característica que nós chamamos de *retraimento*.

Cena primária

Pode-se afirmar que a capacidade do indivíduo de ficar sozinho depende de sua capacidade de lidar com os sentimentos gerados pela cena primária. Na cena primária uma relação excitante entre os pais é percebida ou imaginada, e isso é aceito pela criança sadia, capaz de dominar o ódio e aproveitá-lo para a masturbação. Na masturbação a responsabilidade inteira pela fantasia consciente e inconsciente é aceita pela criança, que é a terceira pessoa numa relação triádica ou triangular. Tornar-se capaz de ficar sozinho nessas circunstâncias significa maturidade do desenvolvimento erótico, potência genital ou aceitação correspondente na mulher; significa fusão de impulsos e ideias agressivas e eróticas, e tolerância da ambivalência; junto com tudo isso está naturalmente a capacidade por parte do indivíduo de se identificar com cada um dos pais.

Uma afirmação nesse ou em outros termos pode se tornar infinitamente complexa, visto que a capacidade de ficar sozinho nesses termos é quase sinônimo de maturidade emocional.

Objeto interno bom

Tentarei agora usar outra linguagem, que se origina do trabalho de Melanie Klein. A capacidade de ficar sozinho depende da existência de um objeto bom na realidade psíquica do indivíduo. Um seio ou pênis interno bom ou uma relação interna boa estão suficientemente bem estabelecidos e defendidos pelo indivíduo (pelo menos na situação atual) para que ele se sinta confiante quanto ao presente e ao futuro. A relação do indivíduo com esse objeto interno, junto com a confiança quanto às relações internas, lhe dá autossuficiência para viver, de modo que ele ou ela é capaz de passar algum tempo descansando contente mesmo na ausência de objetos ou estímulos externos. Maturidade e capacidade de ficar sozinho significam que a maternidade suficientemente boa permitiu ao indivíduo construir uma crença num ambiente benigno. Essa crença se constrói através da repetição de gratificações instintivas satisfatórias.

Com essa linguagem nos referimos ao estágio do desenvolvimento do indivíduo anterior àquele descrito pelo complexo de Édipo clássico. Contudo, supõe-se um grau considerável de maturidade do ego. Presume-se a integração do indivíduo em uma unidade, caso contrário não faria sentido se referir ao interior e ao exterior, ou em dar um significado especial à fantasia interior. Em termos negativos: o indivíduo deve estar relativamente livre de ansiedade persecutória. Em termos positivos: os objetos internos bons estão no mundo interno pessoal do indivíduo, disponíveis para projeção no momento apropriado.

Ficar sozinho em um estado imaturo

A pergunta que se faria neste ponto é a seguinte: uma criança ou um bebê pode ficar sozinho em um estágio tão precoce que a imaturidade do ego impeça uma descrição do ficar sozinho nos termos que estávamos empregando até agora? O ponto principal da minha tese é que precisamos conseguir descrever o ficar sozinho em sua forma não complexa, pois mesmo estando de acordo quanto à complexidade da capacidade de ficar realmente sozinho, esta é fundada na experiência precoce de estar sozinho na presença de alguém. Pode ocorrer de o indivíduo ficar sozinho na presença de alguém em um estágio bem precoce, *quando a imaturidade do ego é naturalmente compensada pelo apoio do ego da mãe*. À medida que o tempo passa, o indivíduo introjeta o apoio do ego da mãe e dessa maneira se torna capaz de ficar sozinho sem apoio frequente da mãe ou de um símbolo materno.

"Eu estou sozinho"

Gostaria de abordar este assunto de um modo diferente, estudando a expressão "eu estou sozinho".

Primeiro a palavra "eu", que indica muito crescimento emocional. O indivíduo se estabeleceu como uma unidade. A integração é um fato. O mundo externo é repelido e um mundo interno se tornou possível. Isso é simplesmente uma afirmação topográfica da personalidade como um ser, como a organização de núcleos do ego. Nesse ponto nenhuma referência é feita a viver.

A seguir vêm a expressão "eu sou" [*to be*], representando um estágio no crescimento individual. Por essas palavras o indivíduo tem não só forma mas também vida. No começo do "eu sou" o indivíduo é, por assim dizer, cru, não defendido, vulnerável, potencialmente paranoide. O indivíduo só pode atingir o estágio do "eu sou" porque existe um ambiente que o protege; o ambiente protetor é de fato a mãe preocupada com seu bebê e orientada para as necessidades do ego do bebê por meio de sua

2. A CAPACIDADE DE FICAR SOZINHO

identificação com o próprio bebê. Não há necessidade de pressupor que o bebê tenha consciência da mãe nesse estágio do "eu sou".

A seguir vêm as palavras "eu estou sozinho". De acordo com a teoria que estou expondo, esse estágio seguinte envolve a consciência, por parte do bebê, da existência contínua de sua mãe. Com essas palavras não quero dizer necessariamente uma percepção com a mente consciente. Considero, contudo, que estar sozinho é uma decorrência do "eu sou", dependente da percepção da criança da existência contínua de uma mãe confiável cuja confiabilidade permite ao bebê ficar sozinho e ter prazer em ficar sozinho, por períodos limitados. Nesse sentido estou tentando justificar o paradoxo de que a capacidade de ficar sozinho se baseia na experiência de estar sozinho na presença de alguém, e que sem uma suficiência dessa experiência a capacidade de ficar sozinho não pode se desenvolver.

Relação de ego

Agora, se estou certo quanto a esse paradoxo, é interessante examinar a natureza do relacionamento do bebê com a mãe, que para os propósitos deste estudo chamei de relação de ego. Atribuo grande importância a esse relacionamento, porque considero que ele fornece a matéria de que a amizade é feita. Pode ser que venha a ser também a *matriz da transferência*.

Há ainda outra razão pela qual atribuo importância especial a esse assunto da relação de ego, mas para esclarecer o que estou dizendo preciso antes fazer uma digressão.

Acredito que seja geralmente aceito que o impulso do id só é significativo se contido na vivência do ego. O impulso do id ou perturba um ego fraco ou então fortifica um ego forte. Pode-se dizer que a *relação de id fortifica o ego quando ocorre em um contexto de relação de ego*. A compreensão da importância da capacidade de ficar sozinho decorre naturalmente da aceitação desse fato. Apenas quando sozinho (isto é, na presença de alguém) o bebê pode descobrir sua vida pessoal própria. A alternativa patológica é a vida falsa fundamentada em reações a estímulos externos. Quando está sozinho no sentido em que estou usando o termo, e somente quando está sozinho, o bebê é capaz de fazer o equivalente ao que no adulto chamamos de relaxar. O bebê tem a capacidade de se tornar não integrado, de devanear, de estar num estado em que não há orientação, de ser capaz de existir como alguém que não é nem um mero reator às intrusões externas nem uma pessoa ativa com uma direção de interesse ou movimento. A cena está armada para uma experiência do id. Com o passar do tempo surge uma sensação ou um impulso. Nesse cenário a sensação ou o impulso será sentido como real e será verdadeiramente uma experiência pessoal.

Veremos agora por que é importante que haja alguém disponível, alguém presente, embora sem fazer exigências; tendo chegado o impulso, a experiência do id pode ser produtiva, e o objeto pode ser uma parte ou o todo da pessoa auxiliar, especificamente a mãe. É apenas sob essas circunstâncias que a criança pode ter uma experiência que é sentida como real. Um grande número de tais experiências forma a base para uma vida que tem realidade em vez de futilidade. O indivíduo que desenvolveu a capacidade de ficar sozinho está constantemente capacitado a redescobrir o impulso pessoal, e o impulso pessoal não é desperdiçado porque o estado de ficar sozinho é algo que implica sempre (apesar do paradoxo) que mais alguém também está ali.

Com o passar do tempo o indivíduo se torna capaz de dispensar a presença *real* da mãe ou figura materna. Isso tem sido denominado como o estabelecimento de um "ambiente interno". É mais primitivo que o fenômeno que merece o termo de "mãe introjetada".

Clímax na relação de ego

Gostaria de avançar um pouco mais na especulação sobre a relação de ego e as possibilidades da experiência nessa relação, e considerar o conceito de *orgasmo do ego*. Naturalmente estou consciente de que há essa coisa que é o orgasmo do ego; aqueles que estão inibidos na

2. A CAPACIDADE DE FICAR SOZINHO

experiência instintiva tenderão a se especializar em tais orgasmos, de modo que haverá uma patologia na tendência ao orgasmo do ego. No momento gostaria de deixar de fora a consideração do patológico, não esquecendo a identificação do corpo inteiro com a parte objeto (falo), e somente perguntar se pode haver utilidade em pensar no *êxtase* como um orgasmo do ego. Na pessoa normal uma experiência altamente satisfatória como essa pode ser alcançada em um concerto ou no teatro ou em uma amizade que pode merecer um termo como orgasmo do ego, que dirige a atenção ao clímax e à importância do clímax. O uso da palavra *orgasmo* poderia ser considerado insensato nesse contexto; acho que ainda assim há lugar para a discussão do clímax que pode ocorrer na relação de ego satisfatória. Poderia se perguntar: quando uma criança está brincando, a brincadeira não passa de uma sublimação do impulso do id? Poderia haver alguma utilidade em pensar que há uma diferença de *qualidade* bem como de *quantidade de id* quando se compara a brincadeira satisfatória com o instinto cruamente subjacente a ela? O conceito de sublimação é aceito por todos e tem grande valor, mas seria uma pena omitir a referência à grande diferença que existe entre o brincar feliz das crianças e o brincar de crianças que ficam compulsivamente excitadas e que podem ser vistas bem próximas de uma experiência instintiva. É verdade que mesmo no brincar feliz da criança tudo pode ser *interpretado* em termos do impulso do id; isso é possível porque nós falamos em termos de símbolos, e estamos em terreno seguro com nosso uso de simbolismos e nossa compreensão de todo brincar em termos de relações de id. Contudo, deixaremos de lado algo vital se não nos lembrarmos de que o brincar de uma criança não é feliz quando complicado por excitações corporais com seus clímaces físicos.

A criança considerada normal é capaz de brincar, ficar excitada enquanto brinca, e se sentir *satisfeita com a brincadeira*, sem se sentir ameaçada pelo orgasmo físico de excitação local. Em contraste, uma criança deprivada, com tendência antissocial, ou qualquer criança com inquietação maníaco-defensiva acentuada é incapaz de apreciar o brincar porque o corpo passa a ser fisicamente envolvido. Há necessidade de um clímax físico, e a maioria dos pais sabe o momento em que a única coisa que põe fim a uma brincadeira excitante é um tabefe – que fornece um falso clímax, mas que é muito útil. Na minha opinião, se comparamos à experiência sexual o brincar feliz de uma criança ou a experiência de um adulto em um concerto, a diferença é tão grande que não faria mal usar um termo diferente para a descrição das duas experiências. Qualquer que seja o simbolismo inconsciente, a quantidade da excitação física real é mínima em um tipo de experiência e máxima na outra. Podemos pagar tributo à importância da relação de ego por si só sem desistir das ideias subjacentes ao conceito de sublimação.

RESUMO

A capacidade de ficar só é um fenômeno bastante sofisticado e tem muitos fatores contribuintes. Está intimamente relacionada com a maturidade emocional.

A base da capacidade de ficar sozinho é a experiência de estar sozinho na presença ele alguém. Nesse sentido um bebê com uma organização fraca do ego pode ficar sozinho por causa do apoio de um ego confiável.

O tipo de relação que existe entre um bebê e uma mãe que fornece apoio egoico merece estudo especial. Embora outras expressões tenham sido usadas, sugiro relação de ego, que poderia ser um bom termo para uso provisório.

No contexto da relação de ego, relações de id ocorrem, e fortificam o ego imaturo, em vez de perturbá-lo.

Gradualmente, o ambiente que apoia o ego é introjetado e construído dentro da personalidade do indivíduo de modo a fomentar a capacidade de ficar de fato sozinho. Mesmo assim, teoricamente há sempre alguém presente, alguém que, no fim das contas, equivale inconscientemente à mãe, a pessoa que, nos dias e semanas iniciais, estava temporariamente identificada com seu bebê, e na ocasião não estava interessada em mais nada além de cuidar desse bebê.

3

A TEORIA DO RELACIONAMENTO PAIS-BEBÊ

[1960]

Talvez uma comparação entre o estudo da infância inicial e o estudo da transferência psicanalítica seja a melhor forma de apresentar o tema principal deste trabalho.[1] Insisto em ressaltar que minha exposição se refere aos primeiros estágios da infância e não primariamente à psicanálise. A razão pela qual isso deve ser compreendido leva à base desse tema. Se este estudo não contribuir construtivamente, então ele só poderá aumentar a confusão sobre a importância relativa das influências pessoais e ambientais no desenvolvimento do indivíduo.

Na psicanálise como a conhecemos não existe trauma que escape da onipotência do indivíduo. Tudo fica por fim sob controle do ego, tornando-se por isso relacionado ao processo secundário. O analista não ajudará o paciente se disser: "sua mãe não é suficientemente boa" [...] "seu pai realmente o seduziu" [...] "sua tia o abandonou".

---

1   Este estudo, juntamente com outro da dra. Phyllis Greenacre sobre o mesmo tema, foi objeto de uma discussão no XXII Congresso Internacional Psicanalítico em Edimburgo, em 1961. Foi publicado pela primeira vez no *International Journal of Psycho-Analysis*, v. 41, pp. 585-95. Discuti isso de um ângulo clínico mais detalhado em "Desenvolvimento emocional primitivo" [1945], in *Da pediatria à psicanálise*, op. cit., pp. 281-99.

As mudanças ocorrem na análise quando os fatores traumáticos entram no material psicanalítico do jeito próprio do paciente, conforme a onipotência dele. As interpretações que causam mudanças são aquelas que podem ser feitas em termos de projeção. O mesmo se aplica a fatores benignos, fatores que levaram à satisfação. Tudo é interpretado em termos do amor e da ambivalência do indivíduo. O analista fica preparado para esperar um longo tempo até estar em posição de fazer exatamente esse tipo de trabalho.

Na infância inicial, contudo, o bebê pode ser acometido por coisas boas e más que estão bem fora de sua alçada. Na verdade, é na infância inicial que a capacidade do bebê para trazer fatores externos para dentro de sua área da onipotência está em processo de formação. O apoio egoico do cuidado materno possibilita ao bebê viver e se desenvolver, a despeito de ainda não ser capaz de controlar ou se sentir responsável pelo que ocorre de bom e de mau no ambiente.

Os acontecimentos desses estágios iniciais não podem ser vistos como perdidos pelo que denominamos mecanismos de repressão, de modo que os analistas não podem esperar encontrá-los como resultado de um trabalho que reduz as forças de repressão. É possível que Freud estivesse tentando prever esses fenômenos quando usou o termo "repressão primária", mas isso é discutível. O que é certo é que os temas em discussão aqui precisaram ser aceitos por muito tempo na literatura psicanalítica.[2]

Voltando à psicanálise: afirmei que o analista está preparado para esperar até que o paciente consiga apresentar os fatores ambientais de forma que eles possam ser interpretados como projeções. Nos casos bem escolhidos, esse resultado vem da capacidade do paciente de confiar, que é redescoberta na confiabilidade do analista e no *setting* profissional. Algumas vezes o analista precisa esperar um

---

2 Relatei alguns aspectos desse problema, encontrado no caso de uma paciente que estava em uma regressão profunda, em "Casework Techniques in the Child Care Services" [1954], in *Child Care and Social Work*, org. Clare Winnicott. London: Codicote Press, 1964.

3. A TEORIA DO RELACIONAMENTO PAIS-BEBÊ

tempo muito longo; e no caso que é *mal* escolhido para a psicanálise clássica é provável que a confiabilidade do analista seja o fator mais importante (ou mais importante do que as interpretações), porque o paciente não experimentou tal confiabilidade no cuidado materno na infância inicial, e se tiver de utilizar essa confiabilidade, terá que encontrá-la pela primeira vez no comportamento do analista. Talvez essa seja a base para a pesquisa do problema sobre o que o analista pode fazer no tratamento da esquizofrenia e outras psicoses.

Nos casos *borderline* o analista nem sempre espera em vão; com o passar do tempo o paciente se torna capaz de utilizar as interpretações psicanalíticas dos traumas originais como projeções. Pode mesmo acontecer de ele conseguir aceitar o que é bom no ambiente como uma projeção dos elementos simples e estáveis da experiência de "continuar a ser" que se originam de seu próprio potencial herdado.

Eis o paradoxo: o que é bom ou mau no ambiente do bebê não é de fato uma projeção, mas apesar disso é necessário, para o bebê se desenvolver sadiamente, que tudo lhe pareça sê-lo. Aí encontramos a onipotência e o princípio do prazer em operação, como devem estar, certamente, na mais tenra infância; e a essa observação podemos acrescentar que o reconhecimento de um "não eu" verdadeiro é uma questão de intelecto; pertence à extrema sofisticação e à maturidade do indivíduo.

Nos escritos de Freud a maior parte das formulações referentes à infância inicial derivam do estudo de adultos em análise. Há algumas observações de crianças (o material do "carretel" [1920])[3], e há a análise do pequeno Hans (1909).[4] À primeira vista pareceria que grande parte da teoria psicanalítica trata da primeira e primeiríssima infâncias, mas em certo sentido pode-se dizer que Freud

---

3   Sigmund Freud, "Além do princípio do prazer" [1920], in *Obras completas*, v. 14, trad. Paulo César de Souza. São Paulo: Companhia das Letras, 2010.
4   Id., "Análise da fobia de um garoto de cinco anos ('o pequeno Hans')" [1909], in *Obras completas*, v. 8, trad. Paulo César de Souza. São Paulo: Companhia das Letras, 2015.

negligenciou os primeiros estágios da infância como um estado; isso é apresentado em uma nota de rodapé em "Formulações sobre os dois princípios do aparelho psíquico" (1911)[5] em que ele demonstra que se dá conta de estar se desviando das coisas que estão em discussão nesse estudo. No texto ele traça o desenvolvimento do princípio do prazer ao princípio da realidade, seguindo seu curso habitual de reconstruir a infância inicial a partir dos pacientes adultos; a nota prossegue:

> Com razão se objetará que tal organização, que se abandona ao princípio do prazer e negligencia a realidade do mundo externo, não poderia se manter viva por um tempo mínimo, de modo que nem sequer chegaria a nascer. O emprego de uma ficção como essa se justifica, porém, pela observação de que o bebê, se considerarmos igualmente o cuidado materno, quase que realiza um sistema psíquico desse tipo.[6]

Aqui há um tributo total de Freud à função do cuidado materno, e pode-se presumir que ele deixou de lado esse assunto porque não estava preparado para discutir suas implicações. A nota continua:

> Ele provavelmente alucina o atendimento de suas necessidades internas, revela seu desprazer com o estímulo crescente e a ausência de satisfação, através da descarga motora dos gritos e do esperneio, e então experimenta a satisfação alucinada. Mais tarde, quando criança, aprende a utilizar essas manifestações de descarga intencionalmente, como meios de expressão. Como o trato dos bebês é o modelo do posterior cuidado das crianças, o domínio

---

5 Id., "Formulações sobre os dois princípios do aparelho psíquico" [1911], in *Obras completas*, v. 10, trad. Paulo César de Souza. São Paulo: Companhia das Letras, 2010.
6 Ibid., p. 89.

do princípio do prazer só pode realmente acabar quando há o completo desligamento psíquico dos pais.[7]

As palavras "se considerarmos igualmente o cuidado materno" têm grande importância no contexto deste estudo. O bebê e o cuidado materno juntos formam uma unidade.[8] Certamente, para estudar a teoria do relacionamento pais-bebê é necessário chegar a uma decisão sobre esses assuntos, que se relacionam com o sentido real da palavra *dependência*. Não é suficiente que se reconheça que o ambiente é importante. Se vai haver uma discussão da teoria do relacionamento pais-bebê, então nos dividimos em dois grupos – se houver aqueles que não concordam que nos estágios iniciais o bebê e o cuidado materno pertencem um ao outro e não podem ser separados. Essas duas coisas, o bebê e o cuidado materno, se separam e se dissociam na saúde; e saúde, que significa tantas coisas, em certo sentido significa a separação do cuidado materno de algo que nós então denominamos bebê ou os primórdios de uma criança em crescimento. Essa ideia é abrangida pelas palavras de Freud no fim da nota de rodapé: "o domínio do princípio do prazer só pode realmente acabar quando há o completo desligamento psíquico dos pais".[9] (A parte intermediária dessa nota será discutida num parágrafo posterior, onde se sugerirá que as palavras de Freud aqui são inadequadas e desorientadoras em certos aspectos, se tomadas como referência ao estágio mais precoce).

---

7   Ibid., pp. 89-90.
8   Eu disse uma vez: "não existe isso que chamam de bebê", significando, é claro, que onde há um bebê há também cuidado materno, e sem cuidado materno não haveria bebê. (Discussão em uma reunião científica da Sociedade Psicanalítica Britânica, por volta de 1940). Será que eu teria sido influenciado, sem sabê-lo, por essa nota de rodapé de Freud?
9   Ibid., p. 90.

A PALAVRA BEBÊ

Neste estudo a palavra *bebê* [*infant*] será usada para se referir à criança muito nova. É preciso dizer isso porque nos escritos de Freud a palavra às vezes descreve até crianças que passaram pelo complexo de Édipo. Na verdade a palavra significa "sem fala" (*infans*), e não é inútil pensar na infância inicial como a fase anterior à apresentação das palavras e ao uso das palavras como símbolos. O corolário é que ela se refere à fase em que o bebê depende do cuidado materno que se baseia mais na empatia materna do que na compreensão do que é ou poderia ser verbalmente expresso.

Esse é essencialmente um período de desenvolvimento do ego, e a integração é o principal aspecto desse desenvolvimento. As forças do id clamam por atenção. De início elas são externas ao bebê. Na saúde o id é reunido a serviço do ego, e o ego domina o id, de modo que as satisfações do id fortalecem o ego. Isso, contudo, é uma conquista do desenvolvimento saudável, e na infância inicial há muitas variantes dependentes da falha relativa dessa conquista. Na falta de saúde na infância inicial, conquistas desse tipo dificilmente são atingidas, ou podem ser alcançadas e perdidas. Na psicose infantil (ou esquizofrenia) o id permanece total ou parcialmente "externo" ao ego, as satisfações do id permanecem físicas e têm o efeito de ameaçar a estrutura do ego, isto é, até que se organizem defesas de qualidade psicótica.[10]

Apoio aqui o ponto de vista de que a principal razão no desenvolvimento do bebê que em geral permite que o bebê controle o id, e que o id seja incluído pelo ego, é o fato do cuidado materno, o ego materno implementando o ego do bebê, tornando-o, assim, potente e estável. Como isso ocorre terá de ser examinado, e também como eventualmente o ego do bebê se torna livre do apoio egoico da mãe,

---

10 Tentei demonstrar a aplicação desta hipótese na compreensão da psicose em meu artigo "Psicoses e cuidados maternos" [1952], in *Da pediatria à psicanálise*, op. cit., pp. 393-407.

de modo a alcançar uma separação mental da mãe, isto é, uma diferenciação em um self pessoal separado.

Para reexaminar o relacionamento pais-bebê é necessário primeiro tentar uma breve exposição da teoria do desenvolvimento emocional do bebê.

HISTÓRICO

A hipótese incipiente da teoria psicanalítica dizia respeito ao id e aos mecanismos de defesa do ego. Julgava-se que o id entrava em cena muito cedo, e a descoberta e a descrição freudiana da sexualidade pré-genital, baseada na observação dos elementos regressivos encontrados nas fantasias genitais, no brincar e nos sonhos, são pedras de toque da psicologia clínica.

Os mecanismos de defesa do ego iam aos poucos sendo formulados.[11] Supunha-se que esses mecanismos eram organizados em conexão com a ansiedade decorrente da tensão dos instintos ou da perda de objetos. Essa parte da teoria psicanalítica pressupõe um self já separado e um ego já estruturado, e talvez também um esquema corporal pessoal. No nível da parte principal deste artigo, tal estado de coisas ainda não pode ser presumido. A discussão gira em torno exatamente

---

11   As pesquisas relativas ao mecanismo de defesa que se seguiram a *O ego e os mecanismos de defesa* (Porto Alegre: Artmed, 2006 [1936]), de Anna Freud, chegaram por vias diferentes a uma reavaliação do papel da maternagem no cuidado materno e no desenvolvimento inicial do bebê. Anna Freud ("Some Remarks on Infant Observations". *Psychoanalytic Study of the Child*, v. 8, 1953) reavaliou seus pontos de vista sobre o assunto. Willi Hoffer (*Psychoanalysis: Practical and Research Aspects*. Baltimore: Williams & Wilkins, 1955) também fez observações relativas a essa área do desenvolvimento. A ênfase neste artigo, contudo, está na importância de compreender o papel do ambiente inicial dos pais no desenvolvimento do bebê e no modo como isso adquire significância clínica para nós no manejo de certos tipos de caso com distúrbios afetivos ou de caráter.

do estabelecimento desse estado de coisas, isto é, a estruturação do ego que abre caminho para a ansiedade derivada da tensão dos instintos ou da perda de objetos. A ansiedade nesse estágio não é ansiedade de castração ou de separação; ela se relaciona com outras coisas e é, na verdade, ansiedade quanto à aniquilação (cf. afaníase de Jones).

Na teoria psicanalítica os mecanismos de defesa do ego têm mais a ver com a ideia de uma criança com certa independência, com uma organização defensiva verdadeiramente pessoal. Nessa fronteira as pesquisas de Klein contribuem para a teoria de Freud ao esclarecer a interação entre as ansiedades primitivas e os mecanismos de defesa. O trabalho de Klein se refere à infância mais precoce, e chama atenção para a importância de impulsos agressivos e destrutivos mais profundos do que aqueles que surgem em reação à frustração e relacionados ao ódio e à raiva; também no trabalho de Klein há uma dissecção das defesas primitivas contra as ansiedades primitivas, ansiedades que fazem parte dos primeiros estágios da organização mental (cisão, projeção e introjeção).

O que é descrito no trabalho de Melanie Klein claramente diz respeito à vida do bebê nas fases iniciais e ao período de dependência de que trata este estudo. Melanie Klein deixou claro que reconhecia a importância do ambiente nesse período e, de formas diferentes, em todos os estágios.[12] Sugiro, contudo, que seu trabalho e o de seus colaboradores deixaram em aberto para consideração posterior o desenvolvimento do tema da dependência completa, que é a que aparece na frase de Freud: "[...] se considerarmos igualmente o cuidado materno [...]". Não há nada no trabalho de Klein que vá contra a ideia da dependência absoluta, mas me parece não haver nenhuma refe-

---

12 Fiz em dois estudos uma exposição detalhada de minha compreensão do trabalho de Melanie Klein nessa área: "A posição depressiva no desenvolvimento emocional normal" [1954-55], in *Da pediatria à psicanálise*, op. cit., pp. 437-61, e "Psicanálise e o sentimento de culpa" [1958], cap. 1 deste volume. Consultar M. Klein, "Notes on Some Schizoid Mechanisms", in J. Riviere (org.), *Developments in Psychoanalysis*. London: Hogarth, 1946, p. 297.

3. A TEORIA DO RELACIONAMENTO PAIS-BEBÊ

rência específica ao estágio em que o bebê existe tão somente por causa do cuidado materno, junto com o qual ele forma uma unidade.

O que quero trazer à baila aqui é a diferença entre a aceitação pelo analista da realidade da dependência e seu trabalho com ela na transferência.[13]

Parece que o estudo das defesas do ego leva o investigador de volta às manifestações pré-genitais do id, enquanto o estudo da psicologia do ego o conduz de volta à dependência, à unidade bebê-cuidado materno.

Metade da teoria do relacionamento pais-bebê se refere ao bebê, e descreve a jornada do bebê da dependência absoluta à independência, passando pela dependência relativa; paralelamente, descreve também a jornada do bebê do princípio do prazer ao princípio da realidade, e do autoerotismo às relações de objeto. A outra metade da teoria do relacionamento pais-bebê se refere ao cuidado materno, isto é, às qualidades e mudanças nas mães que satisfazem as necessidades específicas e de desenvolvimento do bebê para o qual ela se orienta.

O BEBÊ

A palavra-chave nesta parte do estudo é *dependência*. Os bebês humanos não podem começar a *ser* exceto sob certas condições. Essas condições são estudadas abaixo, mas elas são parte da psicologia do bebê. Os bebês vêm a ser de modo diferente conforme as condições sejam favoráveis ou desfavoráveis. Ao mesmo tempo essas condições não determinam o potencial do bebê. Este é herdado, e é legítimo estudar esse potencial herdado do indivíduo como um tema separado, *desde que se entenda que o potencial herdado de um bebê não virá a ser um bebê exceto por meio do cuidado materno*.

---

[13] Para um exemplo clínico consultar meu artigo "Retraimento e regressão" [1954], in *Da pediatria à psicanálise*, op. cit., pp. 427-36.

O potencial herdado inclui uma tendência para o crescimento e o desenvolvimento. Todos os estágios do desenvolvimento emocional podem ser mais ou menos datados. Supõe-se que as datas dos estágios de desenvolvimento variem de criança para criança. A despeito disso, *ainda que fossem conhecidas de antemão* no caso de determinada criança, essas datas não poderiam ser utilizadas para prever o desenvolvimento real por causa do outro fator: o cuidado materno. Só se pode fazer uso dessas datas – se é que elas têm algum uso – se for assumido um cuidado materno adequado em aspectos importantes. (Isso obviamente não significa adequado somente no sentido físico; o significado da adequação ou inadequação nesse contexto é discutido a seguir.)

O potencial herdado e seu destino

É necessário expor aqui brevemente o que ocorre ao potencial herdado para que este se desenvolva em um bebê, e depois em uma criança, uma criança aspirando à existência independente. Devido à complexidade do tema, esta exposição tem que ser feita a partir do pressuposto de um cuidado materno satisfatório, ou seja, de cuidados parentais satisfatórios. Os cuidados parentais satisfatórios podem ser classificados mais ou menos em três estágios que se confundem:

a) Mãe segurando o bebê.
b) Mãe e bebê vivendo juntos. Aqui a criança não tem ciência da função do pai (ao lidar com o ambiente para a mãe).
c) Pai, mãe e bebê, todos vivendo juntos.

Aqui o termo *segurar* [*holding*] significa não apenas segurar fisicamente o bebê mas também a provisão ambiental total anterior ao conceito de *viver com*. Em outras palavras, se refere à relação espacial ou tridimensional, com o fator tempo gradualmente adicionado. Isso se confunde com as experiências instintivas – mas as precede –, as experiências instintivas que com o tempo vêm a determinar as relações de objeto. Inclui a elaboração de experiências inerentes à existência, tais como o *completar* (e portanto o *não completar*) de processos, que de fora podem parecer puramente fisiológicos, mas que fazem parte da psicologia do bebê e ocorrem em um campo psicológico complexo, determinados pela atenção e pela empatia da mãe. (O conceito de *segurar* é discutido em mais detalhes adiante.)

A expressão "viver com" implica relações de objeto, bem como a emergência do bebê do estado de fusão com a mãe ou sua percepção dos objetos como externos a si próprio.

Este estudo está especificamente dedicado ao estágio de sustentação do cuidado materno e às ocorrências complexas no desenvolvimento psicológico do bebê ligadas a essa fase. Deve-se recordar, contudo, que a divisão de uma fase para outra é artificial, uma mera questão de conveniência, adotada com o propósito de definições mais claras.

O desenvolvimento do bebê durante a fase de sustentação

Sob esse prisma podem ser enumeradas algumas características do desenvolvimento do bebê durante essa fase. É neste estágio que

- processo primário;
- identificação primária;
- autoerotismo;
- narcisismo primário.

são realidades vivas.

Nessa fase o ego se transforma de estado não integrado em integração estruturada, de modo que o bebê se torna capaz de experimentar a ansiedade associada à desintegração. A palavra *desintegração* começa a ter um sentido que não tinha antes de a integração do ego se tornar um fato. No desenvolvimento saudável, nesse estágio o bebê retém a capacidade de reexperimentar estados não integrados. Mas isso depende da continuidade de um cuidado materno consistente ou da acumulação no bebê de recordações do cuidado materno começando gradualmente a serem percebidas como tais. O resultado do progresso normal no desenvolvimento do bebê durante essa fase é que ele alcança o que se poderia chamar "estado de unidade". O bebê se torna uma pessoa, com individualidade própria.

Junto a essa conquista o bebê adquire existência psicossomática, que começa a assumir um padrão pessoal; eu me referi a isso como a instalação da psique no soma.[14] A base dessa instalação é a ligação das experiências funcionais e motoras e sensoriais com o novo estado do bebê de ser uma pessoa. Como aquisição adicional surge o que poderia se chamar de membrana limitante, que até certo ponto (na saúde) é equacionada com a superfície da pele, e tem uma posição entre o "eu" e o "não eu" do bebê, que por sua vez ganha um interior e um exterior, e um esquema corporal. Desse modo começam a ter sentido as funções de entrada e saída; além disso, torna-se cada vez mais importante pressupor uma realidade psíquica interna ou pessoal para o bebê.[15]

Outros processos têm início durante a fase de sustentação; o mais importante é o despertar da inteligência e a emergência da mente como algo distinto da psique. Daí se segue a história toda dos processos secundários e da função simbólica, e da organização de um conteúdo psíquico pessoal, que forma a base do sonho e das relações vivas.

---

14 Para uma conceituação anterior sobre esse tema, consultar meu estudo "A mente e sua relação com o psicossoma" [1949], in *Da pediatria à psicanálise*, op. cit., pp. 408-26.
15 Aqui o trabalho sobre as fantasias primitivas, cuja riqueza e complexidade nos é familiar devido aos ensinamentos de Melanie Klein, se torna pertinente e apropriado.

Ao mesmo tempo, as duas raízes do comportamento impulsivo começam a se unir no bebê. A palavra *fusão* indica o processo positivo pelo qual elementos difusos que fazem parte de um erotismo muscular e do movimento se tornam (na saúde) fundidos com o funcionamento orgástico das zonas erógenas. Esse conceito é mais conhecido como o inverso do processo de desfusão, que é uma defesa complicada em que a agressividade se diferencia da experiência erótica após um período em que algum grau de fusão foi atingido. Todas essas aquisições fazem parte da condição ambiental da sustentação, e sem uma sustentação suficientemente boa esses estágios não podem ser alcançados, ou uma vez alcançados não podem ser assegurados.

Uma aquisição adicional é a capacidade para relações de objeto. Aí o bebê muda de um relacionamento com um objeto subjetivamente concebido para uma relação com um objeto objetivamente percebido. Essa mudança está intimamente ligada com a mudança do bebê de ser fundido com a mãe para ser separado dela, ou relacionando-se a ela como separada e como "não eu". Essa aquisição não está especificamente relacionada à sustentação, e sim à fase do "viver com"...

Dependência

Na fase da sustentação, o bebê é dependente ao máximo. Podemos classificar a dependência desta maneira:

1. *Dependência absoluta*. Neste estado o bebê não tem como tomar ciência do cuidado materno, que é em grande parte uma questão de profilaxia. Não pode assumir controle sobre o que é bem ou malfeito, estando apenas em posição de se beneficiar ou de sofrer perturbações.
2. *Dependência relativa*. Aqui o bebê pode se dar conta da necessidade de detalhes do cuidado materno, e pode relacioná-los cada vez mais ao impulso pessoal, e mais tarde, num tratamento psicanalítico, pode reproduzi-los na transferência.

3. *Rumo à independência.* O bebê desenvolve meios para ir vivendo sem cuidado real. Ele logra isso por meio do acúmulo de recordações do cuidado, da projeção de necessidades pessoais e da introjeção de detalhes do cuidado, com o desenvolvimento da confiança no ambiente. Deve-se acrescentar aqui o elemento de compreensão intelectual, com suas tremendas implicações.

Isolamento do indivíduo

Outro fenômeno que precisa ser considerado nesta fase é o ocultamento do núcleo da personalidade. Examinamos o conceito de self central ou verdadeiro. O self central poderia ser considerado como o potencial herdado que está experimentando a continuidade da existência, e adquirindo à sua maneira e em seu passo uma realidade psíquica pessoal e um esquema corporal pessoal.[16] Parece necessário considerar o conceito de isolamento desse self central como uma característica da saúde. Qualquer ameaça a esse isolamento do self verdadeiro constitui uma ansiedade maior neste estágio inicial e as defesas da infância mais precoce ocorrem por falhas por parte da mãe (no cuidado materno) em evitar intrusões que poderiam perturbar esse isolamento.

As intrusões podem ser recebidas e manejadas pela organização do ego, incluídas na onipotência do bebê e sentidas como projeções.[17] Entretanto, podem driblar essa defesa a despeito do apoio egoico que o cuidado materno provê. O núcleo central do ego é afetado e

---

16 No capítulo 2 tentei discutir outro aspecto dessa fase do desenvolvimento, como a verificamos no adulto normal. Cf. Phyllis Greenacre, "Early Physical Determinants in the Development of the Sense of Identity". *Journal of the American Psychoanalytical Association*, v. 6.

17 Estou usando aqui o termo *projeções* em um sentido descritivo e dinâmico, e não no sentido metapsicológico completo. A função dos mecanismos psíquicos primitivos, tais como introjeção, projeção e cisão, ultrapassa os objetivos deste estudo.

essa é a natureza real da ansiedade psicótica. Na saúde o indivíduo logo se torna invulnerável nesse sentido, e se há intrusões externas, estas acarretam somente um novo grau e qualidade no ocultamento do self central. Nesse sentido, a melhor defesa é a organização de um falso self. A satisfação instintiva e as relações de objeto constituem uma ameaça ao "continuar a ser" pessoal do indivíduo. *Exemplo*: um bebê está mamando ao seio e obtém satisfação. Esse fato por si só não indica se está tendo uma experiência ego-sintônica do id ou, ao contrário, está sofrendo o traumatismo de uma sedução, uma ameaça à continuidade pessoal do ego, uma ameaça por parte de uma experiência do id que não é ego-sintônica, e com a qual o ego não está preparado para lidar.

As relações de objeto na saúde podem se desenvolver na base de uma conciliação, uma que envolve o indivíduo no que mais tarde poderia se denominar engodo e desonestidade, enquanto uma relação direta só é possível na base de uma regressão ao estado de fusão com a mãe.

Aniquilação[18]

A ansiedade nestes estágios iniciais do relacionamento pais-bebê está ligada à ameaça de aniquilação, e é necessário explicar o que significa esse termo.

Nesse lugar caracterizado pela existência essencial de um ambiente sustentador, o "potencial herdado" está se tornando uma "continuidade do ser". A alternativa a ser é reagir, e reagir interrompe o ser e aniquila. Ser e aniquilação são as duas alternativas. O ambiente, portanto, tem como principal função reduzir ao mínimo

---

18 Em um estudo prévio, descrevi variedades clínicas desse tipo de ansiedade de uma perspectiva um pouco diferente (cf. "Memórias do nascimento, trauma do nascimento e ansiedade" [1949], in *Da pediatria à psicanálise*, op. cit., pp. 327-55).

as intrusões a que o bebê precisará reagir, e que resultam na aniquilação do ser pessoal. Sob condições favoráveis o bebê estabelece uma continuidade da existência e assim começa a desenvolver as sofisticações que permitem que essas intrusões sejam incorporadas à área da onipotência. Nesse estágio a palavra *morte* não tem aplicação possível, e isso faz com que *instinto de morte* seja um termo inaceitável para descrever a origem da destrutividade. A morte não tem sentido até a chegada do ódio e do conceito da pessoa humana inteira. Quando uma pessoa humana inteira pode ser odiada, a morte passa a ter sentido, e próximo disso está o que podemos chamar de *mutilação*; a pessoa inteira odiada e amada é mantida viva ao ser castrada, ou então é mutilada, em vez de ser morta. Tais ideias pertencem a uma fase posterior àquela caracterizada pela dependência do ambiente sustentador.

Reexame de uma nota de rodapé de Freud

Nesse ponto é necessário rever uma afirmação de Freud citada anteriormente: "Ele provavelmente alucina o atendimento de suas necessidades internas, revela seu desprazer com o estímulo crescente e a ausência de satisfação, através da descarga motora dos gritos e do esperneio, e então experimenta a satisfação alucinada". A teoria implícita nessa parte da conceituação não basta para explicar as necessidades dessa fase mais precoce. Essas palavras já fazem referência às relações de objeto, e a validade dessa parte das afirmações de Freud depende da pressuposição, por parte dele, dos aspectos mais precoces do cuidado materno, aqueles que foram aqui descritos como parte da fase de sustentação. No entanto, essa afirmação de Freud descreve exatamente as necessidades da fase *seguinte*, caracterizada por um relacionamento entre o bebê e a mãe, em que as relações de objeto e as satisfações instintivas ou das zonas erógenas têm lugar; isto é, quando o desenvolvimento avança normalmente.

3. A TEORIA DO RELACIONAMENTO PAIS-BEBÊ

O PAPEL DO CUIDADO MATERNO

Tentarei agora descrever alguns aspectos do cuidado materno e, em especial, a sustentação. Neste estudo o conceito de sustentação é importante, e é necessário desenvolver melhor essa ideia. A palavra é usada aqui para abrir uma discussão mais completa do tema contido na frase de Freud "[...] pela observação de que o bebê, se considerarmos igualmente o cuidado materno, quase que realiza um sistema psíquico desse tipo". Refiro-me ao estado real do relacionamento mãe-bebê no início, antes de o bebê separar o self do cuidado materno, em que há dependência absoluta no sentido psicológico.[19]

Nesse estágio o bebê requer – e em geral de fato recebe – uma provisão ambiental que tem certas características:

- Satisfaz as necessidades fisiológicas. Aqui a fisiologia e a psicologia ainda não se diferenciaram, ou ainda estão no processo de fazê-lo.
- É consistente. Mas a provisão ambiental não é mecanicamente consistente. Ela é consistente de um modo que implica a empatia da mãe.

Sustentação:

- Protege da lesão fisiológica.
- Leva em conta a sensibilidade cutânea do bebê – tato, temperatura, sensibilidade auditiva, sensibilidade visual, sensibilidade à queda (ação da gravidade) – e a falta de conhecimento do bebê acerca da existência de qualquer coisa que não si mesmo.
- Inclui a rotina completa do cuidado dia e noite, e não é igual para dois bebês, porque é parte do bebê, e dois bebês nunca são iguais.

---

19 Lembrete: Para me certificar de separar isso de relações de objeto e de gratificação do instinto devo *artificialmente* restringir minha atenção às necessidades corporais de um modo geral. Um paciente me disse: "Uma boa sessão analítica em que a interpretação correta é feita no momento certo *é* uma boa alimentação".

- Segue também as mudanças instantâneas do dia a dia que fazem parte do crescimento e do desenvolvimento do bebê, tanto físico como psicológico.

Deve-se notar que mães capazes de prover cuidado suficientemente bom podem ser habilitadas a fazer um trabalho ainda melhor se elas mesmas receberem cuidado, reconhecendo assim a natureza essencial de sua tarefa. Quanto às mães que não têm a capacidade de prover cuidado suficientemente bom, não é a mera instrução que as tornará suficientemente boas.

A sustentação inclui em especial a sustentação física do bebê, que é uma forma de amar. Talvez seja a única forma de uma mãe demonstrar seu amor ao bebê. Algumas mães são capazes de sustentar um bebê; outras, não, e essa incapacidade produz no bebê a sensação de insegurança e o choro nervoso.

Tudo isso acarreta, inclui e coexiste com o estabelecimento das primeiras relações de objeto do bebê e suas primeiras experiências de gratificação instintiva.[20]

Seria incorreto pôr a gratificação instintiva (alimentação etc.) ou as relações de objeto (relacionamento com o seio) na frente do tema da organização do ego (isto é, o ego do bebê reforçado pelo ego materno). A base da satisfação instintiva e das relações de objeto é o manuseio e o gerenciamento do cuidado do bebê, que facilmente passam despercebidos quando tudo vai bem.

As bases da saúde mental do indivíduo, no sentido de ausência de psicose ou predisposição à psicose (esquizofrenia), são lançadas por esse cuidado materno, que quando tudo vai bem dificilmente é percebido, e é uma continuação da provisão fisiológica que caracteriza o estado pré-natal. Essa provisão ambiental é também a continuação da

---

20 Para discussão adicional desse aspecto dos processos de desenvolvimento, consultar meu estudo "Objetos transicionais e fenômenos transicionais" [1951], in *O brincar e a realidade*, trad. Breno Longhi. São Paulo: Ubu Editora, 2019, pp. 13-51.

vitalidade dos tecidos e da saúde funcional que (para o bebê) provê um apoio egoico silencioso, mas vitalmente importante. Assim, a esquizofrenia ou a psicose infantil ou uma predisposição à psicose em uma data posterior estão ligadas a uma falha da provisão ambiental. Isso não quer dizer, contudo, que os efeitos nefastos de tal falha não possam ser descritos em termos de distorção do ego e de defesas contra ansiedades primitivas, isto é, em termos do indivíduo. Veremos, portanto, que o trabalho de Klein sobre os mecanismos de defesa de cisão e de projeção e introjeção e assim por diante é uma tentativa de descrever os efeitos da falha da provisão ambiental em termos do indivíduo. Esse trabalho sobre os mecanismos primitivos nos dá a chave apenas para uma parte da história, e a reconstrução do ambiente e de suas falhas fornece a outra parte. Essa outra parte não pode aparecer na transferência por causa da falta de conhecimento do paciente quanto ao cuidado materno, tanto em seus aspectos bons como em suas falhas, tal como existiu na situação infantil original.

Exame de um detalhe do cuidado materno

Darei um exemplo para ilustrar a sutileza do cuidado materno. Um bebê está em fusão com sua mãe, e enquanto esse for o caso, quanto mais perto a mãe chegar de uma compreensão exata das necessidades do bebê, melhor. Uma mudança, contudo, é causada pelo fim de fusão, e esse fim não é necessariamente gradual. Tão logo mãe e bebê se separam, a mãe tende a mudar sua atitude – do ponto de vista do bebê. É como se ela agora se desse conta de que o bebê não conta mais com aquela condição em que a mãe compreende suas necessidades quase que por mágica. A mãe parece saber que o bebê tem uma nova capacidade, a de transmitir sinais que a orientem a satisfazer-lhe as necessidades. Poderíamos dizer que, se ela for boa demais em divisar as necessidades do bebê, isso é mágica e não forma a base para uma relação de objeto. Aqui temos as palavras de Freud: "Ele (o bebê) provavelmente alucina o atendimento de suas necessidades internas, revela seu desprazer com o estímulo crescente e a ausência de satisfação, através da descarga motora dos gritos e do esperneio, e então experimenta a satisfação alucinada". Dito de outro modo, à época do fim da fusão, quando a criança se separou do ambiente, um ponto importante é que o bebê tem que transmitir sinais.[21] Observamos essa sutileza se insinuando nitidamente na transferência em nosso trabalho analítico. É muito importante, exceto quando o paciente está regredido à infância mais precoce e ao estado de fusão, que o analista *não* dê as respostas a menos que o paciente dê pistas. O analista capta essas pistas e faz a interpretação, e muitas vezes acontece de o paciente falhar em dar as pistas, impedindo o trabalho do analista. Essa limitação do poder do analista é importante para o paciente, assim como o poder do analista é importante, representado pela interpretação correta, feita no momento certo e baseada nas pistas e na cooperação inconsciente do paciente, que está fornecendo o material que vai fundamentar e justificar a interpretação. Desse modo o analista em treinamento muitas vezes faz análise melhor do que o fará passados alguns anos, quando ele souber mais. Quando tiver tido diversos pacientes ele começará a achar entediante ir tão devagar quanto o paciente, e começará a fazer interpretações baseadas não no material fornecido em determinado dia pelo paciente, mas em seu próprio conhecimento acumulado ou em sua adesão contingente a determinado conjunto de ideias. Isso é inútil para o paciente. O analista pode parecer muito esperto, e o paciente pode expressar admiração, mas no fim a interpretação correta é um trauma, que o paciente tem que rejeitar porque não é sua. Ele se queixa que o analista tenta hipnotizá-lo, isto é, que o analista o está incitando a uma regressão severa à dependência, arrastando o paciente de volta a uma fusão com o analista.

 A mesma coisa pode ser observada com as mães dos bebês; as mães que tiveram vários filhos começam a ficar tão boas na técnica

---

21 Teoria posterior de Freud ("Inibição, sintoma e angústia" [1926], in *Obras completas*, v. 17, trad. Paulo César de Souza. São Paulo: Companhia das Letras, 2014) da ansiedade como um sinal para o ego.

3. A TEORIA DO RELACIONAMENTO PAIS-BEBÊ

de maternagem que fazem tudo certo no momento exato, e assim o bebê que tinha começado a se tornar separado de sua mãe não tem meios de assumir o controle sobre todas as coisas boas que estão acontecendo. O gesto criativo, o choro, o protesto – todos esses pequenos sinais cuja função produzir é o que a mãe já faz, todos eles estão ausentes, porque a mãe já satisfez as necessidades do bebê, como se ele ainda estivesse fundido com ela e ela, com ele. Desse modo a mãe, por ser uma mãe aparentemente boa, faz pior do que castrar o bebê; a ele são dadas duas alternativas: ou ficar em um estado permanente de regressão e permanecer fundido com a mãe, ou então encenar uma rejeição completa da mãe, mesmo de uma mãe aparentemente boa.

Vemos, portanto, que na infância e no manejo dos bebês há uma distinção muito sutil entre a compreensão da mãe acerca das necessidades do bebê baseada na empatia, e sua mudança para uma compreensão baseada em algo no bebê ou na criança pequena que indica uma necessidade. Isso é especialmente difícil para as mães pelo fato de as crianças vacilarem entre um estado e outro; em um minuto elas estão fundidas com a mãe e requerem empatia, enquanto no seguinte estão separadas dela, e então, se a mãe souber suas necessidades por antecipação, ela é perigosa, uma bruxa. É muito estranho que mães sem instrução alguma se adaptem a essas mudanças em seus bebês de maneira satisfatória, e sem nenhum conhecimento de teoria. Esse detalhe é reproduzido no trabalho analítico com pacientes *borderline* e em todos os casos de grande importância, nos momentos em que a dependência na transferência é máxima.

Desconhecimento em relação ao cuidado materno satisfatório

É axiomático, quando o assunto é o cuidado materno na forma da sustentação, que quando as coisas vão bem o bebê não tem meios de saber o que está sendo provido adequadamente e o que lhe está sendo impedido. Entretanto, é quando as coisas não vão bem que o bebê toma ciência, não de uma falha do cuidado materno, mas dos resultados, quaisquer que sejam, dessa falha; quer dizer, o bebê percebe que está reagindo a alguma intrusão. Como resultado do cuidado materno bem-sucedido, instaura-se no bebê a continuidade de ser que é a base da força do ego; ao passo que o resultado de cada falha no cuidado materno é a interrupção da continuidade de ser por reações às consequências dessa falha, implicando o enfraquecimento do ego.[22] Tais interrupções constituem aniquilação, e são evidentemente associadas a sofrimentos de qualidade e intensidade psicótica. Nos casos extremos o bebê existe somente na base da continuidade de reações a intrusões e de sua recuperação de tais reações. Isso contrasta enormemente com a continuidade de ser que é minha concepção de força do ego.

AS MUDANÇAS NA MÃE

É importante, nesse contexto, examinar as mudanças que ocorrem na mulher prestes a ter um bebê ou que acabou de tê-lo. No início, essas mudanças são quase fisiológicas, e começam com a sustentação física do bebê no útero. Algo estaria faltando, contudo, se na descrição se usasse a expressão "instinto materno". O fato é que, na saúde, a mulher muda sua orientação sobre si mesma e sobre o mundo. No entanto, mesmo que essas mudanças estejam profundamente enrai-

---

22 Nos casos de caráter, são esse enfraquecimento do ego e as várias tentativas do indivíduo para lidar com ele que chamam atenção imediatamente; mesmo assim, somente um verdadeiro exame da etiologia permitirá que o aspecto defensivo do sintoma que está se apresentando seja identificado em sua origem na falha ambiental. Referi-me a um aspecto específico disso no diagnóstico da tendência antissocial como o problema básico subjacente à Síndrome de Delinquência (19).

3. A TEORIA DO RELACIONAMENTO PAIS-BEBÊ

zadas em sua fisiologia, elas podem ser distorcidas quando falta saúde mental à mulher. É necessário pensar nessas mudanças em termos psicológicos, e isso apesar de possivelmente haver fatores endócrinos passíveis de serem afetados pela medicação. Sem dúvida as mudanças fisiológicas sensibilizam a mulher para as mudanças psicológicas mais sutis que se seguem.

Logo após a concepção, ou quando já se sabe que a concepção é possível, a mulher começa a mudar sua orientação e a se preocupar com as mudanças que estão ocorrendo dentro de si. De várias formas ela é encorajada por seu próprio corpo a se interessar por si própria.[23] A mãe transfere algo de seu interesse em si própria para o bebê que está crescendo dentro dela. O importante é que vem a existir um estado de coisas que merece ser descrito, e a teoria sobre tudo isso precisa ser explanada.

O analista que está satisfazendo as necessidades de um paciente que por sua vez está revivendo esses estágios precoces na transferência sofre mudanças similares de orientação; e o analista, diferentemente da mãe, precisa estar atento à sensibilidade que se desenvolve nele ou nela como resposta à imaturidade e dependência do paciente. Isso pode ser considerado uma extensão da descrição que Freud faz do analista como alguém em um estado voluntário de atenção.

Não seria apropriado fazer aqui uma descrição detalhada dessas mudanças de orientação na mulher que está se tornando ou acabou de se tornar mãe. Tentei descrever em outro estudo essas mudanças em linguagem popular ou não técnica.[24]

Há uma psicopatologia dessas mudanças de orientação, e os extremos da anormalidade são objeto de estudo por parte daqueles que estudam a psicologia da psicose puerperal. Sem dúvida há mui-

---

23 Para uma conceituação mais detalhada deste ponto veja "Preocupação materna primária" [1956], in *Da pediatria à psicanálise*, op. cit., pp. 493-501.
24 *The Ordinary Devoted Mother and Her Baby – Nine Broadcast Talks*, 1949. Republicada em: *The Child and the Family*. London: Tavistock, 1957.

tas variações em qualidade que não constituem anormalidade. O que constitui anormalidade é o grau de distorção.

Em geral as mães de um modo de outro se identificam com o bebê que está crescendo dentro de si, e desse modo podem atingir uma percepção muito sensível do que o bebê necessita. Isso é uma identificação projetiva. Essa identificação com o bebê dura por algum tempo depois do parto, e então gradualmente perde importância.

Habitualmente a orientação especial da mãe para com o bebê vai além do processo de nascimento. A mãe que não tem distorções nesse campo está pronta para abrir mão de sua identificação com o bebê à medida que ele vai demonstrando a necessidade de se separar. É possível prover um cuidado inicial bom, mas fracassar em completar o processo pela incapacidade de deixá-lo terminar, com a mãe tendendo a permanecer fundida com seu bebê e adiando a separação. De qualquer modo é uma tarefa difícil para a mãe se separar do bebê tão rápido quanto o bebê precisa se separar dela.[25]

O importante, no meu ponto de vista, é que, através de sua identificação com o bebê, a mãe sabe como ele se sente, de modo que é capaz de prover quase exatamente aquilo de que o bebê necessita em termos de sustentação e provisão do ambiente em geral. Sem tal identificação acho que ela não seria capaz de prover o que é necessário no começo, que é uma *adaptação viva às necessidades do bebê*. O principal é a sustentação física, que é a base de todos os aspectos mais complexos da sustentação e da provisão ambiental em geral.

É verdade que uma mãe pode ter um bebê que é muito diferente de si mesma e, assim, calcular mal. O bebê pode ser mais rápido ou mais lento do que ela. Desse modo pode haver ocasiões em que ela sente que o bebê precisa de algo, e não está certa. Contudo, parece ser comum que as mães que não estão distorcidas por falta de saúde

---

[25] Um caso que ilustra o tipo de problema encontrado clinicamente e relacionado com esse grupo de ideias foi apresentado num estudo anterior: "A reparação relativa à defesa organizada da mãe contra a depressão" [1948], in *Da pediatria à psicanálise*, op. cit, pp. 203-11.

ou por tensões ambientais do dia a dia tendem, em geral, a distinguir suficientemente bem do que seus bebês necessitam. Mais que isso, elas gostam de prover as necessidades do bebê. Essa é a essência do cuidado materno.

Com "o cuidado que recebe de sua mãe", cada bebê é capaz de ter uma existência pessoal, e assim começa a construir o que pode ser chamado de *continuidade do ser*. Na base dessa continuidade do ser, o potencial herdado se desenvolve gradualmente no bebê. Se o cuidado materno não é suficientemente bom, então o bebê não alcança existência real, uma vez que não há a continuidade do ser; em vez disso, a personalidade começa a se formar com base em reações a intrusões do ambiente.

Tudo isso é significativo para o analista. Na verdade não é tanto a partir da observação direta dos bebês, mas do estudo da transferência na situação analítica, que se obtém uma visão clara do que acontece na infância inicial. Esse trabalho sobre a dependência na infância inicial deriva do estudo dos fenômenos transferenciais e contratransferenciais que fazem parte do envolvimento do analista com os casos *borderline*. Na minha opinião esse envolvimento é uma extensão legítima da psicanálise. A única diferença está no diagnóstico da doença do paciente – a etiologia da doença de pacientes desse tipo precede o complexo de Édipo e envolve uma distorção ocorrida na época da dependência absoluta.

Freud foi capaz de descobrir a sexualidade infantil em uma nova visão porque ele a reconstruiu a partir de seu trabalho analítico com pacientes neuróticos. Ao expandir seu trabalho para abarcar o tratamento de pacientes psicóticos *borderline*, foi possível para nós reconstruir a dinâmica da dependência infantil e da infância inicial, e o cuidado materno que satisfaz essa dependência.

RESUMO

1. É feito um exame da infância inicial; isso não é a mesma coisa que o exame dos mecanismos mentais primitivos.
2. A principal característica da infância é a dependência; isso é discutido em termos do ambiente sustentador.
3. Qualquer estudo da infância inicial deve ser dividido em duas partes:
   a) Desenvolvimento do bebê facilitado por um cuidado materno suficientemente bom.
   b) Desenvolvimento do bebê distorcido por um cuidado materno que não é suficientemente bom.
4. Pode-se considerar fraco o ego do bebê, mas na verdade ele é forte por causa do apoio egoico do cuidado materno. Onde falha o cuidado materno, a fraqueza do ego do bebê se torna manifesta.
5. Os processos da mãe (e do pai) conduzem, na saúde, a um estado especial em que a mãe ou o pai se orienta para o bebê, estando assim em posição de satisfazer a dependência do bebê. Há uma patologia desses processos.
6. Notam-se aqui as várias formas em que essas condições inerentes ao que chamamos de ambiente sustentador[26] podem ou não aparecer na transferência se o bebê fizer análise em uma data posterior.

---

26 Conceito de sustentação em casos clínicos: Cf. Clare Winnicott, "Casework Techniques in the Child Care Services" [1954], in *Child Care and Social Work*. London: Codicote Press, 1964.

4

A INTEGRAÇÃO DO EGO NO DESENVOLVIMENTO DA CRIANÇA
[1962]

Pode-se usar a palavra *ego* para descrever a parte da personalidade que tende, sob condições favoráveis, a se integrar em uma unidade.

No corpo de um bebê anencefálico podem ocorrer acontecimentos funcionais, inclusive localização instintiva, acontecimentos esses que seriam denominados vivências da função do id, se houvesse um cérebro. Poderíamos dizer que, se houvesse um cérebro normal, haveria uma organização dessas funções, e a essa organização se poderia dar o nome de ego. Contudo, sem aparelho eletrônico não há vivência, e consequentemente não há ego.

Contudo, normalmente o funcionamento do id não é perdido; ele é reunido em todos os seus aspectos e passa a ser vivência do ego. Assim, não faz sentido usar a palavra *id* para fenômenos que não são registrados, catalogados, vivenciados e eventualmente interpretados pelo funcionamento do ego.

Nos estágios mais precoces do desenvolvimento da criança, portanto, o funcionamento do ego deve ser considerado um conceito inseparável daquele da existência do bebê como pessoa. Podemos ignorar qualquer vida instintiva que exista sem conexão com o funcionamento do ego, porque a criança ainda não é uma entidade viva capaz de ter experiências. Não há id antes do ego. Somente a partir dessa premissa se pode justificar um estudo do ego.

Veremos que o ego se oferece para estudo muito antes de a palavra *self* ter relevância. A palavra *self* aparece depois que a criança já começou a usar o intelecto para examinar o que os demais veem, sentem ou ouvem e o que pensam quando deparam com esse corpo infantil. (O conceito de self não será estudado neste capítulo.)

A *primeira pergunta* que surge com respeito ao que é denominado ego é a seguinte: há um ego desde o início? A resposta é que o início é o momento em que o ego inicia.[1]

Então surge a *segunda pergunta*: o ego é forte ou fraco? A resposta a essa pergunta depende de quem for a mãe e da capacidade dessa mãe de satisfazer a dependência absoluta do bebê no começo, no estágio antes de o bebê separar a mãe do self.

Em minha terminologia, a mãe suficientemente boa é aquela capaz de satisfazer as necessidades do bebê no início, e satisfazê-las tão bem que o bebê, em sua saída da matriz do relacionamento mãe-bebê, seja capaz de ter uma breve *experiência de onipotência*. (Isso tem de ser distinguido de *onipotência*, que é o nome dado a um tipo de sentimento.)

A mãe pode fazer isso porque ela se dispôs temporariamente a uma tarefa única, a de cuidar desse bebê específico. Sua tarefa se torna possível porque o bebê tem a capacidade, quando a função de apoio egoico da mãe está em operação, de se relacionar com *objetos subjetivos*. Nesse sentido o bebê pode chegar de vez em quando ao princípio da realidade, mas nunca em toda a parte de uma só vez; isto é, o bebê mantém áreas de objetos subjetivos juntamente com outras em que há algum relacionamento com objetos percebidos objetivamente, ou de objetos "não eu".

Existe tanta diferença entre o começo de um bebê cuja mãe consegue desempenhar essa tarefa bem o suficiente e o de um bebê cuja mãe não consiga realizar essa tarefa bem o suficiente que não há valor nenhum em descrever bebês nos estágios iniciais a não ser relacionando-os com o funcionamento das mães. Quando a materna-

---

1 É bom lembrar que o começo é uma soma de começos.

4. A INTEGRAÇÃO DO EGO NO DESENVOLVIMENTO DA CRIANÇA

gem não é suficientemente boa a criança não é capaz de começar o amadurecimento do ego, ou então o desenvolvimento do ego é necessariamente distorcido em certos aspectos de importância vital.

É preciso entender que quando se faz referência à capacidade adaptativa da mãe isso tem pouco a ver com sua habilidade de satisfazer os impulsos orais do bebê, ao fornecer alimentação satisfatória, por exemplo. O que está em discussão aqui é concomitante à consideração desse fato. Na verdade, é possível satisfazer um impulso oral e ao fazê-lo *violar* a função do ego do bebê, ou do que será mais tarde zelosamente protegido como o self, o núcleo da personalidade. A satisfação alimentar pode ser uma sedução e pode ser traumática se chega a um bebê sem apoio do funcionamento do ego.

No estágio que está sendo discutido é necessário não pensar no bebê como uma pessoa que sente fome, e cujos impulsos instintivos podem ser satisfeitos ou frustrados, e sim como um ser imaturo que está continuamente *prestes a sofrer uma ansiedade inimaginável*. Essa ansiedade inimaginável é evitada pela função vitalmente importante da mãe neste estágio, sua capacidade de se pôr no lugar do bebê e saber do que ele necessita no manejo geral de seu corpo e, por consequência, de sua pessoa. O amor, nesse estágio, pode apenas ser demonstrado em termos de cuidados corporais, tal como no último estágio antes do nascimento a termo.

A ansiedade inimaginável tem só umas poucas variedades, sendo cada uma a chave de um aspecto do crescimento normal.

1. Despedaçar-se.
2. Cair para sempre.
3. Não ter conexão alguma com o corpo.
4. Não ter orientação.

Pode-se reconhecer que essas são especificamente a essência das ansiedades psicóticas, e pertencem, clinicamente, à esquizofrenia ou ao aparecimento de um elemento esquizoide oculto em uma personalidade não psicótica nos demais aspectos.

Aqui é preciso interromper a sequência de ideias para examinar o que ocorre ao bebê que carece de cuidados suficientemente bons no estágio precoce antes de ter distinguido o "eu" do "não eu". Esse é um tema complexo por causa dos diferentes graus e tipos de ineficiência materna. Convém, de início, nos referirmos:

1. Às distorções da organização do ego que constituem as bases das características esquizoides.
2. À defesa específica da sustentação de si mesmo, ou ao desenvolvimento de um self que cuida de si próprio e à organização de um aspecto falso da personalidade (falso no sentido de que revela um derivado não do indivíduo mas de um aspecto de maternagem do acoplamento mãe-bebê). Se for bem-sucedida, essa defesa pode se tornar uma nova ameaça à base do self, embora designada para escondê-lo e protegê-lo.

As consequências de um apoio egoico defeituoso por parte da mãe podem ser tremendamente devastadoras, como as que apresentaremos a seguir.

ESQUIZOFRENIA INFANTIL OU AUTISMO. Este conhecido grupo clínico contém distúrbios secundários à lesão ou deficiência física do cérebro e inclui também algum grau de cada tipo de falha nos pormenores do amadurecimento inicial. Em parte desses casos não há evidência de doença ou defeito neurológico.

É uma experiência comum na psiquiatria de crianças o clínico não ser capaz de se decidir por um diagnóstico de defeito primário, doença de Little moderada, pura falha psicológica do início do amadurecimento em uma criança com cérebro intacto, ou uma combinação de duas ou mais dessas anomalias. Em alguns casos há sólida evidência de reação produzida pelo fracasso de apoio egoico do tipo que estou descrevendo neste capítulo.

4. A INTEGRAÇÃO DO EGO NO DESENVOLVIMENTO DA CRIANÇA

ESQUIZOFRENIA LATENTE. Há muitas variedades clínicas de esquizofrenia latente em crianças que passam por normais, ou que podem mesmo mostrar um brilho especial do intelecto ou desempenho precoce. A doença em tais casos se revela na fragilidade do "êxito". Pressão e tensão em estágios posteriores podem desencadear uma doença.

FALSA AUTODEFESA. O uso de defesas, especialmente a de um self falso bem-sucedido, permite que muitas crianças pareçam prometer muito, mas um colapso futuro pode revelar a ausência do self verdadeiro.

PERSONALIDADE ESQUIZOIDE. Com frequência desenvolve-se um distúrbio de personalidade que depende da presença de elemento esquizoide oculto em uma personalidade que é normal em outros aspectos. Elementos esquizoides sérios se tornam socializados desde que possam ser ocultos em um padrão de distúrbio esquizoide que seja aceito pela cultura local em que a pessoa vive.

Esses graus e tipos de problemas na personalidade podem se relacionar, na investigação de casos individuais, com vários tipos e graus de falhas na sustentação, manejo e apresentação do objeto no primeiro estágio da vida. Isso não significa negar a existência de fatores hereditários, e sim complementá-los em certos aspectos importantes.

O desenvolvimento do ego é caracterizado por várias tendências:

1. A tendência principal no processo de amadurecimento está contida nos vários significados da palavra *integração*. A integração no tempo se acrescenta ao que poderia ser denominado de integração no espaço.
2. O ego se baseia em um ego corporal, mas é só quando tudo vai bem que a pessoa do bebê começa a ser relacionada com o corpo e as funções corporais, com a pele como membrana limitante. Usei a palavra *personalização* para descrever esse processo, já que o termo *despersonalização* parece no fundo significar a perda de uma

união firme entre o ego e o corpo, inclusive impulsos do id e satisfações do id. (O termo *despersonalização* adquiriu um sentido mais sofisticado nos escritos psiquiátricos.)
3. O ego *inicia as relações de objeto*. Com maternagem suficientemente boa no início, o bebê não está sujeito a satisfações instintivas a não ser quando há participação do ego. Nesse sentido, não é tanto uma questão de satisfazer o bebê, mas de lhe permitir descobrir e se entender por si mesmo com o objeto (seio, mamadeira, leite etc.)

Quando tentamos avaliar o que fez Sechehaye[2] quando deu a seu paciente uma maçã no momento exato (realização simbólica), pouco importa se o paciente a comeu, se limitou-se a olhá-la, ou se a pegou e guardou. O que importa é que o paciente foi capaz de criar um objeto, e Sechehaye nada mais fez do permitir que o objeto tomasse a forma de maçã, de modo que a garota criou uma parte do mundo real, uma maçã.

Parece possível relacionar esses três fenômenos do crescimento do ego com três aspectos do cuidado do bebê e da criança:

- Integração corresponde a sustentação.
- Personalização corresponde a manuseio.
- Relação de objetos corresponde a apresentação de objetos.

Isso leva à consideração de dois problemas associados à ideia de integração:

INTEGRAÇÃO A PARTIR DE QUÊ? Convém considerar de que material emerge a integração em termos de elementos sensoriais e motores, a base do narcisismo primário. Isso adquiriria uma tendência ao senso de existência. Outra linguagem pode ser usada para descrever essa parte obscura do processo de amadurecimento, mas devemos pressupor os rudimentos de uma elaboração imaginária

---

2 Marguerite A. Sechehaye, *Symbolic Realization*. New York: International University Press, 1951.

de exclusivo funcionamento do corpo se pretendemos afirmar que esse novo ser humano começou a existir e começou a acumular experiências que podem ser consideradas pessoais.

INTEGRAÇÃO COM QUÊ? Isso tudo tende ao estabelecimento de um self unitário; mas não é demais ressaltar que o que acontece neste estágio muito precoce depende da proteção do ego proporcionada pelo elemento materno do agrupamento mãe-bebê.

Pode-se dizer que uma proteção do ego suficientemente boa pela mãe (em relação a ansiedades inimagináveis) possibilita ao novo ser humano construir uma personalidade que segue o padrão de um continuar a existir. Todas as falhas (passíveis de produzir ansiedade inimaginável) acarretam uma reação do bebê, e essa reação intercepta o continuar a ser do bebê. Se esse tipo de reação persiste, e o continuar a ser do bebê é recorrentemente interrompido, instaura-se um padrão de fragmentação do ser. O bebê cujo padrão é o de fragmentação da continuidade do ser tem uma tarefa de desenvolvimento que fica, praticamente desde o início, sobrecarregada no sentido da psicopatologia. Assim, pode haver um fator muito precoce (datando dos primeiros dias ou horas de vida) na etiologia da inquietação, hipercinesia e falta de atenção (posteriormente designada como incapacidade de se concentrar).

Parece pertinente mencionar aqui que, quaisquer sejam os fatores externos, o que conta é a visão (fantasia) que o indivíduo tem do fator externo. Ao mesmo tempo é necessário lembrar, contudo, que há um estágio em que o indivíduo ainda não repudia o não eu. Nesse estágio tão precoce, não há nenhum fator externo; a mãe é parte da criança, e o padrão do bebê inclui a experiência que o bebê tem da mãe, tal como ela é em sua realidade pessoal.

O oposto da integração, a princípio, pareceria ser a desintegração. Isso é só parte da verdade. O oposto, no início, requer uma denominação como não integração. Relaxamento, para um bebê, significa não sentir a necessidade de se integrar, tendo em conta a função materna de apoio egoico. A compreensão de estados de não excitação requer considerações adicionais nos termos dessa teoria.

Usa-se o termo *desintegração* para descrever uma *defesa* sofisticada, uma defesa que é produção ativa do caos contra a não integração na ausência de auxílio egoico por parte da mãe, isto é, contra a ansiedade inimaginável ou arcaica resultante da falta de sustentação no estágio de dependência absoluta. O caos da desintegração pode ser tão "ruim" quanto a instabilidade do ambiente, mas tem a vantagem de ser produzido pelo bebê e por isso de ser não ambiental. Está dentro do campo de onipotência do bebê. Em termos de psicanálise, é analisável, enquanto as ansiedades inimagináveis não o são.

A integração está intimamente ligada à função ambiental de sustentação. A conquista da integração é a unidade. Primeiro vem o "eu", que inclui "todo o resto sou não eu". Então vem "eu sou, eu existo, acumulo experiências, enriqueço-me e tenho uma interação introjetiva e projetiva com o NÃO EU, o mundo real da realidade compartilhada". Acrescente-se a isso: "Eu sou visto ou tenho minha existência compreendida por alguém"; e ainda mais: "Eu recebo (como uma face refletida em um espelho) a evidência necessária de ter sido percebido como existente".

Em circunstâncias favoráveis a pele se torna o limite entre o EU e o NÃO EU. Dito de outro modo, a psique começa a viver no soma e uma vida psicossomática.

O estabelecimento do estágio do EU SOU, junto da conquista da instalação ou coesão psicossomática, constitui um estado de coisas que é acompanhado de um afeto ansioso específico com uma expectativa de perseguição. Essa reação persecutória é inerente à ideia do repúdio do "não eu", que acompanha a delimitação do self unitário dentro do corpo, com a pele como membrana limitante.

Nas doenças psicossomáticas de certo tipo há, na sintomatologia, uma insistência na interação da psique com o soma, sendo isso mantido como *defesa* contra a ameaça de perda da união psicossomática, ou contra alguma forma de despersonalização.

O manejo descreve a provisão ambiental que corresponde mais ou menos ao estabelecimento de uma associação psicossomática. Sem

4. A INTEGRAÇÃO DO EGO NO DESENVOLVIMENTO DA CRIANÇA

manejo ativo e adaptativo suficientemente bons, a tarefa interna visando ao estabelecimento adequado do desenvolvimento de uma inter-relação psicossomática pode mostrar-se difícil ou mesmo impossível.

O início das relações de objeto é complexo. Não pode ocorrer se o ambiente não prover a apresentação de um objeto, feito de um modo que seja o bebê quem crie o objeto. O padrão é o seguinte: o bebê desenvolve a expectativa vaga que se origina em uma necessidade não formulada. A mãe adaptativa apresenta um objeto ou uma manipulação que satisfaz as necessidades do bebê, de modo que o bebê começa a necessitar exatamente daquilo que a mãe apresenta. Desse modo o bebê começa a ganhar confiança em sua capacidade de criar objetos e de criar o mundo real. A mãe proporciona ao bebê um breve período em que a onipotência é um fato da experiência. Deve-se ressaltar que, ao me referir ao início das relações de objeto, não estou me referindo a satisfações do id ou frustrações do id. Refiro-me às pré-condições, tanto internas como externas ao bebê, que engendram uma experiência do ego a partir de uma amamentação satisfatória (ou uma reação à frustração).

RESUMO

Meu objetivo é fazer uma exposição sucinta de minha concepção dos rudimentos do ego. Utilizo o conceito de integração do ego, e o papel da integração do ego no início do desenvolvimento emocional da criança, da criança que está continuamente se movendo da dependência absoluta para a relativa, rumo à independência. Esboço também o início das relações de objeto no contexto da experiência e crescimento da criança.

Mais ainda, tento avaliar a importância do ambiente real nos estágios mais precoces, isto é, antes de o bebê traçar a distinção entre o não eu e o eu. Contrasto, de um lado, a força do ego do bebê que recebe apoio egoico do comportamento realmente adaptativo da mãe, ou do amor dela, e, de outro lado, a fraqueza do ego do bebê cuja provisão ambiental é defeituosa nesse estágio tão precoce.

5

PROVISÃO PARA A CRIANÇA NA SAÚDE E NA CRISE
[1962]

Este é um tema extenso.[1] Por isso me proponho a escolher certos aspectos que podem ser identificados facilmente como significativos, ressaltando em particular os pontos deste tema geral relativos a nossa época.

I

Quando falamos de provisão para a saúde, estamos falando, hoje em dia, de saúde mental. O que nos interessa é o desenvolvimento emocional da criança e o lançamento das bases para uma vida caracterizada por saúde mental. A razão para isso é que na pediatria os desenvolvimentos do lado físico têm sido tão grandes que sabemos bem como nos situar. Havendo boa hereditariedade, boa alimentação e boas condições físicas, haverá desenvolvimento corporal. Compreendemos o significado das palavras "boa alimentação" e hoje as doenças nutricionais são raras. Além disso, quando deparamos com um quadro de condições de subnutrição e falta de moradia adequada,

---

1 Apresentado num painel organizado pela Divisão de Extensão do San Francisco Psychoanalytic Institute, em outubro de 1962.

5. PROVISÃO PARA A CRIANÇA NA SAÚDE E NA CRISE

temos uma consciência social e sabemos o que fazer. Na Grã-Bretanha isso se cristalizou no Estado do bem-estar social, e estamos satisfeitos com esse arranjo, mesmo com todos os inconvenientes e novos problemas que ele traz, e mesmo que nos irritemos quando temos de pagar impostos onerosos.

Por isso, ao considerar este tema, partiremos do pressuposto de que as crianças a que nos referimos contam com toda a saúde física que a profilaxia e os tratamentos modernos têm a oferecer; ou então que qualquer doença física está sob controle pediátrico, e que nosso objetivo é estudar a saúde mental da criança com essa doença. Por uma questão de simplicidade, iniciamos com a saúde mental da criança fisicamente sadia.

É óbvio que se uma criança sofre de anorexia nervosa, a inanição que daí resulta não pode ser atribuída à negligência física. Mesmo que existam as chamadas "famílias-problemas", não se pode culpar inteiramente a autoridade local pelas condições precárias em que a criança é criada. O cuidado físico é afetado pela capacidade das crianças ou dos pais de recebê-lo, e percebemos que ao redor dos limites da área que chamamos de cuidado físico há o território complexo dos distúrbios emocionais do indivíduo, de grupos de indivíduos ou da sociedade.

2

Prover para a criança é portanto uma questão de prover o ambiente facilitador de saúde mental individual e desenvolvimento emocional. Não sabemos realmente muita coisa sobre como os adultos se desenvolvem a partir das crianças e estas a partir dos bebês, mas um primeiro princípio é que saúde é maturidade, maturidade de acordo com a idade do indivíduo.

O desenvolvimento emocional ocorre na criança se ela é provida de condições suficientemente boas, e o impulso para o desenvolvimento parte de dentro da própria criança. As forças para a vida, a integração da personalidade e a independência são tremendamente potentes, e com condições suficientemente boas a criança progride; quando as condições não são suficientemente boas, essas forças ficam contidas dentro da criança e, de uma forma ou de outra, tendem a destruí-la.

Temos uma visão dinâmica do desenvolvimento infantil e observamos isso se converter (em condições de saúde) nos impulsos familiar e social.

3

Se saúde é maturidade, então imaturidade de qualquer espécie é falta de saúde mental, configurando ameaça para o indivíduo e ônus para a sociedade. De fato, embora a sociedade possa utilizar as tendências agressivas dos indivíduos, não pode utilizar sua imaturidade. Se consideramos o que se deve prover, verificamos que temos de acrescentar:

- Tolerância para com a imaturidade e a falta de saúde mental.
- Terapia.
- Profilaxia.

4

De imediato quero fazer um pronunciamento para me contrapor a qualquer impressão que eu possa ter dado de que saúde é o suficiente. Não estamos apenas interessados na maturidade individual e na libertação individual de doença mental ou neurose; estamos interessados na riqueza do indivíduo – não em termos de dinheiro, mas de realidade psíquica interna. Na verdade, frequentemente perdoamos um homem ou uma mulher por doença mental ou outro tipo de imaturidade porque essa pessoa tem uma personalidade tão rica que a sociedade tem muito a ganhar com a contribuição excepcional que ela pode fazer. Permito-me afirmar que a contribuição de Shakespeare foi tal que não importaria se descobríssemos que era imaturo, ou homossexual ou antissocial em algum ponto específico. Esse princípio pode ser largamente aplicado e não preciso me estender nele. Um projeto de pesquisa, por exemplo, pode revelar, com significância estatística, que bebês alimentados com mamadeira são fisicamente mais saudáveis e talvez até menos suscetíveis a doenças mentais do que aqueles que não o são. Mas estamos interessados também na riqueza da experiência da alimentação ao seio em comparação com essa alternativa, em saber se isso afeta a riqueza da personalidade potencial do bebê quando ele se tornar criança e, mais tarde, adulto.

Isso já basta se tiver ficado claro que nosso objetivo é mais do que prover condições saudáveis como meio de produzir saúde. É riqueza de qualidade, e não de saúde, que fica no topo da escalada do progresso humano.

5

Estamos discutindo prover para a criança – e para a criança que há no adulto. O adulto maduro na verdade participa da atividade de prover. Ou, dito de outra forma, a infância consiste na progressão da dependência para a independência. Precisamos examinar as necessidades da criança, que vão mudando à medida que ela passa da dependência para a independência. Isso nos leva ao estudo das necessidades mais precoces das crianças pequenas e dos bebês, e aos extremos da dependência. Podemos considerar os graus de dependência como uma série:

a) *Dependência extrema*. Aí as condições precisam ser suficientemente boas, senão o bebê não pode iniciar seu desenvolvimento inato.
    Falha ambiental: deficiência mental não orgânica; esquizofrenia infantil; predisposição a doença mental hospitalizável mais tarde.

b) *Dependência*. Aí, as condições que falham são de fato traumáticas, mas já há então uma pessoa para ser traumatizada.
    Falha ambiental: predisposição a distúrbios afetivos; tendência antissocial.
c) *Mesclas dependência-independência*. Aí a criança faz experimentos com a independência, mas precisa ter a possibilidade de reexperimentar a dependência.
    Falha ambiental: dependência patológica.
d) *Independência-dependência*. É a mesma coisa, mas com predomínio da independência.
    Falha ambiental: rebeldia; surtos de violência.
e) *Independência*. Implica um ambiente internalizado: uma capacidade por parte da criança de cuidar de si mesma.
    Falha ambiental: não necessariamente prejudicial.
f) *Sentido social*. Aí está implícito que o indivíduo pode se identificar com adultos e com o grupo social, ou com a sociedade, sem perda demasiada do impulso pessoal ou da originalidade e sem perda demasiada dos impulsos agressivos e destrutivos que supostamente encontraram expressão satisfatória em formas deslocadas.
    Falha ambiental: é, em parte, de responsabilidade do indivíduo, como pai ou mãe ou figura parental na sociedade.

6

É claro que seria simplificar demais dizer que saúde é maturidade (apropriada para a idade). A história do desenvolvimento emocional de uma criança é tremendamente complicada, e ainda mais complexa do que pensamos. Não podemos expor o que sabemos em poucas palavras, nem concordar exatamente com relação aos detalhes. Mas isso não importa. Bebês e crianças vêm crescendo e se desenvolvendo há séculos, isto é, independentemente do progresso de nossa compreensão intelectual da infância. Mas precisamos chegar a uma teoria do crescimento normal para podermos ser capazes de com-

5. PROVISÃO PARA A CRIANÇA NA SAÚDE E NA CRISE

preender as doenças e as várias imaturidades, uma vez que já não nos damos mais por satisfeitos se não pudermos preveni-las e curá-las. Não aceitamos a esquizofrenia infantil melhor do que aceitamos a poliomielite ou a paralisia cerebral infantil. Tentamos prevenir, e esperamos ser capazes de conduzir à cura onde quer que haja anormalidade, que significa sofrimento para alguém.

É preciso dizer, contudo, que, se aceitamos hereditariedade, então:

a) provisão ambiental suficientemente boa realmente tende a prevenir doença esquizofrênica ou psicótica; mas
b) mesmo recebendo o melhor cuidado do mundo, a criança ainda estará sujeita aos distúrbios associados com os conflitos originados da vida instintiva.

Com relação a *b:* a criança saudável o bastante para alcançar situações triangulares como as que ocorrem entre pessoas inteiras na primeira infância, quando (como mais tarde na adolescência) a vida instintiva está em seu ponto nodal de expressão máxima, fica sujeita a conflitos, que em certa extensão se manifestam clinicamente como ansiedade ou na forma de defesas organizadas contra a ansiedade. Essas defesas ocorrem na saúde, mas quando rígidas constituem as formações de sintomas próprios da doença neurótica (não psicótica).

Então na saúde as dificuldades pessoais têm de ser resolvidas dentro da criança e não podem ser prevenidas por manejo adequado. Distorções anteriores, porém, podem ser prevenidas.

É difícil expor isso sem ser mal interpretado. Seja qual for o estágio de desenvolvimento que se considere, os conflitos pessoais de cada bebê ou criança são sempre o tema central. São as tendências inatas no sentido da integração e do crescimento, e não a provisão ambiental, que produzem a saúde. Ainda assim é necessária provisão suficientemente boa, de forma absoluta no princípio e de forma relativa em estágios posteriores, no estágio do complexo de Édipo, no período de latência e também na adolescência. Tentei encontrar palavras que indicassem a diminuição gradativa da dependência da provisão ambiental.

7

Para evitar sobrecarregar esta seção com a exposição da teoria do desenvolvimento emocional, é conveniente se referir aos estágios essenciais do modo a seguir:

I   Desenvolvimento em termos de vida instintiva (id), isto é, em termos de relações de objeto.
II Desenvolvimento em termos de estrutura da personalidade (ego), isto é, em termos do que existe, para experimentar os impulsos instintivos e relações de objeto que têm os impulsos instintivos como base.

I. Na teoria com a qual trabalhamos há uma progressão bem conhecida de uma vida instintiva alimentar para uma genital. O período de latência marca o fim do período de crescimento, que será retomado na adolescência. Normalmente a criança de quatro anos tem em si a capacidade de experimentar uma identificação com ambos os pais, nas relações instintivas deles, mas essa experiência só é completa no brincar e nos sonhos, e pelo emprego de simbolismos. Na puberdade o crescimento da criança acrescenta a tudo isso a capacidade física para a experiência genital e para matar de verdade. Esse é o tema central do desenvolvimento pessoal na infância.

II. Certas tendências no crescimento da personalidade são caracterizadas pelo fato de serem verificáveis desde o início mais precoce, nunca chegando a se completar. Refiro-me a fatos como:

a) Integração, incluindo integração no tempo.
b) O que poderia ser denominado de "instalação" [*in-dwelling*]: a conquista de um relacionamento íntimo e espontâneo entre a psique e o corpo, e o funcionamento corporal.
c) O desenvolvimento da capacidade de estabelecer relações com objetos, a despeito de – em certo sentido, e em um sentido muito impor-

5. PROVISÃO PARA A CRIANÇA NA SAÚDE E NA CRISE

tante – o indivíduo ser um fenômeno isolado e defender esse isolamento a qualquer custo.

d) Tendências que gradativamente se revelam na saúde, por exemplo a tendência à independência (à qual já me referi); a capacidade para um sentimento de consideração e de culpa; a capacidade de amar e de gostar das mesmas pessoas; e a capacidade de sentir felicidade no momento apropriado.

Ao discutir provisão para saúde mental, a consideração II é mais produtiva que I. Os detalhes realmente importantes de I podem ser deixados à própria sorte, e se algo não correr bem, a criança precisará de um psicoterapeuta. Com relação aos processos agrupados em II, contudo, o que provemos continua sendo importante ao longo do crescimento da criança; na verdade, nunca deixa de sê-lo, e soma com as provisões dispensadas aos idosos. Dito de outra forma: é produtivo examinar as necessidades do bebê e então traduzir essas necessidades para uma linguagem apropriada a todas as idades.

Para me fazer entender melhor, quando provemos uma piscina com tudo o que vem com ela, essa provisão traz consigo o cuidado com que a mãe dá banho em seu bebê, e aquilo com que ela geralmente satisfaz a necessidade de movimento e expressão corporal do bebê, e experiências cutâneas e musculares que trazem satisfação. Isso também se relaciona com a provisão recomendada no tratamento de certas doenças. De um lado se relaciona com a terapia ocupacional que tem grande valor em certos estágios do tratamento do doente mental; por outro lado, se relaciona com a fisioterapia, que é recomendada, por exemplo, no tratamento de crianças com paralisia cerebral.

Em todos esses casos – a criança normal, o bebê, o doente mental e a pessoa com paralisia cerebral ou deficiência –, a provisão facilita a tendência inata de a criança habitar um corpo e desfrutar as funções dele, e de aceitar a limitação oferecida pela pele, como membrana limitante, separando o eu do não eu.

8

Enquanto tentamos entender isso tudo queremos também tentar entender por que uma mãe (incluo o pai) não precisa ter uma compreensão intelectual das necessidades do bebê. Uma compreensão intelectual dessas necessidades é inútil para ela, e ao longo dos séculos as mães têm conseguido satisfazer as necessidades de seus bebês, de modo geral.

Em meus escritos destaquei isso de modo especial. Acho que devemos considerar uma característica da maternidade que se reflete em nossa própria necessidade de nos preocuparmos com qualquer tarefa, se tivermos de fazê-la bem. Ao nos concentrarmos ou nos preocuparmos podemos ficar retraídos, instáveis, antissociais ou apenas irritáveis, de acordo com nosso padrão pessoal. Acho que isso é um pálido reflexo do que acontece às mães, se estão bem o suficiente (como a maioria está) para se entregarem à maternidade. Elas se tornam cada vez mais identificadas com o bebê, e mantêm isso quando ele nasce, embora gradualmente o percam nos meses seguintes ao nascimento. Por causa dessa identificação com o bebê elas têm alguma noção do que ele necessita. Refiro-me a coisas vitais como ser segurado, virado, deitado e levantado, ser manuseado; e, naturalmente, ser alimentado de um modo sensível, para além da satisfação de um instinto. Tudo isso facilita os estágios iniciais das tendências integrativas do bebê e o começo da estruturação do ego. Pode-se dizer que a mãe torna forte o fraco ego do bebê, porque ela está lá, reforçando tudo, como a direção hidráulica de um ônibus.

Dediquei algum tempo a essa questão porque acho que qualquer mãe, se soubesse (e eu não gostaria que fosse assim), teria algo a nos ensinar em nossos esforços para prover as necessidades dos indivíduos, a fim de impulsionar seus processos naturais. O padrão é que a capacidade para, em alguma medida, identificar-se com o indivíduo nos permite prover aquilo de que ele necessita em determinado momento. Só nós sabemos que existe algo capaz de satisfazer essa necessidade.

5. PROVISÃO PARA A CRIANÇA NA SAÚDE E NA CRISE

Lembro-me de uma manhã de Natal, quando tinha quatro anos de idade, em que acordei e me dei conta de que era dono de um carrinho azul feito na Suíça, como aqueles que as pessoas usam para trazer lenha para casa. Como é que meus pais podiam saber que era exatamente aquilo que eu queria? Eu não sabia que existiam carros tão divinos. Naturalmente, eles sabiam por sua capacidade de adivinhar meus sentimentos e sabiam dos carrinhos por terem estado na Suíça. Isso leva à "realização simbólica" de Sechehaye, o aspecto central no tratamento daquele tipo de esquizofrenia caracterizado pela incapacidade de estabelecer relações de objeto.[2] Sechehaye conhecia a necessidade do paciente e sabia também onde encontrar uma maçã madura. É o mesmo que a mãe apresentar o seio ao bebê e, mais tarde, os alimentos sólidos, e os frutos da terra, e o pai, sem criar as necessidades do bebê, mas satisfazendo-as no momento certo.

Nós, como as mães, precisamos saber a importância da:

- *Continuidade* do ambiente humano e, do mesmo modo, do ambiente não humano, que auxilia a integração da personalidade do indivíduo.
- *Confiabilidade*, que torna o comportamento da mãe previsível.
- *Adaptação gradual* às necessidades cambiantes e crescentes da criança, cujo processo de crescimento a impele no sentido da independência e da aventura.
- *Provisão para concretizar o impulso criativo da criança.*

Além disso a mãe sabe que deve se manter viva e fazer o bebê sentir e ouvir sua vivacidade. Sabe que precisa adiar seus próprios impulsos até a época em que a criança possa fazer bom uso de sua existência separada. Sabe que não deve deixar a criança por mais minutos, horas ou dias para além da capacidade da criança de conservar a lembrança de uma mãe vivaz e amiga. Se a mãe precisar se ausentar por tempo demasiado, ela sabe que por algum tempo terá de se

---

2 Marguerite A. Sechehaye. *Symbolic Realization*. New York: International Universities Press, 1951.

transformar em terapeuta, isto é, terá de "estragar" seu filho para depois trazê-lo de volta (se não for tarde demais) a um estado em que a mãe é novamente tomada como certa. Isso tem a ver com a provisão que fazemos ao nos defrontarmos com crises – o que não é o mesmo que prover psicanálise, que é outra coisa bem diferente.

Nesse contexto retorno ao item *5b* (p. 83), que se refere ao tema da separação entre uma criança de um a dois anos e a mãe, por mais tempo do que a criança consegue manter viva a lembrança da mãe, produzindo um estado que pode mais tarde se assemelhar a uma tendência antissocial. O funcionamento interno disso é complexo, mas a continuidade das relações de objeto da criança foi interrompida e o desenvolvimento fica detido. A essa tentativa da criança de preencher esse vazio chamamos "roubo".

Para desempenhar bem sua função, a mãe necessita de apoio externo; normalmente o marido a protege da realidade exterior, permitindo, assim, que ela proteja seu filho de fenômenos externos imprevisíveis, aos quais a criança seria forçada a reagir; deve ser lembrado que cada reação a uma intrusão quebra a continuidade na existência pessoal da criança e vai contra o processo de integração.

Contudo, de modo geral, para estudar o que prover na saúde e na crise podemos, com mais proveito, estudar a mãe (sempre incluo aqui o pai) e o que lhe ocorre naturalmente para prover ao bebê. Verificamos que o aspecto principal é que ela sabe do que o bebê necessita *através de sua identificação com o bebê*. Ou, dito de outro modo, verificamos que ela não tem de fazer uma lista do que tem de fazer amanhã; ela sente o que é necessário no momento.

Do mesmo modo não temos que planejar os detalhes do que prover para as crianças sob nosso cuidado. *Devemos, isso sim, nos organizar de modo que a todo momento haverá alguém com tempo e inclinação para saber do que a criança precisa.* Contanto que conheça a criança, esse alguém poderá conhecer suas necessidades. A identificação com a criança não precisa ser tão profunda quanto a da mãe com o recém-nascido, exceto, naturalmente, quando a criança em questão está doente – imatura ou com distorções emocionais, ou incapacitada por alguma doença física. Quando a criança está doente, há uma crise, e a terapia necessária envolve o terapeuta pessoalmente; o trabalho não pode ser feito de outro modo.

RESUMO

Tentei relacionar as necessidades das crianças às dos bebês, e as das crianças em crise às dos bebês, e o que provemos no cuidado das crianças com o que é provido naturalmente pelos pais (isto é, a menos que estejam demasiado doentes para responder às demandas da parentalidade). Não precisamos tentar ser espertos nem mesmo conhecer toda a complexa teoria do desenvolvimento emocional do indivíduo. Precisamos, antes, dar às pessoas certas a oportunidade de conhecer as crianças e, assim, pressentir suas necessidades. Poderíamos usar aqui a palavra *amor*, correndo o risco de soar sentimentais.

Isso leva à observação final: muitas vezes, sem deixar a área abrangida pela palavra *amor*, veremos que a criança precisa de um manejo firme, precisa ser tratada como a criança que ela é, e não como um adulto.

6

O DESENVOLVIMENTO DA CAPACIDADE PARA A CONSIDERAÇÃO
[1963]

A origem da capacidade para a consideração constitui um problema complexo.[1] A consideração é um aspecto importante da vida social. Os psicanalistas geralmente procuram sua origem no desenvolvimento emocional do indivíduo. Queremos saber a etiologia da consideração e a época em que ela aparece no desenvolvimento da criança. Também estamos interessados na falha em estabelecer no indivíduo uma capacidade para a consideração, e na perda dessa capacidade quando ela havia, até certo ponto, se estabelecido.

A palavra *consideração* é empregada para expressar de modo positivo um fenômeno que em seu aspecto negativo é expresso pela palavra *culpa*. O sentimento de culpa é a ansiedade ligada ao conceito de ambivalência e implica certo grau de integração do ego do indivíduo, possibilitando a retenção das imagens de objetos bons concomitante com a ideia da destruição deles. A consideração implica maior integração e maior crescimento, e se relaciona de modo positivo com o senso de responsabilidade do indivíduo, especialmente no que concerne aos relacionamentos envolvendo os impulsos instintivos.

---

1 Apresentado à Sociedade Psicanalítica de Topeka, em 12 de outubro de 1962, e publicado pela primeira vez no *Bulletin of the Menninger Clinic*, v. 27, n. 4, pp. 167-79.

6. O DESENVOLVIMENTO DA CAPACIDADE PARA A CONSIDERAÇÃO

A consideração é um indício de que o indivíduo se *preocupa*, ou *se importa*, e tanto sente como aceita responsabilidade. No nível genital na teoria do desenvolvimento, a consideração pode ser considerada a base da família, em que os parceiros que se relacionam – para além de seu prazer – assumem responsabilidade pelo resultado. Mas na vida imaginária total do indivíduo, o tema da consideração levanta uma questão até mais ampla, e a capacidade para a consideração está na base de toda brincadeira e trabalho construtivo. Pertence ao viver normal, sadio, e merece a atenção do psicanalista.

Há muitos motivos para acreditar que a consideração – em sua acepção positiva – emerge no desenvolvimento emocional inicial da criança em um período anterior ao do clássico complexo de Édipo, que envolve um relacionamento a três pessoas, cada uma sendo percebida como uma pessoa inteira pela criança. Mas não há necessidade de ser preciso sobre a época, e na verdade a maioria dos processos que se iniciam na infância inicial nunca estão completamente consolidados e continuam a ser reforçados pelo crescimento que continua na infância posterior e ao longo da vida adulta, até mesmo na velhice.

Costuma-se descrever a origem da capacidade para a consideração em termos de relacionamento do bebê com a mãe, quando ele já é uma unidade estabelecida, e quando o bebê sente a mãe, ou a figura materna, como uma pessoa inteira. Esse desenvolvimento faz parte do período de relacionamento a duas pessoas.

Em todo enunciado do desenvolvimento da criança, certos princípios são dados como certos. Desejo aqui afirmar que os processos de amadurecimento formam a base do desenvolvimento do bebê e da criança, tanto em psicologia como em anatomia e fisiologia. A despeito disso, no desenvolvimento emocional fica claro que certas condições externas são necessárias para a realização dos potenciais de amadurecimento. Isto é, o desenvolvimento depende de um ambiente suficientemente bom, e quanto mais perto chegamos do início da vida no estudo do bebê, tanto mais é verdade que, sem maternagem suficientemente boa, os estágios iniciais do desenvolvimento não podem acontecer.

Muito já aconteceu no desenvolvimento do bebê antes de a consideração entrar em cena. A capacidade para a consideração é uma questão de saúde, uma capacidade que, uma vez estabelecida, pressupõe uma organização complexa do ego, que só pode ser vista como uma conquista – tanto uma conquista do cuidado do bebê e da criança como uma conquista dos processos internos de crescimento no bebê e na criança. Considerarei *a priori* um ambiente suficientemente bom nos estágios iniciais, para simplificar o tema que desejo examinar. O que tenho a dizer, então, depende de processos de amadurecimento complexos, por sua vez dependentes, para se concretizarem, de cuidado do bebê e da criança suficientemente bons.

Dos vários estágios descritos por Freud e pelos psicanalistas que se seguiram a ele, preciso ressaltar um que tem de envolver o emprego da palavra *fusão*. Essa é a conquista do desenvolvimento emocional em que o bebê experimenta impulsos agressivos e eróticos dirigidos ao mesmo objeto e ao mesmo tempo. Do lado erótico há tanto procura da satisfação como procura do objeto; do lado agressivo há um complexo de raiva, que emprega erotismo muscular, e de ódio, que envolve a retenção de um objeto bom em imagem, para comparação. Além disso, o impulso agressivo-destrutivo como um todo pertence a um tipo primitivo de relação de objeto, em que o amor envolve destruição. Muito disso é necessariamente obscuro e não preciso saber tudo sobre a origem da agressividade para levar meu argumento mais longe, porque tomo como certo que o bebê se tornou capaz de combinar a experiência erótica com a agressiva e relativa a um único objeto. Chegou-se à ambivalência.

Quando isso já é um fato no desenvolvimento da criança, o bebê se tornou capaz de experimentar ambivalência na fantasia, bem como nas funções corporais das quais a fantasia é, originalmente, uma elaboração. Além disso, o bebê está começando a se relacionar com objetos que são, cada vez menos, fenômenos subjetivos, e cada vez mais percebidos objetivamente como elementos "não eu". Ele começou a estabelecer um self, uma unidade que está contida fisicamente na pele do corpo e que está psicologicamente integrada. A

6. O DESENVOLVIMENTO DA CAPACIDADE PARA A CONSIDERAÇÃO

mãe se tornou agora na mente da criança uma imagem coerente, e o termo "objeto total" pode então ser utilizado. Esse estado de coisas, precário de início, poderia ser apelidado de "estágio de Humpty-Dumpty" – e a parede sobre a qual ele se equilibra precariamente seria a mãe que deixou de oferecer seu colo.

O desenvolvimento implica um ego que começou a se tornar independente do apoio egoico da mãe, podendo-se agora dizer que há um interior no bebê e, portanto, também um exterior. O esquema corporal começa a viver e rapidamente adquire complexidade. Daí em diante o bebê vive uma vida psicossomática. A realidade psíquica interna que Freud nos ensinou a respeitar se torna uma coisa real para o bebê, que agora sente aquela riqueza pessoal que existe dentro do self. Essa riqueza pessoal se desenvolve a partir da experiência do ódio e amor simultâneos, que implicam conquista da ambivalência, cujo enriquecimento e refinamento leva ao surgimento da consideração.

É proveitoso pressupor a existência, para o bebê imaturo, de duas mães – deveria eu chamá-las de mãe-objeto e mãe-ambiente? Não desejo de forma alguma inventar nomes que persistam e acabem desenvolvendo uma rigidez e uma qualidade obstrutiva, mas convém empregar as expressões "mãe-objeto" e "mãe-ambiente" nesse contexto para descrever a tremenda diferença que existe para o bebê entre dois aspectos do cuidado materno: a mãe como objeto, ou possuidora do objeto parcial que pode satisfazer as necessidades urgentes do bebê, e a mãe como a pessoa que evita o imprevisto e que ativamente provê o cuidado, por meio do manuseio e do manejo em geral. O que o bebê faz no ápice da tensão do id e o uso que assim faz do objeto me parece muito diferente do uso que faz da mãe como parte do ambiente total.[2]

---

2   Este é um tema que foi desenvolvido recentemente em um livro de Harold F. Searles, "The Effort to Drive the Other Person Crazy: An Element in the Aetiology and Psychotherapy of Schizophrenia". *British Journal of Medical Psychology*, v. 32, pp. 1-18.

Nessa linguagem, a mãe-ambiente é quem recebe tudo que pode ser chamado de afeição e coexistência sensual, e a mãe-objeto é quem se torna o alvo da experiência de excitação, escorada na tensão crua do instinto. Minha tese é que a consideração surge na vida do bebê como uma experiência altamente sofisticada, ao se unirem na mente do bebê a mãe-objeto e a mãe-ambiente. A provisão ambiental continua a ser vital aqui, embora o bebê esteja começando a ser capaz de uma estabilidade interna que faz parte do desenvolvimento da independência.

Em circunstâncias favoráveis, quando o bebê atingiu o estágio necessário no desenvolvimento pessoal, surge uma nova fusão. Há a experiência global e a fantasia de relações de objeto baseadas no instinto, sendo o objeto usado sem se levar em conta as consequências, impiedosamente (se usarmos essa palavra como uma medida de nossa visão do que acontece). E, concomitantemente, há um relacionamento mais ameno do bebê com a mãe-ambiente. Esses dois fatos ocorrem juntos. O resultado é complexo e é isso que quero descrever em particular.

As circunstâncias favoráveis nesse estágio são as seguintes: que a mãe continue viva e disponível, disponível fisicamente e também no sentido de não estar preocupada com outra coisa. A mãe-objeto tem de demonstrar que sobrevive aos episódios impulsionados pelo instinto, que agora adquiriram a potência máxima de fantasias de sadismo oral e outros resultados da fusão. Além disso a mãe-ambiente tem uma função especial: continuar a ser ela, a ser empática com o bebê, a estar lá para receber o gesto espontâneo, e se alegrar com isso.

A fantasia que acompanha os fortes impulsos do id reúne ataque e destruição. O bebê não só imagina que devora o objeto; ele também quer tomar posse dos conteúdos do objeto. Se o objeto não é destruído, é por causa da própria capacidade de sobreviver, e não por causa da proteção do objeto pelo bebê. Esse é um lado do quadro.

O outro lado tem a ver com o relacionamento do bebê com a mãe-ambiente. Desse ângulo, o bebê pode receber uma proteção

6. O DESENVOLVIMENTO DA CAPACIDADE PARA A CONSIDERAÇÃO

tão grande por parte da mãe que se torna inibido e se afasta. Aqui existe um elemento positivo na experiência que o bebê tem do desmame, sendo essa uma razão pela qual alguns bebês se desmamam por conta própria.

Em circunstâncias favoráveis elabora-se uma técnica para a solução dessa forma complexa de ambivalência. O bebê sente ansiedade, porque se ele consumir a mãe ele a perderá, mas essa ansiedade é modificada pelo fato de o bebê ter uma contribuição a fazer à mãe-ambiente. Há uma confiança crescente de que haverá oportunidade para contribuir, para dar à mãe-ambiente – confiança essa que torna o bebê capaz de aguentar a ansiedade. A ansiedade tolerada desse modo tem sua qualidade alterada e se converte em sentimento de culpa.

Os impulsos instintivos levam ao uso impiedoso dos objetos, e daí a um sentimento de culpa que é retido e mitigado pela contribuição à mãe-ambiente que o bebê pode fazer no decurso de algumas horas. Além disso, a oportunidade para doar e fazer reparação – que a mãe-ambiente oferece por sua presença consistente – permite que o bebê se torne cada vez mais ousado ao experimentar seus impulsos instintivos; ou, dito de outro modo, libera a vida instintiva do bebê. Assim a culpa não é sentida, mas permanece dormente, ou em potencial, e aparece (como tristeza ou estado de ânimo deprimido) somente se não surge oportunidade de reparação.

Quando se estabelece a confiança nesse ciclo benigno e na expectativa da oportunidade, o sentimento de culpa relacionado com os impulsos do id sofre nova modificação; precisamos então de um termo mais positivo, tal como "consideração". O bebê está agora se tornando capaz de ficar preocupado, de assumir responsabilidade pelos próprios impulsos instintivos e pelas funções pertencentes a eles. Isso provê um dos elementos construtivos fundamentais do brincar e do trabalho. Mas, no processo de desenvolvimento, foi a oportunidade de contribuir que possibilitou à consideração se situar conforme as capacidades da criança.

Um aspecto que deve ser ressaltado, especialmente em relação ao conceito de ansiedade que é "sustentada", é que a integração no *tempo* soma com a integração mais estática dos estágios anteriores. A mãe mantém o tempo em marcha e esse é um aspecto do funcionamento de seu apoio egoico; mas o bebê ganha um sentido de tempo pessoal, que de início dura apenas curto espaço de tempo. Esse é o mesmo da capacidade do bebê de manter viva a imagem da mãe no mundo interno, que contém também os elementos fragmentários benignos e persecutórios derivados das experiências instintivas. A extensão do período em que a criança pode manter viva a imagem na realidade psíquica interna depende em parte dos processos de amadurecimento e em parte do estado da organização interna das defesas.

Esbocei alguns aspectos da origem da consideração nos estágios iniciais, em que a presença contínua da mãe tem um valor específico para o bebê, isto é, para que a vida instintiva tenha liberdade de expressão. Mas esse equilíbrio tem de ser atingido repetidas vezes. Tomemos o caso óbvio do manejo de um adolescente ou o caso igualmente óbvio de um paciente psiquiátrico, para o qual a terapia ocupacional é muitas vezes um começo na estrada rumo a um relacionamento construtivo com a sociedade. Ou consideremos um médico e suas necessidades. Privem-no de seu trabalho e onde ele vai parar? Tanto quanto os outros, ele necessita de seus pacientes e da oportunidade de empregar suas habilidades.

Não me alongarei no tema da falta de desenvolvimento da consideração ou da perda da capacidade para a consideração que tinha sido quase – mas não inteiramente – estabelecida. Em pouco tempo, o fracasso da mãe-objeto em sobreviver ou da mãe-ambiente em prover oportunidades consistentes para reparação leva a uma perda da capacidade para a consideração e à sua substituição por ansiedades e defesas cruas, tais como a cisão ou a desintegração. Discutimos muitas vezes ansiedade de separação, mas aqui estou tentando descrever o que acontece entre as mães e seus bebês e entre os pais e suas crianças quando *não* há separação, e quando a continuidade externa do cuidado materno *não* é interrompida. Estou tentando dar conta das coisas que ocorrem quando se evita a separação.

6. O DESENVOLVIMENTO DA CAPACIDADE PARA A CONSIDERAÇÃO

Para ilustrar minha comunicação darei alguns exemplos da prática clínica. Não quero, contudo, sugerir que estou me referindo a algo raro. Praticamente qualquer análise poderia fornecer um exemplo no decurso de uma semana. E devemos nos recordar de que em qualquer exemplo clínico tomado de uma análise há um conjunto de mecanismos mentais que o analista precisa compreender como fazendo parte de estágios posteriores do desenvolvimento do indivíduo e das defesas denominadas neuróticas. Estas só podem ser ignoradas quando o paciente está em um estado de severa regressão à dependência na transferência, quando vira, de fato, um bebê aos cuidados de uma figura materna.

EXEMPLO 1. Citarei primeiro o caso de um menino de doze anos que fui solicitado a entrevistar. Era um menino cujo desenvolvimento *para frente* o levara à depressão, que incluía grande quantidade de ódio e agressividade inconscientes, e cujo desenvolvimento *para trás*, se podemos empregar essa expressão, levava-o a ver rostos, a experiências horríveis porque representavam pesadelos tidos no estado de vigília, isto é, alucinação. Havia boa evidência de força do ego nesse menino, como testemunhavam seus estados depressivos. Apresento a seguir um dos modos como essa força do ego se revelou na entrevista:

Ele descreveu um pesadelo, com uma enorme figura masculina com chifres ameaçando um ser minúsculo, um ser-"formiga". Perguntei-lhe se alguma vez na vida ele tinha sonhado que ele próprio era aquele enorme macho com chifres, com a formiga sendo outra pessoa, seu irmão, por exemplo, na época da infância inicial do irmão. Disse que sim. Quando não rejeitou minha interpretação de seu ódio em relação ao irmão, dei-lhe a oportunidade de me falar de seu potencial de reparação. Isso veio naturalmente através de sua descrição do trabalho de seu pai como mecânico de refrigeração. Perguntei-lhe o que ele próprio gostaria de ser um dia. Ele "não fazia ideia" e ficou perturbado. Relatou então "não um sonho triste, mas o que seria um sonho triste: seu pai morto". Estava quase chorando. Nessa fase da entrevista houve um longo período em que quase nada demais aconteceu. Ao fim o menino disse, muito timidamente, que gostaria de ser cientista. Com isso revelou que podia imaginar-se como fazendo uma contribuição. Embora talvez não possuísse a habilidade necessária, ele tinha a ideia. A propósito, esse objetivo o faria ultrapassar seu pai, porque, como disse, o trabalho de seu pai não era de modo algum o de um cientista, mas o de "um simples mecânico".

Achei então que a entrevista poderia terminar em seu próprio tempo; achei que o menino podia ir embora sem ser perturbado pelo que eu tinha feito. Eu interpretara sua destrutividade potencial, mas a verdade é que ele tinha a capacidade de ser construtivo. Ao me contar que tinha um objetivo na vida, ele pôde ir embora, sem sentir que passara a impressão de ser apenas capaz de ódio e destruição. E ainda assim eu não havia dito nada para reassegurá-lo.

EXEMPLO 2. Um de meus pacientes fazendo psicoterapia iniciou uma sessão dizendo que tinha ido ver um de seus pacientes trabalhar; isto é, saíra do papel de terapeuta lidando com o paciente no consultório e vira seu paciente no trabalho. O trabalho do paciente de meu paciente era altamente especializado, e este era muito bem-sucedido em uma tarefa particular na qual empregava movimentos rápidos que na sessão terapêutica não faziam sentido, mas que o agitavam no divã como se ele estivesse possuído. Embora cheio de dúvidas sobre ter visto seu paciente no trabalho, meu paciente sentiu que aquilo provavelmente tinha sido uma coisa boa. Relatou-me então as próprias atividades nos feriados. Tinha um jardim e desfrutava muito do trabalho físico e de todos os tipos de atividade construtiva, e gostava de ferramentas, que ele realmente usava.

Esse relato de ter ido ver seu paciente no trabalho me alertara para a importância de suas atividades construtivas. Meu paciente voltou a um tema que fora importante em análise recente, em que vários tipos de engenhocas também haviam sido importantes. Muitas vezes, a caminho da sessão analítica, ele parava e examinava uma ferramenta mecânica numa vitrine próxima a minha casa. A ferramenta tinha uma esplêndida dentada. Era assim que meu paciente chegava a sua agressividade oral, o impulso amoroso primitivo com toda a falta de piedade e destrutividade próprias a ele. A isso poderíamos chamar "devorar na relação transferencial". A tendência em seu tratamento foi em direção a sua falta de piedade e amor primitivo, e a resistência contra a chegada às camadas mais profundas dela foi tremenda. Aí estava uma nova integração e consideração sobre a sobrevivência do analista.

Quando esse novo material emergiu, relacionando-se ao amor primitivo e à destruição do analista, *já tinha sido feita* alguma referência ao trabalho construtivo. Quando fiz a interpretação que o paciente precisava que eu fizesse, sobre minha destruição por ele (devorando), eu poderia tê-lo lembrado do que ele dissera sobre construção. Poderia ter dito que, assim como ele viu seu paciente trabalhando e o trabalho deu sentido a seus movimentos bruscos, também eu poderia tê-lo visto em seu jardim, usando ferramentas para melhorar seu terreno. Poderia perfurar paredes e árvores e desfrutar tremendamente de tudo isso. Se tal atividade surgisse fora de um relato de objetivo construtivo, configuraria um episódio maníaco sem sentido, uma loucura da transferência.

Eu diria que os seres humanos não podem aceitar o objetivo destrutivo em suas tentativas amorosas iniciais. A ideia de destruição da mãe-objeto no amor pode ser tolerada, contudo, se o indivíduo que está atingindo isso tem a evidência de um objetivo construtivo já à disposição, e de uma mãe-ambiente pronta para aceitá-lo.

EXEMPLO 3. Um paciente homem veio a meu consultório e viu o gravador de fitas. Isso lhe deu algumas ideias, e tão logo se deitou e se aprontou para o trabalho da sessão, afirmou: "Gostaria de imaginar que, quando terminar o tratamento, o que acontecer comigo aqui virá a ter valor para o mundo de alguma forma". Eu não disse nada, mas anotei mentalmente que essa observação *poderia* indicar que o paciente estava próximo de um daqueles surtos de destrutividade com os quais eu tivera que lidar repetidas vezes nos dois anos de seu tratamento. Antes do fim da sessão, o paciente tinha na verdade chegado a uma nova compreensão de sua inveja de mim, uma inveja que resultava de sua crença de que eu era um bom analista. Ele tinha o impulso de me agradecer por ser bom e por ser capaz de fazer aquilo que ele precisava que eu fizesse. Já tínhamos passado por isso antes, mas agora, mais do que em ocasiões anteriores, ele estava em contato com seus sentimentos destrutivos para com o que poderia ser chamado de um objeto bom, seu analista.

Quando associei essas duas coisas, ele disse que parecia fazer sentido, mas acrescentou quão terrível teria sido se eu tivesse interpretado com base em sua primeira observação. Ele queria dizer se eu tivesse tomado seu desejo de ser útil e dito que isso indicava um desejo inconsciente de destruir. Ele tinha que alcançar o impulso destrutivo antes de eu reconhecer a reparação; ele tinha que alcançá-lo a seu próprio modo e em seu passo. Sem dúvida era sua capacidade de ter uma ideia de, em última instância, contribuir que lhe estava possibilitando travar contato mais íntimo com sua destrutividade. Mas o esforço construtivo é falso e sem sentido a menos que, como ele disse, alguém alcance primeiro a destrutividade.

EXEMPLO 4. Uma moça adolescente estava em tratamento na casa da terapeuta, recebendo cuidados junto com os próprios filhos da terapeuta. É um arranjo que tem vantagens e desvantagens.

A moça tinha estado gravemente doente e, à época do incidente que vou relatar, estava emergindo de um longo período de regressão à dependência e a um estado infantil. Ela não está mais em regressão em seu relacionamento com a casa e a família, mas ainda está em um estado muito especial na área limitada das sessões de tratamento que ocorrem a determinada hora cada dia.

Houve uma ocasião em que a moça expressou o mais profundo ódio da terapeuta (que estava ao mesmo tempo cuidando dela e manejando seu tratamento). Tudo corria bem nas 24 horas res-

6. O DESENVOLVIMENTO DA CAPACIDADE PARA A CONSIDERAÇÃO

tantes, mas na área do tratamento a terapeuta era repetida e completamente destruída. É difícil expressar o grau de ódio da moça pela terapeuta e, na verdade, a aniquilação da terapeuta. Não se tratava aqui do caso de uma terapeuta que ia ver sua paciente no trabalho, uma vez que a moça estava o tempo todo sob os cuidados da terapeuta, e havia duas relações separadas ocorrendo entre eles, simultaneamente. De dia, todo o tipo de coisas começava a acontecer: a moça começava a querer auxiliar na limpeza da casa, a polir a mobília, a ser útil. Esse auxílio era absolutamente novo e nunca tinha sido um aspecto do padrão pessoal dessa moça na própria casa, mesmo antes de ficar agudamente doente. E isso aconteceu de forma silenciosa (por assim dizer), em conjunto com a destrutividade total que a moça começou a descobrir nos aspectos primitivos de seu amor, que ela alcançou na relação com a terapeuta nas sessões de terapia.

Vê-se a mesma ideia se repetir aqui. Naturalmente, o fato de a paciente estar se tornando consciente de sua destrutividade abriu caminho para a atividade construtiva que aparecia durante o dia. *Mas é o oposto que quero deixar expresso aqui e agora.* As experiências construtivas e criativas estavam possibilitando à criança chegar à experiência de sua destrutividade. Assim, no tratamento, estavam presentes as condições que tentei descrever. A capacidade para a consideração não é só um nó de amadurecimento, mas depende também, para sua existência, de um ambiente emocional que tenha sido suficientemente bom por certo período de tempo.

RESUMO

A consideração, como esse termo foi usado aqui, descreve o elo entre os elementos destrutivos do relacionamento impulsivo com o objeto, e os outros aspectos positivos de se relacionar. Presume-se que a consideração faz parte de um período anterior ao complexo de Édipo clássico, que é um relacionamento entre três pessoas sadias. A capacidade para a consideração faz parte do relacionamento a duas pessoas, entre o bebê e a mãe ou a substituta da mãe. Em circunstâncias favoráveis, a mãe, por se manter continuamente viva e disponível, é tanto a mãe que recebe toda a carga dos impulsos do id do bebê, como a mãe que pode ser amada como uma pessoa a quem se podem fazer reparações. Desse modo, a ansiedade relativa aos impulsos do id e as fantasias desses impulsos se tornam toleráveis para o bebê, que pode então experimentar culpa, ou retê-la totalmente, na expectativa de uma oportunidade para fazer a reparação por ela. A essa culpa que é retida, mas não sentida como tal, denominamos "consideração". Nos estágios iniciais do desenvolvimento, se não há uma figura materna de confiança para receber o gesto de reparação, a culpa se torna intolerável, e a consideração não pode ser sentida. O fracasso da reparação leva à perda da capacidade para a consideração e à sua substituição por formas primitivas de culpa e ansiedade.

7

DA DEPENDÊNCIA À INDEPENDÊNCIA NO DESENVOLVIMENTO DO INDIVÍDUO
[1963]

Neste capítulo escolhi descrever o crescimento emocional em termos da jornada da dependência à independência.[1] Se tivessem me pedido para desempenhar essa tarefa trinta anos atrás eu quase certamente me referiria às mudanças pelas quais a imaturidade dá lugar à maturidade em termos de uma progressão na vida instintiva do indivíduo. Teria me referido à fase oral e à fase anal, à fase fálica e à genital. Talvez eu subdividisse cada uma dessas fases – primeiro oral, pré-ambivalente; depois oral, oral sádica, e assim por diante. Alguns autores também subdividiram a fase anal; outros se contentaram em considerar uma fase pré-genital, esta geralmente baseada no funcionamento dos órgãos de ingestão, absorção e eliminação. Tudo isso está bem. É tão verdadeiro agora quanto era então, e nos iniciou em nosso pensamento e na estrutura da teoria pela qual nos orientamos. Isso agora está, contudo, em nossos ossos, por assim dizer. Nós a temos como certa, e procuramos outros aspectos do crescimento quando nos achamos na posição em que me acho agora, quando se espera de mim dizer alguma coisa que não é exatamente do conhecimento comum, ou que leva em

---

1 Conferência pronunciada na Clínica Psiquiátrica de Atlanta, em outubro de 1963.

consideração os últimos avanços na teoria e na atitude que temos em relação a ela.

Se escolhi examinar crescimento em termos de dependência, mudando gradualmente no sentido da independência, veremos, espero, que isso não invalida de modo algum a conceituação que possa ser feita sobre o crescimento em termos de zonas eróticas ou de relações de objeto.

SOCIALIZAÇÃO

A maturidade do ser humano é uma palavra que implica não somente crescimento pessoal mas também socialização. Digamos que na saúde, que é quase sinônimo de maturidade, o adulto é capaz de se identificar com a sociedade sem sacrificar demais sua espontaneidade pessoal; ou, dito de outro modo, o adulto é capaz de satisfazer suas necessidades pessoais sem ser antissocial, e, na verdade, sem falhar em assumir alguma responsabilidade pela manutenção ou pela modificação da sociedade em que se encontra. Nos vemos às voltas com certas condições sociais, e isso é um legado que temos que aceitar, e, se necessário, alterar; e é isso que eventualmente passaremos adiante àqueles que se seguirem a nós.

A independência nunca é absoluta. O indivíduo saudável não se torna isolado, mas relaciona-se ao ambiente de um modo que podemos dizer que o indivíduo e o ambiente são interdependentes.

A JORNADA

Não há nada de novo sobre a ideia da jornada da dependência à independência. Cada ser humano precisa começar essa jornada, e muitos chegam a algum lugar não muito longe desse destino, a uma independência com o sentido social intrínseco. Aí a psiquiatria está observando o crescimento saudável, um assunto que é frequentemente deixado a cargo do educador ou do psicólogo.

O valor dessa abordagem é que ela nos permite estudar e discutir ao mesmo tempo os fatores pessoais e ambientais. Nessa linguagem, saúde significa tanto saúde do indivíduo como da sociedade e a maturidade completa do indivíduo não é possível no contexto social imaturo ou doente.

TRÊS CATEGORIAS

Ao planejar essa breve conceituação de um tema muito complexo, acho necessário considerar três categorias em vez de duas, não simplesmente dependência e independência. É útil pensar de forma distinta em:

- dependência absoluta;
- dependência relativa;
- rumo à independência.

Dependência absoluta

Inicialmente quero chamar a atenção para os estágios iniciais do desenvolvimento emocional de cada criança. No início o bebê é completamente dependente da provisão física pela mãe viva e seu útero ou seu cuidado materno. Mas em termos de psicologia devemos dizer que o bebê é ao mesmo tempo dependente e independente. Esse é um paradoxo que precisamos examinar. Existe tudo que é herdado, incluindo os processos de amadurecimento, e talvez tendências patológicas herdadas; estas têm uma realidade própria, e ninguém pode alterá-las; ao mesmo tempo, para sua revolução os processos de amadurecimento dependem da provisão do ambiente. Podemos dizer que o ambiente facilitador torna possível o progresso continuado dos processos de amadurecimento. Mas o ambiente não faz a criança. Na melhor das hipóteses possibilita à criança realizar seu potencial.

O termo "processo de amadurecimento" se refere à evolução do ego e do self, e inclui a história completa do id, dos instintos e suas vicissitudes, e das defesas no ego relativas ao instinto.

Em outras palavras, a mãe e o pai não produzem um bebê como um artista produz um quadro ou o ceramista, um pote. Eles iniciam um processo de desenvolvimento que cria um habitante no corpo da mãe, e mais tarde, em seus braços, e depois disso, no lar proporcionado pelos pais; e como esse habitante será está fora do controle de qualquer um. Os pais dependem das tendências hereditárias do bebê. Poderia se perguntar: "Que podem eles então fazer se não podem fazer sua própria criança?". Eles podem sem dúvida fazer muito. Devo dizer que podem cuidar da criança que é sadia – no sentido de madura, de acordo com o que isso significa a cada momento para cada criança. Se conseguem proporcionar essa provisão, então os processos de amadurecimentos do bebê não ficam bloqueados, mas são atingidos e ficam livres para se tornar parte da criança.

Acontece que essa adaptação dos processos de amadurecimento do bebê é extremamente complexa; são feitas exigências tremendas aos pais, e inicialmente a mãe em si é o ambiente facilitador. Nessa época ela necessita de apoio, e quem melhor pode dar esse apoio é o pai da criança (digamos, seu marido), a mãe dela, a família e o ambiente social imediato. Isso é terrivelmente óbvio, mas ainda assim precisa ser dito.

Gostaria de dar a esse estado especial da mãe um nome especial, porque acho que sua importância não é apreciada. As mães se recuperam desse estado e se esquecem. Eu o denomino "preocupação materna primária". Esse não é necessariamente um bom nome, mas o certo é que, ao chegar ao fim da gravidez e nas primeiras semanas depois do nascimento de uma criança, a mãe está preocupada com o cuidado de seu bebê (ou melhor, "dedicada a ele"), a esse bebê que de início parece ser parte dela; além disso ela está muito identificada com o bebê e sabe muito bem como ele está se sentindo. Para isso ela faz uso de suas próprias experiências como bebê. Desse modo a própria mãe está em um estado dependente, e vulnerável. É para descrever esse estágio que uso as palavras "dependência absoluta" ao me referir ao estágio do bebê.

Assim, a provisão natural se orienta naturalmente para as necessidades do bebê, o que significa um alto grau de *adaptação*. Explicarei o que quero dizer com essa palavra.

Nos primórdios da psicanálise a *adaptação* só significava uma coisa: satisfazer as necessidades instintivas do bebê. Muitos erros de interpretação se originaram da lentidão de alguns em entender que as necessidades de um bebê não estão confinadas às tensões instintivas, não importa quão importantes possam ser. Há de se considerar o desenvolvimento do ego do bebê como um todo, que tem suas próprias necessidades. A linguagem aqui é que a mãe "não desaponta seu bebê", embora ela possa e deva frustrá-lo no sentido da satisfação de suas necessidades instintivas. É surpreendente como as mães podem satisfazer bem as necessidades do ego de seus próprios bebês, mesmo mães que não são boas em dar de mamar, mas que rapidamente substituem a mamadeira e o leite de fórmula.

Há sempre algumas que não podem se entregar completamente, do modo como é necessário nesse estágio inicial, embora o estágio só dure uns poucos meses desde o fim da gravidez até o começo da vida do bebê.

Descreverei agora as necessidades do ego, uma vez que elas são múltiplas. O melhor exemplo seria a questão de segurar no colo. Ninguém pode segurar um bebê a menos que seja capaz de se identificar com ele. Balint se referiu ao oxigênio do ar, do qual o bebê não sabe nada.[2] Eu lembraria da temperatura da água do banho, testada pelo cotovelo da mãe; o bebê não sabe que a água poderia estar ou muito

---

2   Michael Balint, "On Love and Hate", in *Primary Love and Psycho-Analytic Technique*. London: Hogarth, 1951; "The Three Areas of the Mind". *International Journal of Psychoanalysis*, v. 39, 1958.

quente ou muito fria, mas aceita com naturalidade a temperatura corporal. Ainda estou falando de dependência absoluta. É toda uma questão de intrusões, ou falta de instrusões, na existência do bebê, e quero desenvolver esse tema.

Todos os processos de um bebê vivo constituem um "continuar a ser", uma espécie de plano ou modelo para a existência. A mãe que é capaz de se dedicar, por um período, a essa tarefa natural, é capaz de proteger o continuar a ser de seu bebê. Qualquer intrusão, ou falha de adaptação, causa uma reação no bebê, e essa reação quebra o continuar a ser do bebê. Se reagir a intrusões é o padrão da vida de um bebê, então existe uma séria interferência com a tendência natural que existe no bebê de se tornar uma unidade integrada, capaz de ter um self com passado, presente e futuro. Com relativa ausência de reações a intrusões, as funções corporais do bebê dão uma boa base para a construção de um ego corporal. Desse modo se lançam as bases para a saúde mental futura.

Podemos ver então que essa adaptação sensível às necessidades do ego do bebê dura pouco tempo. Ele logo ganha gosto por espernear, e tira algo proveitoso de fazer birra pelo que poderia ser chamado de falhas menores de adaptação. Mas em torno dessa época a mãe está começando a retomar a própria vida, que eventualmente ficará relativamente independente das necessidades de seu bebê. Muitas vezes o crescimento da criança corresponde muito precisamente ao momento em que a mãe retoma a própria independência, e veremos que uma mãe incapaz de, aos poucos, ir *falhando* em adaptar-se sensivelmente está falhando de outra maneira; ela está falhando (por causa da própria imaturidade ou das próprias ansiedades) em dar ao bebê motivos para ter raiva. Um bebê que não tem razão para ter raiva, mas que naturalmente tem em si a quantidade usual de quaisquer que sejam os ingredientes da agressividade, tem uma dificuldade especial, uma dificuldade em fundir agressividade com amor.

Na dependência absoluta o bebê não tem como se conscientizar da provisão materna.

7. DA DEPENDÊNCIA À INDEPENDÊNCIA NO DESENVOLVIMENTO DO INDIVÍDUO

Dependência relativa

Assim como chamo o primeiro de estágio de "dependência absoluta", chamo o próximo estágio de "dependência relativa". Desse modo se pode distinguir entre a dependência que está além da capacidade de percepção do bebê e a dependência da qual o bebê pode tomar conhecimento. Uma mãe faz muito ao satisfazer as necessidades do ego de seu bebê, e nada disso é registrado na mente do bebê.

O estágio seguinte, o de dependência relativa, vem a ser um estágio de adaptação com uma falha gradual dessa mesma adaptação. É parte do repertório da grande maioria das mães prover uma desadaptação gradativa, e isso está muito bem orientado para o rápido desenvolvimento que o bebê exibe. Por exemplo, há o começo da compreensão intelectual, que se desenvolve como uma vasta extensão de processos simples, como o do reflexo condicionado. (Imaginem um bebê esperando a alimentação. Chega a época em que o bebê pode esperar mais alguns minutos porque os ruídos na cozinha indicam que a comida está prestes a aparecer. Em vez de simplesmente ficar excitado pelos ruídos, o bebê usa esses sinais de aviso para conseguir esperar.)

É natural que inicialmente os bebês variem bastante em sua capacidade de usar a compreensão intelectual, e muitas vezes a compreensão que eles tiveram é postergada pela existência de uma confusão no modo como a realidade é apresentada. Essa é uma ideia para ser enfatizada aqui, uma vez que o processo inteiro do cuidado materno tem como principal característica a apresentação constante do mundo ao bebê. Isso é algo que não pode ser feito por pensamento, nem pode ser manejado mecanicamente. Só pode ser feito pelo manejo contínuo por uma pessoa que se revele consistentemente ela mesma. Isso não é questão de perfeição. Perfeição pertence a máquinas; o que o bebê consegue costuma ser justamente aquilo de que precisa, o cuidado e a atenção de alguém que continua sendo si mesma. Isso naturalmente se aplica também aos pais.

É preciso ressaltar esse "ser si mesma", porque deveríamos separar a pessoa do homem ou mulher, mãe ou enfermeira, que está *desempenhando* esse papel, talvez desempenhando bem na maior parte do tempo, e talvez desempenhando-a bem porque aprendeu como cuidar de bebês nos livros ou em uma aula. Mas esse desempenho não é suficientemente bom. O bebê só pode ter uma apresentação não confusa da realidade externa se for cuidado por um ser humano dedicado ao bebê e à tarefa de cuidar desse bebê. A mãe emergirá desse estado de dedicação espontânea, e logo voltará a sua escrivaninha, ou a escrever romances, ou a uma vida social junto de seu marido, mas naquele período ela está envolvida de corpo inteiro.

A recompensa desse primeiro estágio (dependência absoluta) é que o processo de desenvolvimento do bebê não é distorcido. A recompensa nesse estágio de dependência relativa é que o bebê começa, de certo modo, a se tornar *consciente da dependência*. Quando a mãe fica longe por um tempo superior ao da capacidade de o bebê crer em sua sobrevivência, aparece ansiedade, e esse é o primeiro sinal de que a criança tem consciência. Antes, se a mãe está ausente, o bebê simplesmente falha em se beneficiar da habilidade especial dela em evitar intrusões, e certos desenvolvimentos essenciais na estrutura do ego falham em se tornar bem estabelecidos.

O estágio seguinte àquele em que, de algum modo, o bebê sente necessidade da mãe é aquele em que o bebê começa a *saber em sua mente* que a mãe é necessária.

Aos poucos a necessidade que ele tem da mãe verdadeira (na normalidade) se torna ferrenha e de fato terrível, de modo que as mães realmente odeiam deixar seus filhos, e se sacrificam muito para não causar aflição ou mesmo produzir ódio ou desilusão durante esta fase de necessidade especial. Pode-se dizer que essa fase dura (de forma aproximada) de seis meses a dois anos.

Quando o bebê chega aos dois anos de idade, já se iniciaram novos desenvolvimentos, e esses habilitam a criança a lidar com a perda. É necessário se referir a eles. Junto com esses desenvolvimentos da personalidade da criança há fatores ambientais importantes, embora variáveis, a serem considerados. Por exemplo, pode haver uma equipe mãe-babá, por si só um interessante tema para

7. DA DEPENDÊNCIA À INDEPENDÊNCIA NO DESENVOLVIMENTO DO INDIVÍDUO

estudo. Pode haver tias e avós adequados ou amigos especiais dos pais que pela presença constante poderiam ser considerados como substitutos da mãe. O marido da mãe também pode ser uma pessoa importante na casa, ajudando a criar um lar, e pode ser um bom substituto para a mãe, ou pode ser importante de um modo mais masculino ao dar à esposa apoio e um sentimento de segurança que ela pode transmitir à criança. Não será necessário considerar completamente esses detalhes um tanto óbvios, ainda que bem significativos. Veremos, contudo, que esses detalhes variam muito, e que o processo de crescimento do próprio bebê é impelido nesse sentido e de acordo com o que ele obtém.

> CASO CLÍNICO. Tive a oportunidade de observar uma família de três meninos por ocasião da morte súbita de sua mãe. O pai agiu de modo responsável; uma amiga da mãe que conhecia os meninos assumiu o cuidado deles, e após certo tempo se tornou a madrasta deles.
>
> O caçula tinha quatro meses de idade quando sua mãe desapareceu subitamente de sua vida. Seu desenvolvimento prosseguiu satisfatoriamente e não houve sinais clínicos indicando uma reação. Em minha linguagem a mãe era "um objeto subjetivo" para o bebê, e a amiga da mãe tomou sua posição. Mais tarde ele considerava sua madrasta como mãe.
>
> Quando esse menino mais novo tinha quatro anos foi trazido a mim, contudo, porque estava começando a revelar várias dificuldades de personalidade. Ao brincar durante a entrevista psicoterapêutica ele inventou um jogo que tinha de ser repetido muitas e muitas vezes. Ele se escondia e eu então fazia uma leve alteração, digamos, na posição de um lápis sobre a mesa. Ele então aparecia e descobria a leve alteração; ficava de fato furioso e então me matava. Ele podia persistir nesse jogo por horas.
>
> Aplicando o que tinha aprendido, disse à sua madrasta que ela deveria se preparar para falar com ele sobre morte. Nessa mesma noite, pela primeira vez em sua vida ele deu à madrasta a oportu-

nidade de falar sobre a morte, e isso o levou a uma necessidade de conhecer com exatidão todos os fatos sobre a mãe de dentro da qual tinha saído, e sobre a morte dela. Isso então ganhou força nos dias seguintes e tudo tinha que ser repetido e repetido e repetido. Ele continuou a ter um bom relacionamento com a madrasta, a quem continuava a chamar de mãe.

A mais velha das três crianças tinha seis anos quando a mãe morreu. Ele simplesmente ficou enlutado por ela como uma pessoa que amava. O processo de luto durou cerca de dois anos, e quando ele emergiu desse processo entrou num período de roubos. Ele aceitou a madrasta como uma madrasta, e se lembrava de sua mãe verdadeira como uma pessoa que, infelizmente, havia perdido.

O menino do meio tinha três anos na época da tragédia. Ele nutria uma relação intensa e positiva com o pai nessa época, e se tornou um risco psiquiátrico, necessitando de psicoterapia (cerca de sete sessões ao longo de um período de oito anos). O irmão mais velho declarou sobre ele: "Nós não lhe contamos sobre o pai ter se casado de novo porque ele pensa que casamento significa 'assassinato'".

O filho do meio estava confuso, incapaz de lidar com a culpa que tinha necessidade de experimentar – a mãe morrera quando ele estava em uma fase homossexual, com um apego especial pelo pai. Ele declarou: "Eu não me importo, era o (irmão mais velho) que a amava". Clinicamente ele se tornou hipomaníaco. Sua extrema inquietação durou muito tempo, e ficava claro que estava sendo ameaçado por uma depressão. Seu brincar revelava um grau de confusão, mas ele era capaz de organizá-lo o suficiente para expressar para mim nas sessões terapêuticas quais eram as ansiedades específicas por trás de sua inquietação.

Ainda existem sinais de distúrbio psiquiátrico residual nesse menino, que tem agora treze anos – isto é, dez anos depois da tragédia que, para esse menino, foi traumática.

Um desenvolvimento importante no bebê ocorre sob o nome de "identificação". Muito cedo um bebê se torna capaz de revelar a capa-

7. DA DEPENDÊNCIA À INDEPENDÊNCIA NO DESENVOLVIMENTO DO INDIVÍDUO

cidade de se identificar com a mãe. Há reflexos primitivos que, pode dizer-se, formam a base desses desenvolvimentos, como quando um bebê responde a um sorriso com outro sorriso. Imediatamente o bebê se torna capaz de formas mais complexas de identificação, indicando a existência de imaginação. Um exemplo disso é aquele bebê que, ao sugar o seio da mãe, deseja encontrar a boca dela e alimentá-la com seu dedo. Eu vi isso acontecer aos três meses de idade; mas as datas não devem nos preocupar. Mais cedo ou mais tarde essas coisas acontecem a todos os bebês (exceto alguns muito doentes) e sabemos que um grande alívio da dependência segue o desenvolvimento no bebê das capacidades de se colocar na pele da mãe. A partir disso se origina o desenvolvimento global da compreensão da mãe como tendo uma existência pessoal e separada, e *por fim, um dia* a criança torna-se capaz de acreditar nos pais se unindo e realizando o ato que levou à sua própria concepção. Isso ocorre muito mais adiante e nunca é atingido em níveis mais profundos.

O efeito desses novos mecanismos mentais no tema da dependência é que o bebê começa a conceber que alguns acontecimentos estão fora de seu controle e, por ser capaz de se identificar com a mãe ou com os pais, o bebê pode contornar o intenso ódio que sente em relação àquilo que desafia sua onipotência.

A fala passa a ser compreendida e, talvez, usada. Esse tremendo desenvolvimento no animal humano possibilita aos pais dar ao bebê toda oportunidade que surge para cooperar, através da compreensão intelectual, ainda que em seus *sentimentos profundos* o bebê possa sentir dor, ódio, desilusão, medo e impotência. A mãe pode dizer: "Vou sair para comprar pão". Isso talvez funcione, contanto que, naturalmente, ela não fique longe além do tempo que o bebê é capaz de mantê-la viva em sua mente, em termos de sentimento.

Gostaria de mencionar uma forma de desenvolvimento que afeta especialmente a capacidade de o bebê fazer identificações complexas. Isso tem a ver com o estágio em que as tendências à integração do bebê configuram um estado em que o bebê é uma unidade, uma pessoa inteira, com um interior e um exterior, e uma pessoa vivendo dentro de um corpo, e mais ou menos limitada pela pele. Uma vez que o exterior significa "não EU", então o interior significa EU, e passa a haver um lugar onde as coisas podem ser guardadas. Na fantasia da criança a realidade pessoal psíquica está localizada no interior. Se estiver localizada no exterior haverá boas razões para isso.

Agora então o crescimento do bebê toma a forma de um intercâmbio contínuo entre a realidade interna e a externa, cada uma sendo enriquecida pela outra.

A criança agora não é apenas uma criadora potencial do mundo, mas se torna capaz também de povoar esse mundo com amostras de sua vida interna própria. Assim, aos poucos a criança vai se tornando capaz de "abranger" quase qualquer evento exterior, a percepção se tornando quase sinônimo de criação. Eis aí um meio pelo qual a criança assume controle sobre acontecimentos externos do mesmo modo que faz sobre o funcionamento interno do próprio self.

Rumo à independência

Uma vez estabelecidas essas coisas, como ocorre na saúde, a criança se torna gradualmente capaz de defrontar com o mundo e todas as suas complexidades, por encontrar aí, cada vez mais, o que já está presente dentro de si própria. Em círculos cada vez mais abrangentes da vida social, a criança se identifica com a sociedade, porque a sociedade local é uma amostra de seu próprio mundo pessoal, bem como é uma amostra de fenômenos verdadeiramente externos.

Nesse sentido se desenvolve uma verdadeira independência, com a criança se tornando capaz de viver uma existência pessoal satisfatória, ao mesmo tempo que envolvida com as coisas da sociedade. É claro que há grandes chances de recuo nesse desenvolvimento da socialização, principalmente nos últimos estágios para além da puberdade e adolescência. Mesmo o indivíduo saudável pode deparar com uma tensão social que está além do que ele poderia suportar, antes do alargamento de sua base de tolerância.

7. DA DEPENDÊNCIA À INDEPENDÊNCIA NO DESENVOLVIMENTO DO INDIVÍDUO

Na prática se pode observar os adolescentes se graduando de um grupo para outro, alargando o círculo o tempo todo, a todo instante abraçando os fenômenos novos e cada vez mais estranhos que a sociedade expele. Os pais são muito necessários no manejo de seus próprios filhos adolescentes, que estão explorando um círculo social após o outro, por causa de sua capacidade de entrever melhor do que seus filhos quando essa progressão de um círculo social limitado para outro ilimitado é rápida demais, talvez por causa dos elementos sociais perigosos na vizinhança imediata, ou por causa dos desafios que fazem parte da puberdade e do desenvolvimento rápido da capacidade sexual. Eles são necessários especialmente por causa das tensões e padrões instintivos que reaparecem e que tinham sido estabelecidos inicialmente na idade pré-escolar.

"Rumo à independência" descreve os esforços da criança pré-escolar e da criança na puberdade. No período de latência as crianças costumam se contentar com qualquer módico de dependência que tenham a sorte de experimentar. A latência é o período do brincar escolar no papel de substituto do lar. Isso nem sempre é verdade, mas aqui não há espaço para um desenvolvimento adicional desse tema especial.

Deve-se esperar que os adultos continuem o processo de crescer e amadurecer, uma vez que eles raramente atingem a maturidade completa. Mas uma vez que eles tenham encontrado um lugar na sociedade através do trabalho, e tenham talvez se casado ou se assentado em algum padrão que seja uma conciliação entre imitar os pais e, desafiando-os, estabelecer uma identidade pessoal, uma vez que tenham ocorrido esses desenvolvimentos pode-se dizer que se iniciou a vida adulta, e que os indivíduos, um a um, estão saindo da área coberta por esta breve conceituação do crescimento descrito em termos da dependência à independência.

8

MORAL E EDUCAÇÃO
[1963]

O título desta palestra me dá espaço para desenvolver o tema não tanto de uma sociedade que muda, mas o da natureza humana, que não muda.[1] A natureza humana não muda. Essa é uma ideia que poderia ser contestada. Contudo, presumirei sua veracidade e desenvolverei o tema sobre essa base. É verdade que a natureza humana evoluiu, como os organismos humanos evoluíram no curso de centenas de milhares de anos. Mas há bem pouca evidência de que a natureza humana se alterou no curto espaço de tempo registrado pela história; e comparável a isso é o fato de que o que é verdade sobre a natureza humana em Londres hoje é verdade também em Tóquio, Acra, Amsterdã e Timbuktu. É verdadeiro para brancos e pretos, gigantes e anões, para os filhos do cientista de Harwell ou do Cabo Canaveral ou para os filhos do aborígine australiano.

Aplicado ao tema em discussão (a educação moral hoje em dia), isso significa que existe uma área para estudo que pode ser denominada de capacidade da criança para ser educada moralmente. Minhas referências a isso nesta palestra ficam limitadas a essa área,

---

[1] Palestra integrante de uma série proferida no University of London Institute of Education, em 1962, e publicada pela primeira vez (sob o título "The Young Child at Home and at School") em W. R. Niblett (org.), *Moral Education in a Changing Society*. London: Faber, 1963.

8. MORAL E EDUCAÇÃO

o desenvolvimento na criança da capacidade de ter senso moral, por experimentar um sentimento de culpa e por estabelecer um ideal. Análoga seria a tentativa de se aprofundar em uma ideia como "crença em Deus" para chegar à ideia de "crença" ou (como eu preferiria dizer) "crença em". A uma criança que desenvolve a "crença em" pode-se repassar o deus do lar ou da sociedade que calhe de ser a sua. Mas para a criança sem nenhuma "crença em", Deus é na melhor das hipóteses um truque do pedagogo e na pior das hipóteses uma prova para a criança de que seus pais não confiam nos processos da natureza humana e têm pavor do desconhecido.

O professor Niblett, na palestra de abertura desta série, referiu-se ao reitor Keate, que chegou a dizer a uma criança: "Você vai acreditar no Espírito Santo até as cinco horas da tarde ou eu vou bater em você até você acreditar", e desse modo nos levou à ideia da inutilidade de ensinar valores ou religião à força. Estou procurando tornar acessível esse importante tema e examinar as alternativas. Meu ponto de vista é que existe uma alternativa boa e que essa alternativa boa não consiste em um ensino religioso cada vez menos presente. A alternativa boa tem a ver com prover ao bebê e à criança condições que permitam que coisas como confiança e "crença em", e ideias de certo e errado, se desenvolvam a partir da elaboração dos processos internos da criança. Isso poderia ser chamado de evolução de um superego pessoal.

As religiões deram grande ênfase ao pecado original, mas nenhuma chegou à ideia de bondade original, aquela que, por ser incluída na ideia de Deus, é ao mesmo tempo separada dos indivíduos que coletivamente criam e recriam esse conceito de Deus. Dizer que o homem criou Deus à sua imagem é geralmente tratado como um divertido exemplo de perversidade, mas a verdade nessa afirmação seria mais bem elucidada por esta paráfrase: o homem continua a criar e recriar Deus como um local onde ele pode colocar aquilo que há de bom em si mesmo; aquilo que ele teme estragar se mantiver em si mesmo, isto é, junto de todo o ódio e de toda a destrutividade que também se encontram ali.

A religião (ou a teologia?) escamoteou o que há de bom na criança em desenvolvimento, estabeleceu um esquema artificial para injetar de volta o que lhe tinha sido roubado, e denominou isso "educação moral". Na verdade, a educação moral não funciona a menos que o bebê ou a criança tenham desenvolvido em si mesmos, por um processo natural de desenvolvimento, aquilo que, quando alçado ao céu, recebe o nome de Deus. O educador moral depende, para seu êxito, da existência na criança daquele desenvolvimento que permite que ela aceite esse Deus do educador moral como uma projeção da bondade que é parte da criança e de sua experiência real da vida.

Então, na prática, qualquer que seja nosso sistema teológico, estamos limitados à dependência do modo como cada nova criança é ou foi capaz de atingir certos marcos do desenvolvimento. A criança foi aprovada, por assim dizer, na sua prova de ingresso em senso moral?; ela conseguiu adquirir essa coisa que estou chamando de *crença em*? Eu me apego a essa frase feia, incompleta, crença em. Para completar o que foi começado, alguém deve informar a criança sobre aquilo em que nós – nesta família, nesta porção da sociedade, atualmente – acreditamos. Mas esse processo de completar é de importância secundária, porque se não se chegou à "crença em", então o ensino de moral ou religião é mera pedagogia keatiana e é geralmente visto como censurável ou ridículo.

Não gosto da ideia – com frequência expressada por pessoas em geral bem-informadas – de que a abordagem mecanicista de Freud da psicologia ou sua confiança na teoria da evolução do homem a partir dos animais colide com a contribuição que a psicanálise pode fazer ao pensamento religioso. Poderia mesmo acontecer de a religião aprender alguma coisa com a psicanálise, algo que pouparia a prática religiosa de perder seu lugar nos processos de civilização, e no processo da civilização. A teologia, ao negar ao indivíduo em desenvolvimento a criação do que quer que esteja ligado ao conceito de Deus, de bondade e de valores morais, destitui o indivíduo de um importante aspecto da criatividade.

8. MORAL E EDUCAÇÃO

Certamente a sra. Knight, na controvérsia de alguns anos atrás, não estava menosprezando Deus ao compará-lo com Papai Noel; ela estava afirmando ou tentando afirmar que se pode pôr algumas partes da criança na bruxa de um conto de fadas, algo da crença e generosidade da criança pode ser delegada ao Papai Noel, e todo tipo de sentimentos e ideias de bondade pertencentes às experiências internas e externas da criança pode ser depurado e rotulado de "Deus". Do mesmo modo, o que há de desagradável na criança pode ser chamado de "o diabo e todas suas maldades". A rotulação socializa um fenômeno que, de resto, é pessoal. Praticar psicanálise por trinta anos me fez sentir que é a ideia ligada à organização da educação moral que esgota a criatividade do indivíduo.

Há razões pelas quais as ideias do educador moral fenecem. Uma óbvia é que existem pessoas más. Em minha linguagem, isso significa que há pessoas em todas as sociedades e idades que, em seu desenvolvimento emocional, não atingiram o estágio de crer em, nem atingiram um estágio de moralidade inata envolvendo a personalidade integral. Mas a educação moral que é proporcionada a essas pessoas doentes não é adequada para a grande maioria das pessoas que, de fato, não estão doentes quanto a esse aspecto. Vou retornar ao tópico das pessoas más mais tarde.

Falei até agora como um teólogo amador, embora tenham me pedido para falar como um psiquiatra de crianças profissional. Para fazê-lo de maneira efetiva, preciso agora ser capaz de relatar a breve história do desenvolvimento emocional do bebê e da criança. Vocês naturalmente sabem que esse é um tema bastante complexo e que a história não pode ser contada de forma breve. Há muitos modos de abordar o tema do crescimento emocional e tentarei usar vários métodos.

A base do desenvolvimento da criança é a existência física do bebê, com suas tendências herdadas. Essas tendências herdadas incluem o impulso de amadurecimento para o desenvolvimento posterior. Digamos, um bebê tende a usar três palavras com um ano de idade e caminhar em torno dos catorze meses, e tende a atingir a mesma forma e altura de um dos pais, e tende a ser esperto ou estúpido ou temperamental ou a ter alergias. De forma oculta se inicia no bebê, e continua na criança, uma tendência para a integração da personalidade, e a palavra *integração* tende a ter um significado cada vez mais complexo à medida que o tempo passa e a criança fica mais velha. Além disso o bebê tende a viver em seu corpo e a construir o self com base no funcionamento corporal a que pertencem elaborações imaginativas que rapidamente se tornam extremamente complexas e constituem a realidade psíquica específica daquele bebê. O bebê se estabelece como uma unidade, sente um sentimento de EU SOU, e bravamente encara o mundo com o qual já se tornou capaz de estabelecer relações, relações afetuosas e (por contraste) um padrão de relações de objeto baseadas na vida instintiva. E assim por diante. Tudo isso, e muito mais, é e sempre foi verdadeiro em bebês humanos. Eis aí a natureza humana se desdobrando. MAS, e esse é um grande "mas", o processo de amadurecimento depende, para se tornar real na criança, e real nos momentos apropriados, de provisão ambiental suficientemente boa.

Essa é a velha discussão sobre natureza e criação. Sugiro que esse problema é, sim, passível de ser elucidado. Os pais não têm de fazer seu bebê como o artista tem de fazer seu quadro ou o ceramista, seu pote. O bebê cresce a seu modo, se o ambiente é suficientemente bom. Alguém se referiu à provisão suficientemente boa como "o ambiente médio esperado". O fato é que, ao longo dos séculos, mães, e pais, e substitutos dos pais, de modo geral, têm de fato provido exatamente aquelas condições de que o bebê e a criança pequena realmente necessitam de início, no estágio de sua maior dependência, e isso continua até um pouco mais tarde quando, como crianças, os bebês vão se separando do ambiente e se tornando relativamente independentes. Depois disso as coisas tendem a não ser tão boas, mas esse fato também passa a importar cada vez menos.

Notem que estou me referindo a uma idade na qual o ensino verbal não está em jogo. Nem Freud nem a psicanálise foram necessários para dizer às mães e pais como providenciar essas condições.

8. MORAL E EDUCAÇÃO

Elas começam com um alto grau de adaptação por parte da mãe às necessidades do bebê, e gradualmente se tornam uma série de falhas de adaptação; essas falhas são, de novo, uma forma de adaptação, porque estão relacionadas com a crescente necessidade de a criança enfrentar a realidade e conseguir se separar e estabelecer uma identidade pessoal. (Joy Adamson descreve tudo isso magistralmente ao contar a criação de Elsa, uma leoa, e dos filhotes que estão agora Livres para Sempre.)[2]

Parece que, embora a maioria das religiões tendam a reconhecer a importância da vida familiar, coube à psicanálise apontar às mães dos bebês e aos pais de muitas crianças o valor – ou melhor, a natureza essencial – de sua tendência a prover para cada bebê aquilo de que cada um deles realmente necessita em termos de cuidado.

A mãe (não excluo o pai) se adapta tão bem que só se pode dizer que ela está tão intimamente identificada com seu bebê que sabe o que é preciso em qualquer momento, e também de modo geral. O bebê, naturalmente, está nesse primeiro e mais precoce estágio em um estado de fusão, não tendo ainda separado mãe e objetos "não eu" do "eu", de modo que o que é adaptativo ou "bom" no ambiente está sendo acumulado no armazém de experiências do bebê como se fosse uma qualidade do self, a princípio indistinguível (para o bebê) do funcionamento sadio do próprio bebê.

Nesse estágio inicial o bebê não registra o que é bom ou adaptativo, mas reage a cada falha de confiabilidade – e portanto as percebe e registra. A reação à não confiabilidade no processo de cuidado materno constitui um trauma, cada reação sendo uma interrupção no "continuar a ser" do bebê e uma ruptura no self do bebê.

Resumindo essa primeira fase de meu esquema simplificado para descrever o ser humano em desenvolvimento: o bebê e a criança pequena são habitualmente cuidados de modo confiável, e da experiência de ser suficientemente bem cuidado se origina no bebê a

---

2 Ver Joy Adamson, *Born Free: A Lioness of Two Worlds* [1960]. New York: Pantheon Books, 2000. [N.E.]

crença na confiabilidade; a isso pode-se acrescentar a percepção da mãe e do pai ou avó ou babá. Numa criança que iniciou a vida desse modo, a ideia de bondade e de um pai pessoal e confiável, ou Deus, pode se seguir naturalmente.

À criança que não tem experiências suficientemente boas nos estágios iniciais não se pode sugerir a ideia de um Deus pessoal como *substituto do cuidado materno*. A comunicação sutil, extremamente importante, do tipo mãe-bebê antecede o estágio ao qual a comunicação verbal pode ser acrescentada. Este é o primeiro princípio da educação moral: *educação moral não é substituta para amor*. De início o amor só pode ser efetivamente expresso em termos de cuidados do bebê e da criança, o que para nós significa prover um ambiente facilitador ou suficientemente bom, o que significa para o bebê a oportunidade de evoluir de forma pessoal de acordo com a gradação contínua do processo de amadurecimento.

Como posso desenvolver esse tema, levando em conta a complexidade rapidamente crescente da realidade interna da criança e do armazém em expansão da criança, com experiências internas e externas que foram lembradas ou, por economia, esquecidas?

Nesse ponto devo tentar dizer algo sobre a origem no bebê ou na criança pequena daqueles elementos que são descritos ou adjetivados como bons e maus. Não há necessidade, naturalmente, de que sejam oferecidas palavras nesse estágio, e na verdade aprovação e desaprovação podem ser comunicadas ao surdo e a bebês em um estágio muito anterior ao início da comunicação verbal. Desenvolvem-se no bebê certos sentimentos opostos, completamente à parte da aprovação e desaprovação que são comunicadas à criança pela mãe ou pai, e são estes que precisam ser levados em conta e talvez investigados até sua origem.

No crescente armazém das lembranças pessoais e dos fenômenos que constituem a realidade psíquica interna da criança aparecem elementos que de início são simplesmente opostos. Podem ser chamados auxiliares e perturbadores, amistosos e hostis, benignos e persecutórios. Originam-se em parte das satisfações e frustrações

8. MORAL E EDUCAÇÃO

na experiência de viver do bebê, que inclui excitações, e em parte esse acúmulo de elementos positivos e negativos depende da capacidade de o bebê evitar a dor da ambivalência, e consiste em não juntar os objetos que percebe como ou bons ou maus.[3]

Não posso deixar de usar as palavras *bom* e *mau*, mesmo que isso anule meu objetivo: descrever fenômenos anteriores à utilização de palavras. Ocorre que esses importantes processos que estão acontecendo no bebê em desenvolvimento e na criança pequena necessitam ser descritos em termos de bom e mau.

Tudo isso está intimamente ligado à percepção da aprovação e desaprovação materna, mas tanto aqui como em outras situações o fator interno e pessoal é mais importante do que o externo ou ambiental, um preceito que se situa no âmago de minha comunicação. Se estou enganado a esse respeito então minha tese é falha. Se minha tese é falha, então bebês e crianças pequenas dependem de terem o certo e o errado injetados neles. Isso significa que os pais devem aprovar e desaprovar, em vez de amar, e então, de fato, deveriam ser educadores morais em vez de pais. Como odiariam se assim fosse!

A criança de fato precisa receber aprovação e desaprovação, mas os pais em geral ficam esperando, abstendo-se de mostrar que aprovam ou desaprovam até que verifiquem em seu filho os elementos de um senso de valores e de bom e mau e de certo ou errado, isto é, na área particular do cuidado da criança que é significativa no momento.

Agora precisamos dar uma olhada na realidade psíquica interna do bebê e da criança. Essa realidade se torna um mundo pessoal em rápida expansão que a criança situa tanto dentro como fora do self, do self que acabou de se estabelecer como uma unidade com uma "pele". O que está dentro é parte do self, embora não lhe seja inerente, e pode ser projetado. O que está fora não é parte do self, mas também não lhe é inerente e pode ser introjetado. Na saúde, uma troca constante ocorre à medida que a criança vai vivendo e coletando experiências, de

---

3   Esse estado de coisas primitivo é uma defesa contra a dor da ambivalência e é chamado de "cisão" do objeto.

modo que o mundo externo é enriquecido pelo potencial interno, e o interior é enriquecido pelo que pertence ao exterior. A base para esses mecanismos mentais é, nitidamente, o funcionamento da incorporação e eliminação na experiência corporal. Por fim a criança – que está por volta dessa época se tornando um indivíduo maduro – perceberá que de fato existe algo que é realmente ambiental, e que isso (o ambiental) inclui as tendências herdadas, bem como a provisão ambiental, e o mundo passado e futuro, e o universo ainda desconhecido.

É evidente que, à medida que a criança vai crescendo dessa forma, o conteúdo de seu self pessoal não se restringe a si própria. O self é cada vez mais moldado pela provisão ambiental. O bebê que adota um objeto quase como parte do self não poderia tê-lo adotado se este não estivesse disponível para adoção. Do mesmo modo, todas as introjeções não são apenas exportações reimportadas, mas são também verdadeiras mercadorias estrangeiras. O bebê não pode se dar conta disso até que um grau considerável de amadurecimento tenha ocorrido, e a mente tenha se tornado capaz de lidar de maneira intelectual e inteligente com fenômenos que não tinham significado em termos de aceitação emocional. Em termos de aceitação emocional, o self, em seu núcleo, é sempre pessoal, isolado e não afetado pela experiência.

Essa maneira de ver o desenvolvimento emocional é importante para minha tese, uma vez que, à medida que o bebê cresce dessa maneira, o terreno está pronto para que aqueles empenhados no cuidado do bebê e da criança deixem ao alcance dela não apenas objetos (como bichos de pelúcia, bonecas ou carros de brinquedo), mas também códigos morais. Esses códigos morais são dados de modo sutil por expressões de aceitação ou por ameaças de suspender o amor. Na verdade, a expressão "moralidade esfincteriana" é utilizada para descrever como as ideias de certo ou errado podem ser transmitidas a bebês e crianças pequenas em termos do modo como a incontinência resulta em autocontrole socializado. Controle sobre as excreções é apenas um óbvio exemplo de uma quantidade de fenômenos semelhantes. Contudo, em termos de moralidade esfincteriana é fácil verificar que os pais que esperam que a criança pequena se submeta

8. MORAL E EDUCAÇÃO

aos regulamentos antes de atingir o estágio em que o autocontrole faz sentido estão privando a criança do sentimento de conquista e fé na natureza humana que vem do progresso natural rumo ao controle dos esfíncteres. Esse tipo de atitude equivocada com relação ao "treinamento" ignora os processos de amadurecimento da criança, e ignora o fato de a criança querer ser como as outras pessoas e os animais que vivem no mundo dela.

Sem dúvida, há e sempre haverá aqueles que por sua natureza e criação preferirão inculcar morais, assim como há os que pelas mesmas bases preferirão aguardar, e talvez aguardar um longo tempo, até o desenvolvimento natural. Apesar disso tais temas podem ser discutidos.

Nesses assuntos a resposta é sempre que há *mais para ganhar do amor do que da educação*. Amor aqui significa a totalidade do cuidado com o bebê ou a criança, aquilo que favorece os processos de amadurecimento. Isso inclui ódio. Educação significa sanções e a implantação dos valores sociais ou dos pais *para além do* crescimento e amadurecimento internos da criança. Educação em termos do ensino de aritmética tem de aguardar por aquele grau de integração pessoal do bebê que torna o conceito de *um* significativo, e também a ideia contida no pronome da primeira pessoa do singular. A criança que conhece o sentimento de EU SOU, e que pode carregá-lo, sabe sobre *um* e então, logo a seguir, quer que lhe ensinem adição, subtração e multiplicação. Da mesma maneira, na criança a educação moral se segue naturalmente à chegada da moralidade pelos processos de desenvolvimento natural facilitados pelos bons cuidados.

SENSO DE VALORES

Logo surge a pergunta: e o senso de valores em geral? Qual o dever dos pais aqui? Esse tema mais geral se segue à consideração de outros mais específicos, relativos ao comportamento do bebê. Também aqui há os que têm receio de aguardar e preferem inculcar, como também há os que aguardam e ficam a postos para apresentar as ideias e expectativas que a criança poderá utilizar em cada novo estágio de integração e capacidade para consideração objetiva.

No que concerne à religião e à ideia de um deus, há claramente os extremos: aqueles que ignoram que a criança tem a capacidade de criar um deus e por isso tratam de inculcar a ideia o mais cedo possível, e aqueles que aguardam e observam os resultados de seus esforços para atender às necessidades de seu bebê em desenvolvimento. Estes últimos, como já disse, apresentarão à criança os deuses da família quando a criança tiver atingido o estágio apropriado para sua aceitação. Nesse último caso, praticamente não há padrão estabelecido; no primeiro caso o que se quer é exatamente o padrão estabelecido, ficando a criança limitada a aceitar ou rejeitar essa entidade basicamente estranha a ela, o conceito inculcado de deus.

Pode-se encontrar pessoas que defendam que não devemos deixar ao alcance da criança nenhum fenômeno cultural que ela possa tomar para si e adotar. Cheguei a conhecer um pai que se recusava a permitir que contassem contos de fadas a sua filha, ou que ela tivesse contato com qualquer ideia de coisas como bruxas ou fadas, ou príncipes, porque queria que sua filha tivesse uma personalidade exclusivamente pessoal; estava-se exigindo da pobre criança começar novamente a elaboração de todas as ideias e conquistas artísticas criadas através dos séculos. O esquema não funcionou.

Do mesmo modo, não é solução para o problema dos valores morais aguardar que a criança desenvolva seus próprios valores, não se encarregando os pais de oferecer nada que se origine do sistema social local. Além disso, há uma razão especial pela qual um código moral deve estar ao alcance da criança: o fato de o código moral inato ao bebê e à criança pequena ter uma característica tão ferrenha, tão crua e tão incapacitante. O código moral adulto se torna necessário porque humaniza o que na criança é sub-humano. O bebê sofre com o receio da retaliação. A criança pode morder durante uma experiência excitante de relacionamento com um objeto bom, e o objeto passa a ser sentido como algo que morde. A criança tem prazer em uma orgia

8. MORAL E EDUCAÇÃO

excretória em que o mundo se enche de água que afoga e sujeira que soterra. Esses receios brutos são humanizados principalmente pelas experiências da criança com seus pais, que desaprovam e ficam bravos mas não mordem, afogam nem queimam a criança como retaliação ligada exatamente ao impulso ou à fantasia da criança.

Por experiência de vida e de suas vivências a criança, na saúde, se prepara para acreditar em algo que lhe pode ser transmitido na forma de um deus pessoal. Porém a ideia de um deus pessoal não tem valor algum para uma criança que não teve a experiência de seres humanos, pessoas humanizando as aterradoras formações do superego diretamente relacionadas com o impulso infantil e a fantasia que acompanham o funcionamento do corpo e as cruas excitações envolvendo o instinto.[4]

Esse princípio que influi na transmissão de valores morais igualmente se aplica à transmissão do acervo todo da cultura e civilização. Se desde o início você der à criança Mozart, Haydn e Scarlatti para ela ouvir, conseguirá um bom gosto precoce, algo para ser exibido em festinhas. Porém a criança tem de iniciar provavelmente com o ruído de soprar um papel higiênico por cima de um pente, para então passar para a fase de bater em latas e soprar uma velha corneta; a distância entre o berro ou os ruídos comuns e *Voi che sapete* é imensa, e a apreciação do sublime tem de ser uma conquista pessoal, e não um implante. Além disso, criança alguma pode compor ou interpretar seu próprio Mozart. Você tem de ajudá-la a descobrir esse e outros tesouros. Na arte de viver, isso implica dar o exemplo à criança, não um melhor do que você realmente é, insincero, mas um exemplo toleravelmente decente.

A moralidade mais ferrenha é a da mais tenra infância, que persiste como um traço da natureza humana que se pode verificar por toda a vida do indivíduo. Imoralidade para o bebê é *se submeter, às custas de seu modo pessoal de viver*. Por exemplo, uma criança de qual-

---

[4] Erik Erikson escreveu sobre esse tema em torno do conceito de virtude. E. Erikson, "The Roots of Virtue", in J. Huxley (org.), *The Humanist Frame*. London: Allen & Unwin, 1961.

quer idade pode achar que comer é errado, até o ponto de morrer por esse princípio. A obediência traz recompensas imediatas e os adultos confundem, com excessiva facilidade, obediência com crescimento. É possível evitar os processos de amadurecimento usando como atalho uma série de identificações, de modo que o que se revela clinicamente é falso, um self ator, a cópia de alguém, talvez; o que poderia ser chamado de self verdadeiro ou essencial permanece oculto e é privado da experiência de viver. Isso leva muitas pessoas que parecem estar bem a eventualmente tirar a própria vida, que se tornou falsa e irreal. Sucesso irreal é moralidade do mais baixo calão – comparadas a isso, pequenas transgressões sexuais dificilmente contam.

Há um estágio do desenvolvimento da criança que tem importância especial e devo me referir a ele, embora seja apenas outro exemplo, mais complexo, da provisão ambiental facilitando os processos de amadurecimento.

Nesse estágio a que me refiro ocorre a formação gradual na criança da capacidade para experimentar um senso de responsabilidade, aquele que no fundo é um senso de culpa. O elemento ambiental essencial aqui é a presença contínua da mãe ou figura materna durante o período em que o bebê e a criança estão se adaptando à destrutividade que faz parte de sua constituição. Essa destrutividade se torna cada vez mais um aspecto na experiência das relações de objeto, e a fase de desenvolvimento a que me refiro dura dos seis meses aos dois anos, mais ou menos, após a qual a criança pode vir a ter uma integração satisfatória da ideia de destruir o objeto, ao mesmo tempo que ama o mesmo objeto. A mãe é necessária nesse período, e necessária por seu valor para a sobrevivência. Ela é uma mãe-ambiente e ao mesmo tempo uma mãe-objeto, o objeto de um amor excitado. Nesse último papel ela é repetidamente destruída ou danificada. Aos poucos a criança vem a integrar esses dois aspectos da mãe, tornando-se capaz de ao mesmo tempo amar e ser afetuosa com a mãe sobrevivente. Essa fase inclui um tipo especial de ansiedade que se chama de senso de culpa, culpa essa relacionada com a ideia de destruição quando o amor também está em operação. É essa

8. MORAL E EDUCAÇÃO

ansiedade que leva a criança ao comportamento construtivo ou ativamente amoroso, dentro dos limites de seu mundo, ressuscitando o objeto, reparando o objeto amado, reconstruindo o que foi danificado. Se a figura materna não é capaz de acompanhar a criança ao longo dessa fase, a criança fracassa em descobrir ou perde (se já a possuía) a capacidade de sentir culpa, sentindo no lugar disso uma forma crua de ansiedade que é simplesmente desperdiçada. (Descrevi isso alhures e de forma mais completa do que o faço aqui. Naturalmente, a investigação principal dessa parte de nossa compreensão do desenvolvimento da criança vem de Melanie Klein, e se encontra em seus estudos reunidos sob o título de "A posição depressiva".)

A PROVISÃO DE OPORTUNIDADES

Este é um estágio essencial no desenvolvimento da criança e que não tem nada que ver com educação moral, exceto pelo fato de que, se esse estágio for bem negociado, a solução pessoal da própria criança para o problema da destruição do que é amado resulta na necessidade da criança de trabalhar ou adquirir habilidades. É aqui que a provisão de oportunidades, incluindo o ensino de habilidades, satisfaz as necessidades da criança. Mas a necessidade é que é o fator essencial, e ela se origina do estabelecimento, dentro do self da criança, da capacidade de tolerar o sentimento de culpa suscitado por suas ideias e impulsos destrutivos, de tolerar se sentir responsável, de modo geral, por ideias destrutivas, por se ter tornado confiante em seus impulsos de reparação e oportunidades de contribuição. Isso reaparece em grande escala no período da adolescência e é sabido que a provisão de oportunidades para servir aos jovens é mais válida do que educação moral no sentido do ensino de moralidade.

Indiquei antes que retornaria à ideia de maldade e de pessoas más. Para o psiquiatra os maus são doentes. A maldade faz parte do quadro clínico produzido pela tendência antissocial, e vai desde urinar na cama até o roubo, a mentira, e inclui o comportamento agressivo, atos destrutivos, crueldade compulsiva e perversões. Existe uma vasta literatura para a compreensão da etiologia da tendência antissocial, por isso me limitarei a uma breve exposição aqui. Em poucas palavras, a tendência antissocial representa a esperança de uma criança deprivada que, além disso, é impossível, infeliz e inofensiva; a manifestação da tendência antissocial em uma criança significa que se desenvolveu nela alguma possibilidade, a esperança de achar um modo de superar um vazio. Esse vazio parte de uma quebra na continuidade da provisão ambiental, experimentada em um estágio de dependência relativa. Em todos os casos houve uma experiência de quebra na continuidade da provisão ambiental, que resultou na suspensão dos processos de amadurecimento e em um doloroso estado clínico de confusão na criança.

Frequentemente o psiquiatra de crianças, em casos vistos antes da obtenção de ganhos secundários, é capaz de auxiliar a criança a preencher esse vazio, de modo que no lugar do roubo aparece o retorno de uma antiga relação boa com a mãe, ou a figura materna, ou o pai. A maldade desaparece quando o vazio é preenchido. Essa é uma simplificação excessiva, mas pode ser o bastante. A maldade compulsiva é a última coisa a ser curada, ou mesmo interrompida, pela educação moral. A criança sabe, no íntimo, que há *esperança* resguardada em seu comportamento maldoso e que o pano de fundo da obediência e da falsa socialização é o *desespero*. Para a pessoa antissocial ou má, o educador moral está do lado errado.

A compreensão que a psicanálise pode trazer é importante, embora sua aplicação seja de valor limitado. O pensamento moderno, extensamente baseado na psicanálise, permite verificar o que é importante no cuidado do bebê e da criança, aliviando os pais da carga que sentem quando acham que têm de fazer seus filhos ser bons. Ela avalia os processos de amadurecimento no crescimento individual e os relaciona com o ambiente facilitador. Examina o desenvolvimento do senso moral no indivíduo e demonstra como a capacidade de se sentir pessoalmente responsável faz parte da saúde.

Isso posto, o analista ainda não tem solução para o que se refere à educação moral dos indivíduos que não amadureceram em aspectos

8. MORAL E EDUCAÇÃO

essenciais e que não têm capacidade de avaliação moral ou sentimento de responsabilidade. O analista simplesmente afirma que essas pessoas são doentes e em alguns casos é capaz de propiciar tratamento eficiente. Mas aí resta o esforço do educador moral para cuidar desses indivíduos, sejam eles doentes ou não. O que o analista pode pedir é que o educador não estenda a pessoas em boa saúde esses métodos projetados para pessoas doentes, a fim de evitar que aquelas sejam afetadas. A grande maioria das pessoas não é doente, embora, de fato, possa revelar todo o tipo de sintomas. Medidas drásticas ou repressivas, ou mesmo doutrinação, podem servir às necessidades da sociedade para o manejo do indivíduo antissocial, mas essas medidas são a pior coisa possível para pessoas saudáveis, para aqueles que podem amadurecer a partir de si mesmos, desde que contem com um ambiente facilitador, especialmente nos estágios iniciais do crescimento. São estes, os saudáveis, que se transformam em adultos que constituem a sociedade e que coletivamente estabelecem e mantêm o código moral para as décadas seguintes, até seus filhos os substituírem.

Como disse o professor Niblett na primeira conferência desta série, não podemos nos dirigir aos adolescentes com as palavras: "É com vocês". Temos de lhes propiciar, no início da vida, na infância e na adolescência, no lar e na escola, o ambiente facilitador em que cada indivíduo possa desenvolver sua capacidade moral própria, desenvolver um superego que tenha evoluído naturalmente a partir da crueza superegoica do bebê, descobrir seu próprio modo de utilizar ou não o código moral e o repositório cultural geral de sua época.

Na época em que a criança está crescendo para o estado adulto, o destaque não é mais para o código moral que lhe transmitimos; ela passou para coisas mais positivas, o conjunto de conquistas culturais da humanidade. E então, em vez de educação moral, propiciamos à criança a oportunidade de ser criativa, que a prática das artes e a prática de viver oferece a todos aqueles que não copiam e não se submetem, mas que desenvolvem genuinamente uma forma de autoexpressão pessoal.

PARTE II
TEORIA E TÉCNICA

9

SOBRE A CONTRIBUIÇÃO DA OBSERVAÇÃO DIRETA DE CRIANÇAS PARA A PSICANÁLISE
[1957]

Quero examinar a confusão que imagino poder surgir da aceitação da palavra *profundo* como sinônimo da palavra *precoce*.[1] Publiquei dois artigos especificamente no campo da observação direta. Eles se referem ao: a) modo do bebê de aceitar um objeto;[2] b) uso dos objetos e dos acontecimentos durante a transição do bebê de uma vida puramente subjetiva para o estágio seguinte.[3]

Ambos proporcionam material útil para o exame de minha tese principal: *profundo* no sentido analítico não é o mesmo que *precoce* em termos do desenvolvimento do bebê.

---

1   Apresentado no 20° Congresso Psicanalítico Internacional, realizado em Paris, em julho de 1957, e publicado pela primeira vez (em francês) na *Revue Française de Psychanalyse*, v. 22, pp. 205-11.
2   Donald W. Winnicott, "A observação de bebês numa situação padronizada" [1941], in *Da pediatria à psicanálise*, op. cit., pp. 145-71.
3   Id., "Objetos transicionais e fenômenos transicionais" [1951], in *O brincar e a realidade*, op. cit., pp. 13-51.

9. SOBRE A CONTRIBUIÇÃO DA OBSERVAÇÃO DIRETA DE CRIANÇAS PARA A PSICANÁLISE

A observação de bebês numa situação padronizada

(Denominarei isso "pesquisa-ação", para lhe dar roupagem moderna e ligá-lo a Ernst Kris.)

É possível distinguir três estágios principais no relacionamento de um bebê com um objeto (que lhe é apresentado de modo formal, como descrito).

PRIMEIRO ESTÁGIO
- Reflexo de preensão precoce.
- Retraimento.
- Tensão, incluindo preensão voluntária renovada e lenta passagem do objeto à boca.

Aqui a boca se enche de saliva, que escorre.

SEGUNDO ESTÁGIO
- Colocar o objeto na boca.
- Uso descontraído do objeto em exploração experimental, no brincar e como algo com que se possam alimentar terceiros.

Aqui o objeto cai por descuido. Presumamos que é recolhido e devolvido ao bebê.

TERCEIRO ESTÁGIO
- Afastamento.

Considerando esses aspectos em relação a um exemplo dado, necessita-se saber de imediato a idade do bebê. A idade típica é onze meses. Aos treze e catorze os bebês já desenvolveram tantos outros interesses que o mais importante pode passar despercebido.

Aos nove ou dez meses a maioria dos bebês percorrerá as fases normalmente, embora quanto mais novos sejam mais necessitem de algum grau daquela cooperação sutil que as mães sensíveis podem dar, apoiando sem dominar. Na minha experiência não é comum um bebê de seis meses de idade demonstrar claramente o desempenho físico completo. A imaturidade nessa idade é tal que o objeto ser agarrado e segurado ou talvez levado à boca se torna uma façanha. A observação direta mostra que o bebê precisa ter um amadurecimento físico e psicológico de certo grau antes de ser capaz de desfrutar a experiência emocional por inteiro.

Quando esse fenômeno aparece em psicanálise, seja em uma sessão, seja em uma fase durando dias ou semanas, não é possível para o analista datar o que é observado ou inferido. Para o analista que revisa o material apresentado na análise pode parecer que o fenômeno que acabo de descrever seria aplicável à infância precoce do paciente, ou mesmo aos primeiros dias ou semanas. Esse material pode aparecer na análise, combinado com pormenores realmente pertencentes à infância mais precoce, até mesmo ao estado perinatal. Isso o analista precisa aprender a aceitar. A despeito disso é na análise que se torna reconhecível o significado completo do brincar do bebê – brincar que indica a fantasia completa de incorporação e eliminação – e do crescimento da personalidade pela alimentação imaginada.

FENÔMENOS E OBJETO TRANSICIONAIS

No caso mais simples, um bebê normal adota um pedaço de pano ou um paninho e fica viciado nele por volta dos seis meses ou um ano de idade, ou mesmo mais tarde. O exame desse fenômeno no trabalho analítico nos possibilita relacionar a capacidade de formação de símbolos com o uso de um objeto transicional. Contudo, no trabalho analítico pareceria possível aplicar essas ideias à infância mais precoce, de forma rudimentar. Mas o fato é que há uma idade antes da qual o objeto transicional não pode existir, por causa da imaturidade do bebê. Também animais têm objetos transicionais. O próprio hábito de chupar o dedo na mais tenra infância não pode,

9. SOBRE A CONTRIBUIÇÃO DA OBSERVAÇÃO DIRETA DE CRIANÇAS PARA A PSICANÁLISE

para o bebê, ao nascer, ter o significado que pode ter para o bebê de poucos meses, e certamente não tem todo o significado que o hábito compulsivo de chupar o dedo assume para uma criança psicótica de dez anos.

Profundo não é sinônimo de precoce, porque um bebê necessita de certo grau de amadurecimento para ir aos poucos se tornando capaz de ser profundo. Isso é óbvio, quase lugar-comum, e ainda assim acho que não recebeu atenção suficiente.

Neste ponto, seria conveniente se pudesse definir a palavra *profundo*. James Strachey, defrontado com o mesmo problema, escreveu:

> A ambiguidade do termo (interpretação "profunda", contudo, não deveria nos preocupar. Ele descreve, sem dúvida, a interpretação de material que ou é geneticamente precoce e historicamente distante da experiência real do paciente ou está sob uma carga particularmente pesada de repressão – material, de qualquer modo, que no curso normal das coisas é excepcionalmente remoto e inacessível ao ego.[4]

Parece que ele aceita as duas palavras como sinônimos.

Examinando o assunto verificamos que "profundo" é uma questão de uso variável e "precoce", uma questão de fato, o que torna a comparação dos dois difícil e de significado temporário. É mais profundo citar relacionamentos mãe-bebê do que relacionamentos triangulares, referir-se à ansiedade persecutória interna do que à sensação de perseguição externa; mecanismos de cisão, desintegração, e uma incapacidade de estabelecer contato me parecem mais profundos do que a ansiedade em um relacionamento.

Acho que quando usamos a palavra *profundo* sempre estamos aludindo à profundidade na fantasia inconsciente do paciente ou em

---

4 James Strachey, "The Nature of the Therapeutic Action of Psycho-Analysis". *International Journal of Psychoanalysis*, v. 15, 1934.

sua realidade psíquica; em outras palavras, estão envolvidas a mente e a imaginação do paciente.

Em seu "Opening Remarks on Psychoanalytic Child Psychology",[5] Kris assinalou: "Extrapolando dos mecanismos psicóticos para a primeira infância [...]". Ele estava examinando criticamente a relação entre a profundidade da interpretação em análises e a precocidade da aplicabilidade dos mecanismos psicóticos à psicologia do bebê. No trabalho analítico, com o auxílio dos conceitos que estamos elaborando, chegamos cada vez mais fundo. Podemos verificar e utilizar os fenômenos da transferência que se relacionam com elementos cada vez mais profundos no desenvolvimento emocional de nossos pacientes. De certo modo, "cada vez mais fundo" significa "cada vez mais cedo", mas só até certo ponto. Temos de considerar o fato de que nos pacientes em análise houve fusão de elementos precoces com outros posteriores.

Acostumamo-nos a formular ideias sobre a infância pelo que verificamos em análise. Isso se originou no trabalho do próprio Freud. Ao aplicar a teoria de Freud da origem das neuroses à psicologia da criança na época da lactação, não encontramos muitas dificuldades, embora mesmo aqui os psicanalistas estivessem sujeitos a afirmar coisas que eram verdadeiras em análise mas falsas quando aplicadas em estado bruto à psicologia da infância.

À medida que utilizamos ideias que nos levam mais fundo, nos arriscamos mais ao aplicar o que verificamos em análise à psicologia da infância inicial. Consideremos o conceito de Klein descrito pelo rótulo de "posição depressiva no desenvolvimento emocional". Em certo sentido é mais profundo e também mais precoce. O estudo do desenvolvimento do ego nos impede de aceitar um fato tão complexo como a posição depressiva em bebê com menos de seis meses e, de fato, seria mais seguro lhe designar uma época posterior. Achar referências à posição depressiva como algo que pode ser verificado

---

5   Ernst Kris, "Opening Remarks on Psychoanalytic Child Psychology". *Psychoanalytic Study of the Child*, v. 6, 1951.

em bebês de poucas semanas seria absurdo. O que é denominado de "posição paranoide" por Melanie Klein, contudo, é sem dúvida algo muito mais cru, quase uma temática de retaliação, e que talvez pudesse ser verificado antes de a integração se tornar uma realidade. A anamnese na clínica pediátrica indicaria que a expectativa de retaliação pode datar dos primeiros dias de vida. Por isso me referiria à posição paranoide mais como precoce do que como profunda.

Quanto ao mecanismo de cisão, é ele uma questão de psicologia profunda ou precoce? Sugiro que é importante conhecer a resposta porque ela indicaria o desenvolvimento do ego e o papel desempenhado pela mãe. Posso me referir ao que é profundo como pertencente ao bebê, mas quando nos referimos ao que é precoce temos de levar em consideração o ambiente que apoia o ego, que é um aspecto importante na extrema dependência dos estágios iniciais.

O observador direto de crianças deve estar preparado para fazer concessões ao analista quando este formula ideias sobre a mais tenra infância, ideias que podem ser psicologicamente verdadeiras e, ainda assim, impossíveis de serem demonstradas; na verdade, pode ser possível às vezes, pela observação direta, provar que o que foi verificado na análise não poderia de fato existir na época indicada devido às limitações impostas pela imaturidade. O que se verifica repetidamente em análise não é anulado se for refutado pela observação direta. A observação direta só prova que os pacientes estavam datando certos fenômenos mais cedo e assim dando ao analista a impressão de que as coisas estavam acontecendo em uma época em que não poderiam ter acontecido.

Certos conceitos soam verdadeiros de meu ponto de vista quando estou fazendo análise e falsos quando observo bebês em minha clínica. Kris diz mais: "Observações [...] realizadas em um grande de número de situações confirmam o ponto de vista daqueles que acentuam a importância do ambiente concreto da criança para seu desenvolvimento".[6] Há uma maneira sutil pela qual a importância do ambiente con-

---

6   Ibid.

creto pode ser diminuída por muitos analistas que, entretanto, cuidadosamente reconhecem e consideram o fator ambiental. É muito difícil chegar ao âmago da questão, mas em uma discussão como esta temos que tentá-lo. Se cada vez mais fundo, como formulado no trabalho analítico, significa cada vez mais cedo, então se torna necessário presumir que o bebê imaturo de poucas semanas poderia estar consciente de seu ambiente. Sabemos, contudo, que o bebê não é consciente do ambiente como tal, especialmente quando o ambiente é bom ou suficientemente bom. Na verdade o ambiente induz reações quando falha em algum aspecto importante, mas o que denominamos ambiente bom é algo que tomamos como certo. O bebê nos estágios iniciais não tem consciência do ambiente, consciência, isto é, que poderia ser trazido e apresentado como material em análise. A concepção do que é ambiental tem de ser acrescentada pelo analista.

Quando um analista nos leva a aspectos mais profundos da compreensão do material trazido pelo paciente em análise, não basta o analista afirmar que reconhece a importância do fator ambiental. Se uma formulação da psicologia completa da criança está sendo enunciada, tal que possa ser confirmada pela observação direta, o analista precisa, com imaginação, revestir o material mais precoce apresentado pelo paciente com o ambiente – ambiente este *que está implícito*, mas que não pode ser dado pelo paciente em análise, por nunca ter tido consciência dele. Ilustrei isso em minha descrição de um caso publicado em que o paciente tinha a sensação de estar encolhido e rodando, em um momento de retraimento, e interpretei como um ambiente que estava implícito, mas que não podia ser relatado. Não há sobrevivência física ou emocional de um bebê sem um ambiente. Para começo de conversa, sem ambiente o bebê cairia para sempre. A criança segurada no colo ou deitada no berço não está consciente de estar a salvo de uma queda infinita. Uma leve falha em ser segurada, contudo, traz à criança a sensação de uma queda sem fim. Na análise um paciente pode relatar uma sensação de queda, datada dos primeiros dias, mas nunca pode relatar ter sido segurado no colo nesse estágio precoce do desenvolvimento.

9. SOBRE A CONTRIBUIÇÃO DA OBSERVAÇÃO DIRETA DE CRIANÇAS PARA A PSICANÁLISE

Esse "cada vez mais fundo" nos leva às raízes instintivas do indivíduo, mas isso não dá indício da dependência normal ou da dependência que não deixou marcas no indivíduo, embora estas caracterizem a vida inicial.

Sugiro que essa diferença essencial entre profundidade e precocidade, se reconhecida, tornaria mais fácil que observadores diretos e analistas concordassem uns com os outros. Haverá sempre observadores diretos que dirão aos analistas que eles fizeram uma aplicação muito precoce de suas teorias. Os analistas continuarão a dizer aos observadores diretos que há muito mais na natureza humana do que o que pode ser observado diretamente. A rigor aí não há dificuldade, exceto por uma série de pontos teóricos interessantes para discussão. Contudo, na prática, há certos aspectos em que é muito importante conhecer o que se aplica e o que não se aplica à infância mais precoce.

A psicanálise tem muito a aprender daqueles que observam diretamente as crianças, as mães junto com as crianças e as crianças no ambiente em que vivem normalmente. Da mesma forma, a observação direta por si só não é capaz de estabelecer uma psicologia da infância inicial. Pela cooperação constante, analistas e observadores diretos poderão se tornar capazes de correlacionar o que é profundo em análise com o que é precoce no desenvolvimento da criança.

Em poucas palavras: o bebê humano precisa percorrer certa distância do começo a fim de ter a maturidade para ser profundo.

10

ANÁLISE DA CRIANÇA NO PERÍODO DE LATÊNCIA
[1958]

O tema que se vai discutir é o tratamento da criança na latência.[1] Fui convidado a descrever o *tratamento psicanalítico*, e para contrabalançar um colega foi convidado a descrever a *psicoterapia individual*. Espero que ambos comecemos com o mesmo problema: como distinguir entre as duas? Pessoalmente, não sou capaz de traçar essa distinção. Para mim a questão é: o terapeuta fez formação analítica ou não?

Em vez de estabelecer os contrastes entre os dois temas, poderíamos, com mais proveito, contrastar os dois com o tema da psiquiatria de crianças. Em minha prática tratei milhares de crianças dessa faixa etária com a psiquiatria de crianças. Fiz (como analista formado) psicoterapia individual com centenas de crianças. Tive também um certo número de crianças dessa idade em psicanálise, mais de doze e menos de vinte. Os limites são tão vagos que eu seria incapaz de ser exato.

Por isso, para mim, esta discussão deveria ser realizada entre colegas que estão fazendo o mesmo trabalho, mas que foram preparados para esse trabalho por diferentes formações. Não seria de

---

1 Pronunciada no 14º Congresso Internacional de Psiquiatria de Crianças, em Lisboa, em junho de 1958, e publicada pela primeira vez em *A Criança Portuguesa*, n. 17, pp. 219-29.

bom-tom discutir aqui as diferentes formações, embora algumas delas (temos que admitir) sejam menos adequadas do que outras.

Não me surpreende quando as indagações revelam que a psicoterapia e a análise de crianças têm a mesma aparência quando registradas por escrito, independentemente da escola a que se filia o terapeuta. Se o terapeuta é adequado por temperamento e capaz de ser objetivo e ter consideração pelas necessidades da criança, então a terapia se adaptará às necessidades do caso tal como elas forem se apresentando no curso do tratamento.

Presumo que nesta conferência deixaremos de lado considerações sobre terapia baseada em várias atitudes que são diferentes da nossa, como as seguintes: educativa, moralista, persuasiva, punitiva, mágica e física.

É necessário repetir, para deixar bem claro, que acho que não há necessidade de se contrastar psicanálise com psicoterapia individual. Essas palavras podem significar a mesma coisa e muitas vezes significam.

Uma vez que é minha tarefa falar como alguém formado na escola psicanalítica, devo me referir, ainda que brevemente, à natureza da psicanálise. Depois disso, então, continuarei com a discussão do tratamento da criança na latência.

A NATUREZA DA PSICANÁLISE

Suponho não ser necessário aqui ir além de relembrar alguns dos princípios essenciais. A psicanálise das crianças não é diferente da dos adultos. A base de toda psicanálise é uma teoria complexa do desenvolvimento emocional do bebê e da criança, uma teoria iniciada por Freud e que vem sendo continuamente alargada, enriquecida e corrigida.

Os avanços na compreensão do desenvolvimento emocional do indivíduo têm sido tão rápidos nos últimos vinte ou trinta anos que é difícil para o leigo se manter em dia com essas mudanças por meio do estudo da literatura.

A teoria presume uma tendência genética no indivíduo no sentido do desenvolvimento emocional, do mesmo modo que no sentido do crescimento físico; presume uma continuidade desde o momento do nascimento (ou um pouco antes); presume um crescimento gradual da organização e da força do ego, e a aceitação gradual, da parte do indivíduo, de sua vida instintiva pessoal e da responsabilidade pelas consequências reais e imaginadas dessa vida instintiva.

Freud estabeleceu a importância do inconsciente reprimido, e em seu estudo da neurose chegou a um ponto crucial, sem dúvida o mais difícil em termos de aceitação geral, que denominou complexo de Édipo, com a ansiedade de castração como uma complicação inerente. Freud chamou atenção para a vida instintiva da criança humana e para o fato de que é em relação à vida instintiva, conjuntamente com a fantasia total do instinto, que as dificuldades principais se originam em indivíduos normais, isto é, em crianças que ultrapassaram os estágios iniciais essenciais do desenvolvimento emocional sem distorção demasiada. Neurose, dessa forma, pode ser conceituada como evidência da tensão da ambivalência no relacionamento entre pessoas "inteiras" relativamente normais.

Aos poucos, como é bem conhecido, o estudo da criança levou à formulação dos estágios do desenvolvimento da infância inicial e da infância anteriores ao complexo de Édipo, as raízes pré-genitais da genitalidade. O ego, com o passar do tempo, se tornou objeto de estudo e assim, finalmente, os analistas começaram a examinar o self do bebê, e o bebê como uma pessoa, uma pessoa dependente de outra pessoa.

Melanie Klein (entre outras coisas) nos permitiu lidar com um estágio extremamente importante no relacionamento entre a criança e a mãe, no qual a capacidade para a consideração é alcançada; chamou atenção também para os mecanismos que caracterizam a infância mais precoce, em que o objeto ou o próprio sujeito são cindidos de tal modo que a ambivalência é evitada. Anna Freud contribuiu para o esclarecimento dos mecanismos de defesa do ego. O trabalho de muitos analistas (principalmente norte-americanos) nos levou ao estudo não apenas dos mecanismos que são característicos da infância mais

10. ANÁLISE DA CRIANÇA NO PERÍODO DE LATÊNCIA

precoce mas também da criança pequena, da criança como pessoa dependente do cuidado materno. Eu mesmo participei da tentativa de estabelecer um conceito das fases mais precoces em que o bebê está fundido com a mãe e, ao emergir desse estado (por mecanismos complexos e precários), precisa então lidar com o relacionamento com objetos que não fazem parte do self.

Todos esses avanços tornam o estudo da psicanálise muito excitante e muito significativo para o estudioso das doenças mentais e de sua prevenção.

Diagnóstico

Psicanálise como tratamento não pode ser descrita sem referência a diagnóstico. O *setting* analítico clássico está relacionado ao diagnóstico de neurose, de modo que talvez convenha falar tão somente de neuroses. Esse, na verdade, é um tema amplo o suficiente para muitas conferências, mas o que se espera hoje é uma conceituação compreensiva e sucinta da psicanálise, seja qual for o diagnóstico, incluindo o de normalidade. Deve-se ressaltar, embora esse tema não deva ser desenvolvido neste momento, que na técnica da psicanálise há grandes diferenças dependendo de se a criança é neurótica ou psicótica ou antissocial.

Deve-se acrescentar, para completar, que a distinção entre a criança e o adulto é que a criança mais brinca do que fala. Essa diferença, contudo, quase não tem importância, e de fato alguns adultos desenham ou brincam.

A transferência

Uma característica da psicanálise é que o analista não desperdiça o valioso material que emerge para análise na forma de relacionamento emocional entre o paciente e o analista. Na transferência inconsciente aparecem amostras do padrão pessoal da vida emocional do paciente ou de sua realidade psíquica. O analista aprende a detectar esses fenômenos inconscientes da transferência e, empregando os indícios fornecidos pelo paciente, consegue interpretar o que está pronto para ser conscientemente aceito em dada sessão. O trabalho mais produtivo é aquele realizado em termos de transferência.

Nossa discussão então poderia ser orientada, com proveito, para a descrição da transferência tal como ela tipicamente aparece no período de latência.

TÉCNICA PSICANALÍTICA ADAPTADA À CRIANÇA NA LATÊNCIA

Torna-se agora necessário considerar as peculiaridades da psicanálise quando essa forma de tratamento é adaptada ao grupo etário em foco. Admite-se que o grupo etário mais gratificante para o analista, especialmente para o iniciante, é o primeiro, em que a criança tem dois, três ou quatro anos de idade. Depois da passagem do complexo de Édipo se desenvolvem defesas extraordinárias.

Natureza da latência

Ainda não é bem certo em que consiste o período de latência. Biologicamente seria necessário presumir que nesses poucos anos, dos seis aos dez, cessa o desenvolvimento instintivo, de modo que a vida instintiva da criança, nessa época, passa a se basear no que foi desenvolvido no período anterior. Mudanças recomeçarão na puberdade, e então, de novo, a criança precisará se organizar contra um estado de coisas em transformação, estar alerta contra novas ansiedades, e ter a excitação de desfrutar novas experiências e novas satisfações, além de novos graus de satisfação.

À parte tudo mais que possa ser dito sobre o período de latência, parece bem claro que tremendas defesas são erigidas e mantidas.

10. ANÁLISE DA CRIANÇA NO PERÍODO DE LATÊNCIA

Aqui se verifica concordância entre as duas principais escritoras sobre o tema, Melanie Klein e Anna Freud. Em seu capítulo sobre o período de latência em *The Psycho-Analysis of Children*,[2] Melanie Klein principia por se referir às dificuldades especiais do período de latência. "Diferentemente da criança pequena", diz ela, "cuja imaginação vivaz e ansiedade aguda nos permitem adquirir um *insight* mais fácil de seu inconsciente e aí fazer contato, elas (crianças no período de latência) têm uma vida imaginativa muito limitada, em conformidade com a forte tendência à repressão característica dessa idade; ao passo que, em comparação com pessoas adultas, seu ego ainda é subdesenvolvido e elas nem compreendem que estão doentes nem querem ser curadas, de modo que não têm incentivo para iniciar análise nem estímulo para continuá-la".

O livro de Anna Freud *The Psycho-Analytical Treatment of Children*[3] trata no primeiro capítulo da discussão de uma fase introdutória que é necessária na análise de crianças. Dos exemplos mencionados se pode verificar que a srta. Freud está se referindo principalmente às crianças no período de latência, embora não exclusivamente.

Lendo esses dois livros, cada um dos quais está repleto de uma infinita riqueza e indica vasta experiência clínica que podemos muito bem invejar, pode-se ver tanto similaridades como diferenças. Certamente há similaridades e elas se referem ao tema da técnica adaptada que é necessária para a criança na latência. O que não fica claro é que muitas das diferenças se referem a diagnóstico.

A respeito de outras diferenças, e são essas que eu gostaria de discutir, podemos notar imediatamente que Melanie Klein acha bom interpretar os conflitos inconscientes e os fenômenos da transferência à medida que surgem e estabelecer um relacionamento com a criança na base do alívio dado por tais interpretações; em contraste, a srta. Freud tende a estabelecer um relacionamento com a criança

---

[2] Melanie Klein, *The Psycho-Analysis of Children*. London: Hogarth, 1932.
[3] Anna Freud, *The Psycho-Analytical Treatment of Children*. London: Imago, 1946.

em um nível consciente, e descreve como chega gradualmente ao trabalho de análise com a cooperação consciente do paciente. A diferença é então, em larga medida, uma questão de *cooperação consciente ou inconsciente*.

Parece-me possível exagerar as diferenças nesse ponto, embora elas possam ser suficientemente reais em certas circunstâncias. Na minha opinião, quanto mais o analista interpreta o inconsciente, melhor, porque isso orienta a criança para o tratamento analítico e o primeiro alívio sem dúvida provê a primeira indicação à criança de que se pode obter algo da análise. No entanto, é possível perder pacientes na latência nos estágios iniciais por falharmos em obter sua cooperação consciente. Podemos delegar aos pais a transmissão à criança da compreensão intelectual da necessidade do tratamento e desse modo evitar a responsabilidade pela fase introdutória da análise da criança. Mas faz muita diferença o modo como os pais da criança (ou os responsáveis por ela) transmitem-lhe a ideia do que se pode esperar de sessões diárias de tratamento. A srta. Freud deliberadamente toma para si o esforço de explicar à criança o que está acontecendo, enquanto a sra. Klein deixa isso aos que trazem a criança, na esperança de prescindir das explicações em nível consciente ao conseguir rapidamente a cooperação inconsciente, isto é, a cooperação baseada no trabalho da análise.

Precisamos solucionar a situação tal como a encontramos em cada caso que tratamos. Com crianças muito inteligentes precisamos ser capazes de falar à sua inteligência, de alimentar sua inteligência. Às vezes se torna uma complicação estarmos trabalhando com uma criança e a criança sentir que algo está acontecendo e ainda assim não ter nenhuma compreensão intelectual do que se trata. Em qualquer caso, seria uma pena desperdiçar a compreensão intelectual da criança, que pode ser uma aliada poderosa, embora, em certos casos, naturalmente os processos intelectuais possam ser utilizados como defesa, dificultando a análise.

Até certo ponto estamos de novo falando sobre diagnóstico. Onde ocorre ansiedade de intensidade psicótica, há grande neces-

10. ANÁLISE DA CRIANÇA NO PERÍODO DE LATÊNCIA

sidade de socorro e este deve ser dado imediatamente, e, ainda assim, é possível atender ao intelecto. Estou pensando agora em um menino de dez anos. Ao entrar no consultório pela primeira vez ele estava dizendo a sua mãe: "Mas você não compreende, não é do pesadelo que tenho medo; o problema é *que estou tendo pesadelos quando estou acordado*". Com essas palavras estava dando uma descrição verdadeira de sua doença e pude começar desse ponto, trabalhando também com seu refinado intelecto e dando interpretações em todos os níveis, inclusive nos mais profundos.

Tratando de discriminar as opiniões diversas que são expressas e o que pessoalmente acho, dou-me conta de querer citar Berta Bornstein, em seu estudo "On Latency".[4] Ela inicia: "Do ponto de vista da habilidade intelectual da criança na latência, podemos esperar que ela associe livremente. Os fatores responsáveis pela falha da criança em fazê-lo criam uma limitação de ordem geral para a análise de crianças. Há diversas razões para essa inabilidade para associar. Além das bem conhecidas eu mencionaria apenas uma que ainda não tem sido ressaltada: *a associação livre é experimentada pela criança como uma ameaça especial à organização de seu ego*" (itálicos meus.)

Acho esse modo de encarar o período de latência muito produtivo. Não tenho tempo para me referir à divisão de Berta Bornstein do período de latência em fases. De modo geral, contudo, parece-me importante que nos demos conta, quando estamos tratando crianças dessa idade, de que elas atingiram a sanidade e deixaram o processo primário. Não se deve invadir sua conquista do ego. O mesmo capítulo termina com as seguintes palavras: "O maior cuidado deve ser exercido na análise da latência para fortalecer estruturas fracas e modificar aquelas que interferem com o desenvolvimento normal. A seleção de material para interpretação e a própria forma de interpretação podem ser conduzidas com esses objetivos". Por essa

---

4   Berta Bornstein, "On Latency". *The Psychoanalytic Study of the Child*, v. 6, n. 1, 1951, pp. 279-85.

razão cooperamos com a criança em tudo que é atividade, ao mesmo tempo que coletamos material para a interpretação mutatória.

Berta Bornstein também se refere ao "ideal de latência" de Freud,[5] isto é, à contenção bem-sucedida das exigências instintivas. Estou pensando em um caderno de exercícios que tenho comigo. Cada página desse caderno representa trabalho muito construtivo realizado por uma menina no período de latência. O caso dela era um daqueles difíceis, de que se poderia dizer que seu único sintoma era enurese noturna. Por trás disso estava um distúrbio de caráter que estava imbricado com sucesso na repressão homossexual da mãe. Ao examinar o caderno de exercícios, a característica verificada é ele ser composto, de modo geral, de desenhos muito bem construídos, feitos com lápis de cor. A análise foi extremamente entediante para mim. A menina parecia me anuviar. De cinquenta ou mais desenhos, só dois ou três perdiam a característica de defesa organizada. Esses dois ou três revelavam todo tipo de colapso, uma desordem e confusão, desintegração; e, em um deles, um objeto semelhante a um seio cortado com tesouras e deixado separado no meio de folhas. Eis aí sadismo oral e também incontinência e a fantasia da incontinência. Se essa criança tivesse três anos de idade teria sido muito mais fácil chegar à *criança* incontinente ou desintegrada; mas, como ela estava no grupo de latência, eu tinha que me contentar em chegar a uma *ilustração* de sua fúria oculta. Enquanto uma criança pequena frequentemente está "enlouquecida" e ainda assim, normal – porque controlada naturalmente pelos que dela cuidam –, uma criança na latência que está "enlouquecida" está seriamente doente e necessita de cuidado.

Minha contribuição aqui é um desenvolvimento do tema aceito do período de latência como o período em que o ego se emancipa, por assim dizer. Na saúde a criança na latência não é compelida a se

---

5 Sigmund Freud, "Três ensaios sobre a teoria da sexualidade" [1905], in *Obras completas*, v. 6, trad. Paulo César de Souza. São Paulo: Companhia das Letras, 2016.

10. ANÁLISE DA CRIANÇA NO PERÍODO DE LATÊNCIA

curvar ante as exigências do id, embora os impulsos do id retenham seu poder e apareçam de todas as formas, de maneira indireta.

De tudo que se poderia dizer, resolvi dizer aqui que no período de latência:

1. A criança, em certo sentido, está sozinha, embora precise estar com outros que estejam em situação parecida. As relações entre crianças saudáveis na latência podem ser íntimas por períodos longos, sem se tornar sexualizadas de modo manifesto. O simbolismo sexual se mantém. Os elementos sexuais manifestos de crianças carentes perturbam o brincar e a relação de ego.
2. A criança na latência está preparada para introjeção, mas não para incorporação – pronta para absorver elementos inteiros de pessoas escolhidas, mas não para comer ou ser comida, ou se fundir em uma relação íntima envolvendo instinto.
3. A criança na latência é uma especialista em manifestar fenômenos internos sem se tornar diretamente envolvida na vida real. A persistência da fase de latência pode se revelar na capacidade do adulto para conquistas do ego à custa da liberdade do id.
4. A sanidade é essencial no período de latência e a criança que não pode manter a sanidade nessa fase está clinicamente muito doente. A organização do ego carrega o impulso que tanto antes como depois é carregado parcialmente pelo impulso do id.

Momento de interpretar

Acho que o melhor momento para uma interpretação é o mais cedo possível, quer dizer, *o momento mais cedo em que o material deixe claro o que interpretar*. Contudo, sou econômico em minha interpretação e se não estou certo do que interpretar não hesito em tentar ganhar tempo. Ao fazê-lo me vejo envolvido em uma fase introdutória ou preparatória, brincando, construindo com a criança ou simplesmente sendo anulado, desperdiçado. Ficaria preocupado, contudo, com uma coisa apenas, a procura da pista que torna possível a interpretação apropriada para aquele momento, a interpretação que promova uma mudança de ênfase na transferência inconsciente.

Talvez uma afirmação como essa pudesse receber a aceitação geral. Alguns analistas são mais rápidos do que outros em identificar a pista e há espaço suficiente para os rápidos e os lentos nesse trabalho. O que importa ao paciente não é tanto a acuidade da interpretação, e sim a disposição do analista em ajudar, a capacidade do analista de se identificar com o paciente e assim acreditar no que é necessário e satisfazer as necessidades tão logo elas sejam indicadas verbalmente ou em linguagem não verbal ou pré-verbal.

O fim do tratamento

Finalmente lhes pedirei para considerar o fim da análise. Naturalmente, é sempre necessário pensar em termos do caso individual e do diagnóstico, mas há algo de importância geral que deve ser mencionado. Na análise das crianças pequenas o analista é consideravelmente auxiliado pelas extraordinárias mudanças que ocorrem naturalmente na criança de cinco, seis ou sete anos de idade. Na época em que a análise precoce está terminando, esses desenvolvimentos estão ocorrendo, facilitados sem dúvida pelo sucesso da análise. Qualquer melhora devida à análise é assim *exagerada* pelo curso natural dos acontecimentos. Especialmente com respeito à socialização da criança, é fácil muitas vezes para aqueles que são responsáveis pela criança ficarem contentes com o resultado, porque a criança perde a selvageria e inconstância da era pré-latência e se torna mais feliz em grupos. Em contraste, *a análise na latência tende a terminar em um período muito incômodo*.

Seria interessante ver esse assunto ser discutido. A análise costuma terminar quando a criança está com onze ou doze anos e as complicações da pré-puberdade e da própria puberdade estão começando a aparecer. Talvez seja recomendável planejar as análises de

10. ANÁLISE DA CRIANÇA NO PERÍODO DE LATÊNCIA

modo que ou elas terminem antes do início da puberdade ou então acompanhem os primeiros anos dos novos desenvolvimentos. Pode ser que alguns analistas, seguindo a última alternativa, vejam seus pacientes a intervalos relativamente infrequentes, mantendo-se em contato com eles e esperando serem necessários cinco vezes por semana por certos períodos durante a época da puberdade. À parte as mudanças reais da puberdade, pode facilmente haver incidentes, amizades traumáticas, grandes paixões, seduções, ansiedades masturbatórias que levem à exacerbação das defesas ou à ansiedade franca.

Surge a questão: que lugar existe para a análise confinada à idade da latência, por exemplo, dos seis aos dez anos? Em que medida, durante esse período de calma relativa, no mundo instintivo, o analista pode afirmar que conhece a criança? Em que medida o analista pode deduzir a partir do que acontece em tal análise como a criança era aos três anos ou predizer como será aos treze? Não estou certo das respostas a essas perguntas, mas sei que pessoalmente fui iludido em várias ocasiões, às vezes dando um prognóstico favorável demais e, outras vezes, um que não era suficientemente favorável. Provavelmente é mais fácil saber o que fazer quando a criança está doente, porque então a doença óbvia domina a cena e o tratamento não é considerado encerrado enquanto a doença persistir. Quando a criança está relativamente bem, não será por pouca coisa que alguém colocará em análise sua criança na latência.

Um único analista não pode ter casos suficientes para cobrir todas as contingências, e por isso é necessário que reunamos experiências, sem ter medo de fazer sugestões que pareçam estúpidas quando examinadas pelo grupo. Cada analista acumula uma experiência muito especializada, rica na verdade, mas que precisa ser cotejada com as experiências de colegas empenhados no mesmo trabalho, mas com outras crianças.

11

CLASSIFICAÇÃO: EXISTE UMA CONTRIBUIÇÃO PSICANALÍTICA À CLASSIFICAÇÃO PSIQUIÁTRICA?

[1959-64]

Este capítulo foi planejado com a intenção de ser uma contribuição preliminar ao chamar a atenção para a importância do assunto. Minha esperança é de que levará a uma discussão envolvendo analistas com vários tipos de experiência.[1]

Antes de fazer a minha própria contribuição, na qual indico por que acredito que a psicanálise tem uma contribuição a fazer à classificação, preciso tentar fazer um esboço histórico. Esse esboço será inadequado e talvez incorreto, mas se omitir essa tarefa não terei motivo para dar minha opinião quanto ao profundo efeito dos desenvolvimentos psicanalíticos recentes em nossa atitude relativa à classificação psiquiátrica. Refiro-me aos conceitos de self, à ligação de psicopatia com a deprivação, e à compreensão de que a psicose se origina num estágio em que o ser humano imaturo é realmente dependente da provisão ambiental. Essas três ideias foram escolhidas porque elas me interessam pessoalmente.

---

1 Apresentada à reunião científica da Sociedade Britânica de Psicanálise, em 18 de março de 1959.

II. CLASSIFICAÇÃO

HISTÓRICO

Nos dias iniciais da psicanálise, Freud se preocupou com três aspectos da doença psiquiátrica. Um foi o comportamento, a relação do paciente com a realidade. O segundo foi a formação de sintomas, que Freud estabeleceu como sendo uma *comunicação*, conceito esse que integraria sua nova compreensão do inconsciente. O terceiro foi a etiologia, que Freud transformou ao introduzir a ideia do processo de desenvolvimento. Freud estudou o desenvolvimento da vida instintiva e isso o envolveu na teoria da sexualidade infantil, que por fim levou à teoria da vida instintiva pré-genital do bebê, e ao conceito de pontos de fixação. A etiologia da doença psiquiátrica passava a exigir do clínico o interesse pela anamnese. Desse modo os psicanalistas se tornaram pioneiros em realizar anamnese, e foram eles que reconheceram que a parte mais importante desta provém do material emergente no curso da psicoterapia.

Em uma classificação baseada nessas áreas de interesse que Freud explorou nos primeiros anos de seu trabalho, os pacientes eram ou psicóticos ou histéricos. Acentuaria de passagem que Freud sempre demonstrou interesse pelos fatores constitucionais.

No começo da década de 1920, ele começou a desenvolver sua visão estrutural da personalidade. O ego, o id e o censor foram conceitos que levaram a um estudo mais claro do conflito intrapsíquico, e o equilíbrio intrapsíquico foi considerado evidência de defesa bem-sucedida. Tanto a qualidade como a quantidade dos processos no ego se tornaram significativas. O conceito de superego foi formulado depois, sendo inicialmente considerado como resultado de introjeções e identificações em massa, originadas do período dos dois aos cinco anos, e da época da eclosão total do complexo de Édipo. A história do desenvolvimento instintivo pré-genital levou à elaboração da ideia de regressão a pontos de fixação. Pontos de fixação eram os pontos de origem dos diferentes tipos de doença. Indicavam que a ansiedade (sendo intolerável) tinha levado o indivíduo à organização de defesas de grau ou qualidade patológica que resultavam no bloqueio do progresso adicional no desenvolvimento instintivo. A classificação se tornou relacionada a esses pontos de fixação, bem como aos mecanismos de defesa do ego, que foram por fim explorados exaustivamente em termos psicanalíticos por Anna Freud.[2] No centro de tudo isso estavam a ansiedade de castração e o complexo de Édipo. Os distúrbios eram as neuroses.

Freud já havia introduzido a ideia de dependência (amor de objeto anaclítico)[3] e os temas de fraqueza e força do ego se tornaram significativos na metapsicologia psicanalítica. Desse modo, uma linguagem foi criada para a descrição dos casos *borderline* e distúrbios de caráter. Os elementos narcisistas no paciente foram considerados indicações de distúrbio do ego, tornando difícil para a psicanálise ser efetiva em seu tratamento, por causa da capacidade enfraquecida, do paciente, para o desenvolvimento da neurose de transferência.[4]

Com o passar do tempo, o estudo da psicose foi passando a fazer mais sentido. Ferenczi[5] contribuiu significativamente ao examinar uma análise fracassada de um paciente com distúrbios de caráter não apenas como um fracasso na seleção mas também como uma deficiência da técnica psicanalítica. A ideia implícita aí era que a psicanálise poderia aprender a adaptar sua técnica ao tratamento de distúrbios de caráter e casos *borderline* sem se tornar diretiva, e de fato sem perder seu rótulo de psicanálise. Depois Melanie Klein[6] fez suas contribuições específicas mostrando que na análise das crianças podem ser encontrados distúrbios psicóticos, e que esses podem

---

2   Anna Freud, *The Ego and the Mechanisms of Defence*. London: Hogarth, 1936.
3   Sigmund Freud, "Introdução ao narcisismo" [1914], in *Obras completas*, v. 12, trad. Paulo César de Souza. São Paulo: Companhia das Letras, 2010.
4   Id., "Análise terminável e interminável" [1937], in *Obras completas*, v. 19, trad. Paulo César de Souza. São Paulo: Companhia das Letras, 2018.
5   Sándor Ferenczi, "Child Analysis in the Analysis of Adults" [1931], in *Final Contributions to Psycho-Analysis*. London: Hogarth, 1955.
6   Melanie Klein, *The Psycho-Analysis of Children*. London: Hogarth, 1932; Id., *Contributions to Psycho-Analysis, 1921-1945*. London: Hogarth, 1948.

II. CLASSIFICAÇÃO

ser abordados se tratados com técnica adequada, de modo que o fracasso ao lidar com manifestações psicóticas na infância significava para Klein (como para Ferenczi) uma falha de técnica, não uma falha na seleção de pacientes.

Aí então o conceito de *setting* analítico começou a se alargar. Aichhorn[7] já havia mostrado que casos de pacientes antissociais exigiam adaptações técnicas especiais. A princípio o trabalho de Aichhorn deve ter causado algum alarme, porque ele estava agindo de um modo que seria considerado "má análise" no tratamento de casos de histeria ou neurose obsessiva. Agora é possível verificar que Aichhorn foi pioneiro e iniciou um movimento genuíno no sentido da adaptação da técnica psicanalítica às necessidades do psicopata ou da criança deprivada com uma tendência antissocial.

Esses desenvolvimentos todos foram tornando a história precoce de cada caso cada vez mais importante. Neste ponto uma dicotomia pareceu se desenvolver nos círculos psicanalíticos. Eu diria que Melanie Klein representa a tentativa mais vigorosa de estudar os processos mais precoces do bebê em desenvolvimento *afora o estudo do cuidado materno*. Ela sempre admitiu que o cuidado materno é importante, mas não dedicou ao tema um estudo especial. Outros, contudo, se interessaram pelas técnicas de cuidado da criança e do bebê. Aqueles que assim o fizeram correram o risco de serem considerados traidores da causa do processo interno. O trabalho da srta. Freud e da sra. Burlingham na Creche Hampstead de Guerra[8] levou ao desenvolvimento do estudo das condições externas e de seus efeitos. É claro que essa dicotomia, entre os que quase só restringem suas pesquisas aos estudos dos processos internos e aqueles interessados no cuidado do bebê, é uma dicotomia temporá-

---

7   August Aichhorn, *Wayward Youth*. New York: Viking, 1935.
8   Dorothy Burlingham e A. Freud, *Infants without Families*. London/ New York: Allen & Unwin/ International University Press, 1944.

ria na discussão psicanalítica, de tal modo que um dia desaparecerá por processos naturais.[9]

Nós agora vemos o ego do bebê como dependente a princípio de apoio egoico, como algo que deriva sua estrutura e força de um sistema altamente complexo e sutil de adaptação às necessidades, sendo essa adaptação suprida pela mãe ou figura materna. Vemos também o interessante processo da absorção, na criança individual, dos elementos do cuidado materno, aqueles que poderiam ser chamados de elementos "apoiadores do ego". A relação entre essa absorção do ambiente e os processos de introjeção com os quais já estamos familiarizados gera grande interesse. Com tudo isso surgem os estudos dos mecanismos pelos quais o bebê emerge de um estado de fusão com a mãe, um processo que exige desta a capacidade tanto de amar como de odiar. Na teoria do desenvolvimento emocional da criança, o estabelecimento gradual do indivíduo como uma pessoa separada se torna um tema de importância capital, e esse tema faz parte da pesquisa atual. A classificação é certamente afetada por essas formulações teóricas.

Como resultado desses novos desenvolvimentos, o narcisismo nas condições clínicas é visto com novos olhos. É como se, ao olhar a doença narcisística, o clínico estivesse sujeito a se iludir com o ambiente absorvido, ou internalizado, tomando-o (a menos que bem preparado) pelo indivíduo real, que de fato está oculto e é secretamente amado e cuidado pelo self dentro do self. É esse indivíduo de verdade que está oculto.

Esses desenvolvimentos levaram à reconsideração de outros conceitos. O conceito de instinto de morte parece desaparecer simplesmente por não ser necessário. A agressão é vista mais como evi-

---

9 Cf. Heinz Hartmann, *Ego Psychology and the Problem of Adaptation* [1939]. London: Imago, 1958; Martin James, "Infantile Narcissistic Trauma". *International Journal of Psycho-Analysis*, v. 43, 1963, pp. 69-79; Ernst Kris, "Notes on the Development and on Some Current Problems of Psychoanalytic Child Psychology". *Psychoanalytic Study of the Child*, v. 5, 1959, pp. 24-46.

dência de vida. Sob condições favoráveis, ocorre a fusão dos impulsos eróticos e da motilidade, e então o termo "sadismo oral" se torna aplicável, seguido por todos os desenvolvimentos desse tema. Isso se torna condizente com o desejo materno de ser comida em fantasia. A falha na fusão, ou a perda da fusão que já foi atingida, produz um elemento potencial de destrutividade pura (isto é, sem sentimento de culpa) no indivíduo, mas mesmo essa destrutividade permanece como um colete salva-vidas no sentido de ser a base de relações de objeto que são percebidas como reais pelo paciente.

A fusão das duas raízes dos impulsos instintivos (agressiva e erótica) pertence a um estágio do desenvolvimento do bebê no qual há muita dependência. Um bebê cujo ambiente não é suficientemente adaptado às suas necessidades no início da vida não tem possibilidade alguma de atingir o estado de fusão entre a agressividade (que faz as relações de objeto parecerem reais, e torna os objetos externos ao self) e os desejos eróticos (que detêm uma capacidade para satisfação libidinal).

Além disso, o conceito de regressão mudou de sentido na metapsicologia psicanalítica. Por anos o termo teve a implicação de um retorno a fases mais precoces da vida instintiva, e regressão seria a um ponto de fixação. Isso pertence à visão de elementos instintivos primitivos no indivíduo, tomando o cuidado materno como pressuposto. Com o estudo do bebê *de fato* não é mais possível evitar levar em conta o ambiente, de modo que, ao falar de um bebê real, devem-se mencionar dependência e a natureza do ambiente. O termo *regressão*, portanto, tem agora uma aplicação clínica no sentido de *regressão à dependência*. Há uma tendência ao restabelecimento da dependência e por isso o comportamento do ambiente não pode ser ignorado se a palavra *regressão* for usada. O termo *regressão* continua a conter a ideia de regressão ao processo primário. A tendência à regressão em pacientes é então vista como parte da capacidade do indivíduo de promover a própria cura. Por meio dela, o paciente indica ao analista como este deve se comportar mais do que como deve interpretar. Junto com esse tema está o fato clínico da autocura por meio de um processo de regressão que é frequentemente verificado fora do tratamento psicanalítico.

A psicose não fica mais restrita a uma reação à ansiedade associada com o complexo de Édipo, ou a uma regressão a um ponto de fixação, ou a ser ligada especificamente com determinada posição no processo do desenvolvimento instintivo do indivíduo. Em vez disso poderíamos postular que a tendência regressiva no caso psicótico é parte da *comunicação* do indivíduo doente, que o analista pode entender do mesmo modo que entende os sintomas histéricos como comunicação. A regressão representa a esperança do indivíduo psicótico de que certos aspectos do ambiente que falharam originalmente possam ser revividos, com o ambiente dessa vez tendo êxito ao invés de falhar na sua função de facilitar a tendência herdada do indivíduo de se desenvolver e amadurecer.

No curso da vasta expansão da teoria que esbocei aqui, emerge um desenvolvimento que possibilita ao clínico se tornar capaz de relacionar distúrbios de humor ao esquema geral da metapsicologia psicanalítica. As formulações iniciais possibilitaram a enunciação de saúde em termos negativos, como ausência de defesas rígidas ou ausência de fixações, e em termos positivos, como força do ego. Agora aparece algo que possibilita pela primeira vez na metapsicologia psicanalítica falar de *valor* na personalidade. Isso veio com o desenvolvimento de Freud da ideia de Abraham em "Luto e melancolia"[10] e da elaboração desse tema por Klein. Os distúrbios afetivos começaram, assim, a ser compreendidos, e o terreno foi preparado para uma exposição do relacionamento entre depressão e consideração. Aqui Melanie Klein fez sua contribuição mais significativa, enriquecendo nossas ideias do superego e introduzindo a ideia de elementos superegoicos primitivos derivados da vida instintiva do bebê. Esses elementos superegoicos se originam antes da fase da eclosão do complexo de Édipo, ou das ambivalências associadas com as relações entre três personalidade "inteiras".

---

10   S. Freud, "Luto e melancolia" [1915], in *Obras completas*, v. 12, op. cit.

II. CLASSIFICAÇÃO

Aqui não é o local para uma reafirmação dos consideráveis desenvolvimentos em metapsicologia que se seguiram a esse trabalho de Melanie Klein. Esse trabalho relaciona as forças rivais em operação dentro do self à vida instintiva, e relaciona os padrões de defesas que se organizam dentro do self à afetividade. Daí se segue uma compreensão muito maior das representações da realidade interna do psiquismo de um indivíduo na vida mental dele ou dela.

O trabalho de Melanie Klein alterou a classificação psiquiátrica por separar dois tipos de depressão. Um representa uma conquista no desenvolvimento emocional, quase sinônimo da aquisição da capacidade de ser responsável, ou de sentir culpa, e o outro (com despersonalização e outros aspectos que poderiam ser denominados de "esquizoides") representando uma falha iniciada num estágio precoce, antes do estabelecimento do que Melanie Klein chama de "posição depressiva" no desenvolvimento emocional.

Desse trabalho se vai naturalmente à hipomania como expressão clínica de defesa maníaca, como negação da depressão existente; e também às idas e vindas maníaco-depressivas, que implica uma dissociação no paciente entre controle da agressão não fundida e de elementos introjetados onipotentes, e possessão do paciente por esses elementos. Na base dessa afirmação é possível visualizar globalmente o assunto da classificação atualmente.

NEUROSE E PSICOSE

Provavelmente a validade do uso das palavras *neurose e psicose* é de consenso geral entre analistas.[11] Eis aqui uma classificação simples para todas a doenças mentais.

Estou, naturalmente, me referindo a distúrbios no desenvolvimento emocional e não a doenças tais como deficiência mental primária, estados pós-encefálicos, cérebro arteriosclerótico, paralisia

---

11   Eu deliberadamente deixei de fora desse contexto a "neurose real".

geral progressiva etc. etc. Quando existe doença ou distúrbio do próprio cérebro, há naturalmente um distúrbio secundário da personalidade, mas essa complicação não precisa ser incluída nessa contribuição preliminar. Foram os psicanalistas que expuseram e desenvolveram a teoria psicogênica das neuroses e psicoses; ou talvez se possa dizer que os psicanalistas mantiveram, em parte, o ponto de vista sobre doença mental que predominava antes das perspectivas mais mecanicistas que atingiram o clímax cinquenta anos atrás e que ainda dominam a psiquiatria não analítica em geral.

O termo *psiconeurose* significa para os analistas que, quando bebê e criança, o paciente atingiu certo estágio de desenvolvimento emocional e que, uma vez alcançados o estágio do complexo de Édipo e a primazia da genitalidade, certas defesas contra a ansiedade de castração foram organizadas. Essas defesas constituem a doença neurótica, e o grau de doença se reflete no grau de rigidez das defesas. Isso é naturalmente uma grande simplificação, mas os psicanalistas se deram conta de que a ansiedade de castração é central na doença neurótica, embora se reconheça que o padrão da doença varia de acordo com as experiências pré-genitais do indivíduo. Quando ocorre ansiedade de aniquilação, e não ansiedade de castração, como um aspecto importante, então globalmente o psicanalista considerará que o diagnóstico do paciente não é de neurose, mas de psicose. Em certa medida, a questão é se a ameaça aparece em termos de parte do objeto ou do objeto todo.

Os vários tipos de doença neurótica são mais bem reunidos em tipos de defesa, a principal sendo a repressão. Não as enumerarei. A psicanálise como nós a ensinamos está principalmente baseada no tratamento de neuroses e tentamos escolher casos para nossos estudantes que sejam adequados para esse tipo de ensino, embora reconheçamos que a melhor seleção possível deixará escapar alguns casos que têm distúrbios que vão mais fundo que isso (a depressão, em especial, aparece tanto na qualidade de ansiedade como de distúrbio afetivo).

A psicologia da neurose leva o estudante imediatamente ao inconsciente reprimido e à vida instintiva do indivíduo. Esta deve ser

II. CLASSIFICAÇÃO

considerada tanto em termos de funções corporais como da elaboração, na imaginação, dessas funções. (Com o termo *instintivo* refiro-me ao que Freud chamou de sexual, isto é, o conjunto de excitações locais e gerais que são um aspecto da vida animal; na experiência destas há um período de preparação, um ato com clímax, e um pós-clímax.)

Futuras considerações sobre esse tema levariam à repetição de grande parte da teoria clássica de Freud. Ao usar o termo *psiconeurose* está implícito que a personalidade do indivíduo está intacta ou, em termos de desenvolvimento, que a personalidade foi construída e mantida, e que a capacidade para relações com objetos está intacta. (Também está implícito que o caráter do indivíduo não é significativamente distorcido por ressentimentos ou por tendências psicopáticas mais bem organizadas.)

Deixando de lado, por um momento, o distúrbio afetivo, quero me referir à psicose[12] para chegar a pontos de contraste.

O termo *psicose* é usado para indicar que, quando bebê, o indivíduo não foi capaz de atingir um grau de saúde pessoal que desse sentido ao complexo de Édipo, ou então que a organização da personalidade tem fraquezas que se revelaram quando a tensão máxima do complexo de Édipo teve de ser suportada. Veremos que há uma linha muito tênue entre esse segundo tipo de psicose e a neurose. No extremo do primeiro tipo de psicose há pouca semelhança com a neurose, uma vez que ainda não se atingiu um estágio significativo do complexo de Édipo, e a ansiedade de castração ainda não foi uma ameaça maior à personalidade intacta.

---

12   Reconheço que a palavra *psicose* apresenta muitas dificuldades. De certo modo estou reivindicando um significado para essa palavra no momento em que muitos gostariam que ela fosse abandonada. Sugiro, contudo, que esse termo ainda pode ser empregado para designar desordem emocional que não está incluída nos termos *neurose* ou *depressão neurótica*. Sei que em psiquiatria o termo *psicose* é usado para descrever várias síndromes que têm base física. Essa é outra fonte de confusão. Não vejo, contudo, benefício em inventar uma palavra nova.

Em alguns casos de psicose clínica, o que vemos é um *colapso das defesas*; novas defesas têm de ser erigidas de um tipo ainda mais primitivo, mas o quadro clínico é dominado pelo colapso nas defesas – de qualquer modo, temporariamente; isso é o que geralmente queremos dizer com "colapso nervoso"; as defesas se tornaram insatisfatórias, e o paciente tem que ser cuidado enquanto novas defesas estão sendo organizadas.[13] Na organização das defesas, o indivíduo é afetado por toda sorte de fatores ambientais, e também as tendências hereditárias podem às vezes ter importância específica. Além de tudo, o colapso nervoso é teoricamente um estado de caos, mas o colapso completo deve ser uma raridade clínica, se é que é possível, como indicaria uma mudança irreversível no sentido contrário ao crescimento pessoal e no sentido da fragmentação.

Assim como o estudo das neuroses leva o estudante ao complexo de Édipo e a situações triangulares que atingem seu pico na criança em idade pré-escolar e de novo na adolescência, assim o estudo da psicose leva o pesquisador aos estágios iniciais da vida do bebê. Isso significa relacionamento mãe-bebê, uma vez que nenhum bebê pode se desenvolver fora de tal relacionamento. (Envolve a ideia de dependência antes do estabelecimento da operação dos mecanismos de projeção e introjeção.)

COMENTÁRIO GERAL

Provavelmente a contribuição mais importante da psicanálise à psiquiatria e à classificação psiquiátrica é a supressão da velha ideia de entidades nosológicas. Aqui o psicanalista está certo ao se colocar no polo oposto ao daquele tipo de psiquiatra que pensa que há uma

---

13 Ver mais adiante comentário sobre o tema do colapso nervoso, apresentado no fim do capítulo.

II. CLASSIFICAÇÃO

doença, esquizofrenia, e outra doença, psicose maníaco-depressiva, e assim por diante.[14]

O psicanalista, como já disse, pode ser visto como um especialista em anamnese. É verdade que essa anamnese é um processo que requer muito envolvimento. A descrição de um caso psicanalítico é uma série de relatos de caso, uma apresentação de diferentes versões do mesmo caso, as versões sendo dispostas em camadas, cada qual representando um estágio de revelação. O analista adquire uma perspectiva do distúrbio mental muito diferente daquela do psiquiatra que faz um exame cuidadoso do paciente em certo momento da história do caso – por exemplo, quando houve um colapso ou quando ocorreu a hospitalização.

É possível traçar um distúrbio de um paciente desde a infância, passando pela adolescência e pelo início da vida adulta, até o fim, e observar de que modo houve mutação ao longo da linha, de um tipo de distúrbio para outro. Desse modo é impossível para o analista reter qualquer ideia, porventura obtida em sua formação psiquiátrica formal, de que há doenças psiquiátricas definitivas. De fato, se torna evidente ao analista no curso de seu trabalho analítico que, na medida em que psiquiatria se refere a diagnósticos, ela teima em tentar fazer o impossível, uma vez que o diagnóstico do paciente não apenas fica cada vez mais claro à medida que a análise prossegue como também se altera. Uma histérica pode se revelar uma esquizofrênica subjacente, uma pessoa esquizoide pode vir a ser um membro sadio de um grupo familiar doente, um obsessivo pode se revelar um depressivo.

Os psicanalistas experientes concordariam que há uma gradação da normalidade não somente no sentido da neurose mas também da psicose, e que a relação íntima entre depressão e normalidade já foi ressaltada. Pode ser verdade que há um elo mais íntimo entre normalidade e psicose do que entre normalidade e neurose; isto é, em certos aspectos. Por exemplo, o artista tem a habilidade e a coragem

---

14 Karl A. Menninger et al., *The Vital Balance: The Life Process in Mental Health and Illness*. New York: Basic Books, 1963.

de estar em contato com os processos primitivos aos quais o neurótico não tolera chegar, e que as pessoas sadias podem deixar passar, levando ao próprio empobrecimento.

SUGESTÕES POSITIVAS

Passarei agora às sugestões positivas que gostaria de trazer para discussão neste estágio preliminar. Deve-se compreender que reconheço o valor imenso da classificação psiquiátrica clássica.

Minha preocupação é com o efeito na classificação de algumas ideias mais novas (ou serão ideias velhas com uma nova ênfase, ou com nova roupagem?) Escolherei temas que estudei pessoalmente e tentei elucidar em vários estudos. As mesmas ideias foram apresentadas independentemente à literatura por outros analistas, mas eu só confundiria a discussão se me propusesse a citá-los ou a comparar os vários termos usados por outros autores com aqueles usados por mim.

Tenho especial interesse:

1. Pela ideia de um self verdadeiro e um falso.
2. Pela ideia de delinquência e psicopatia como resultantes da percepção de deprivação[15] emocional real.
3. Pela ideia de psicose como conectada à privação emocional antes do estágio em que o indivíduo é capaz de perceber a deprivação.

---

15 [N. E. de Leopoldo Fulgencio: Mais precisamente, na obra de Winnicott o termo *privation* diz respeito à privação em termos primitivos: à falta de sustentação ambiental, de uma mãe-ambiente que daria sustentação ativa para que o sentimento de ser pudesse ser experienciado. A deprivação, por sua vez, supõe a experiência de sustentação ambiental e uma perda posterior, gerando a percepção de ter sido roubado ou agredido pela falha do ambiente. Mantivemos, portanto, "privação" para o sentido de "nunca ter tido", e "deprivação", para o de "ter tido e ter perdido".]

II. CLASSIFICAÇÃO

1) Falso self

O conceito de um falso self (como eu o chamo) não é difícil de entender. O falso self se constrói na base da submissão. Pode ter uma função defensiva, que é a proteção do self verdadeiro.

Um princípio governando a vida humana poderia ser formulado com as seguintes palavras: somente o self verdadeiro pode parecer real, mas o self verdadeiro não deve nunca ser afetado pela realidade externa, não deve nunca se submeter. Quando o falso self é usado e tratado como real, o indivíduo tem um sentimento crescente de futilidade e desespero. É claro que na vida do indivíduo há diversos graus desses estados de coisas, de modo que em geral o self verdadeiro é protegido, mas tem vida, sendo o falso self a atitude social. No extremo da anormalidade, o falso self pode facilmente ser tomado como real por engano, de modo que o self real está sob ameaça de aniquilação; o suicídio pode então ser a reafirmação do self verdadeiro.

Somente o self verdadeiro pode ser analisado. A psicanálise do falso self, análise orientada para o que não passa de um ambiente internalizado, só pode levar à decepção. Pode haver um aparente sucesso inicial. Tem-se reconhecido nos últimos anos que, para se comunicar com o self verdadeiro em casos em que se atribuiu importância patológica ao falso self, é necessário para o analista antes de mais nada propiciar condições que permitam ao paciente delegar ao analista o fardo do ambiente internalizado, tornando-se, assim, um bebê altamente dependente e imaturo, mas real; então, e somente então, o analista pode analisar o self verdadeiro. Isso poderia ser uma enunciação atual da *dependência do apoio* de Freud, em que o impulso instintivo se apoia no de autoconservação. A dependência do paciente esquizoide ou do caso *borderline* para com o analista é certamente uma realidade, de modo que muitos analistas preferem evitar esse fardo e selecionam seus pacientes a dedo. Ao selecionar casos para análise, os analistas devem portanto levar em consideração a existência comum de um falso self. A seleção requer do clínico uma habilidade para detectar a defesa do falso self, e quando isso é detectado o clínico precisa decidir se ele pode ser um auxílio positivo na análise, ou se num caso particular ele é patologicamente forte e representa uma deficiência inicial tão severa no desenvolvimento emocional que a análise seria inviável como tratamento.

Sugiro que "o falso self" é um rótulo classificatório valioso, que nos absolve de qualquer esforço diagnóstico adicional. É nesse tipo de caso, não incomum, que a psicanálise pode ser perigosa, isto é, se levarmos em conta o analista. A defesa é sólida e pode carregar com ela sucesso social considerável. A indicação para análise é que o paciente pede ajuda porque está se sentindo irreal ou fútil, a despeito do aparente sucesso da defesa.

Um caso especial de falso self é aquele em que o processo intelectual se torna a sede do falso self. Uma dissociação entre a mente e o psicossoma se desenvolve, e produz um quadro clínico bem conhecido. Em muitos desses casos é provável que o paciente seja dotado de um intelecto especialmente alto, o que pode contribuir para a formação da síndrome, embora o QI alto em teste possa resultar da dissociação.

2) Psicopatia

Inicialmente, preciso tentar definir a palavra *psicopatia*. Estou usando essa palavra aqui (e acredito estar justificado em fazê-lo) para descrever uma condição do adulto que é a delinquência não curada. O delinquente é um rapaz ou uma moça antissocial não curado. Um rapaz ou uma moça antissocial é uma criança deprivada. A criança deprivada é aquela que teve algo suficientemente bom, e depois deixou de tê-lo, o que quer que seja, já havendo então suficiente crescimento e organização do indivíduo *à época da deprivação* para que esta fosse percebida como traumática. Em outras palavras, no psicopata, no delinquente e na criança antissocial existe lógica na atitude implícita de "o ambiente me deve algo". Pessoalmente acredito que em cada caso de organização antissocial houve um ponto em que ocorreu uma mudança, tendo sido o indivíduo capaz de aperceber-se do fato. Essa apercepção, é claro, não costuma ser consciente, mas o ponto de deprivação pode ser lembrado, a menos que tenha se perdido junto com inumeráveis outras deprivações sucessivas.

Minha tese principal é que o desajuste e todos os derivados desse tipo de distúrbio consistem essencialmente em um desajuste original do ambiente à criança, não tendo esse desajuste ocorrido tão cedo a ponto de produzir psicose. A ênfase é na falha ambiental e a patologia, portanto, está primariamente no ambiente e apenas secundariamente na reação da criança. A classificação de delinquentes e psicopatas deve logicamente ser feita em termos de classificação de falhas ambientais. É por essa razão que surge de imediato uma confusão se se tenta colocar psicopatia, reincidência e tendência antissocial no mesmo nível de neurose e psicose.

Essa discussão nos leva ao seguinte:

3) A questão da psicose e da classificação

Se é verdade que os distúrbios compreendidos sob o amplo espectro de psicose (e aqui se incluem os vários tipos de esquizofrenia) são produzidos por deficiência ambiental no estágio de dupla dependência ou máxima, então a classificação tem que ser adaptada para coincidir com essa ideia. Esse desenvolvimento certamente surpreenderia psicanalistas de trinta anos atrás, a maioria dos quais, ao considerar a psicose, teria começado com a presunção de que mecanismos muito primitivos seriam etiologicamente significativos em tais doenças. Minha sugestão é que hoje estamos chegando à ideia de que na psicose há defesas muito primitivas que são mobilizadas e organizadas, *por causa de anormalidades ambientais*. Claro que podemos ver os mecanismos primitivos em operação nos psicóticos e também em alguns de nossos pacientes "normais", e na verdade em todas as pessoas. Não podemos diagnosticar doença psicótica só por encontrar mecanismos mentais primitivos. Sem dúvida, em doença psicótica é com as defesas primitivas que nos defrontamos, defesas que não têm de estar organizadas se nos estágios mais precoces de dependência quase absoluta a provisão ambiental suficientemente boa existe de fato. Pode-se fazer justiça a todos os fatores com a afirmação de que os processos de amadurecimento do indivíduo (incluindo aí tudo o que é herdado) requerem um ambiente facilitador, especialmente nos estágios iniciais. Falhas da parte do ambiente facilitador resultam em defeitos no desenvolvimento da personalidade do indivíduo e no estabelecimento do self do indivíduo, e o resultado é chamado de esquizofrenia. O colapso esquizofrênico é o inverso do processo de amadurecimento da infância mais precoce.

Estou sugerindo que no estudo de uma psicose se deve tentar fazer uma classificação do ambiente e dos tipos de anormalidade ambiental, e do ponto no desenvolvimento do indivíduo em que essas anormalidades atuam, e que tentar classificar indivíduos doentes na base do quadro clínico que eles apresentam não leva a resultados úteis. Repito: as deficiências ambientais que produzem psicose fazem parte do estágio anterior àquele em que o indivíduo em desenvolvimento tem a capacidade de ter ciência ou da provisão ambiental ou da sua falha (cf. tendência antissocial). Veremos que na tentativa de datar o início da psicose eu estou portanto me referindo ao grau de dependência do indivíduo, e não a sua vida instintiva pré-genital, nem ao estágio da primazia da zona erógena do bebê.

A argumentação se desenvolveu aqui com base nos extremos. Em nosso trabalho clínico encontramos principalmente pacientes que são em certos sentidos, ou sob certas condições, sadios, mas que podem estar doentes, de modo que se pode dizer que eles nos trazem suas doenças para tratamento como uma mãe traria uma criança doente.

CONFLITO INERENTE

Vejamos agora os fatores internos, aqueles que nos interessam enquanto analistas. Afora o estudo de pessoas sadias, é talvez ape-

II. CLASSIFICAÇÃO

nas na *neurose* e na *depressão reativa* que é possível se aproximar da doença verdadeiramente *interna*, a doença que faz parte do intolerável *conflito* que é inerente à vida e ao viver de pessoas normais. Poderia ser uma definição de saúde psiquiátrica relativa aquela em que a pessoa saudável pode genuinamente remontar às dificuldades que o indivíduo encontra no esforço inerente à vida do indivíduo, à tentativa (inconsciente) do ego de gerenciar o id e de usar o impulso do id do modo mais amplo possível com relação à realidade. Para mim é importante deixar isso claro porque alguns podem pensar que ao expor um método de classificação que inclui a classificação do ambiente estou deixando de lado tudo que a psicanálise conseguiu no estudo do indivíduo.

Sem tentar revisar a literatura, desejo me referir aos trabalhos de dois de meus mestres, Rickman e Glover. As conferências de Rickman em 1928 tiveram uma grande influência no desenvolvimento de meu pensamento, mas não me consta que Rickman se tivesse ocupado da importância da dependência.

Em *On the Early Development of Mind*, de Edward Glover,[16] há muitas referências à classificação. Acho que há apenas duas referências, nesse livro, ao ambiente, do modo como o estou desenvolvendo como tema principal. Na página 174 encontramos a frase: "Um instinto que requer um objeto externo verdadeiro, tal como o mamilo da mãe, não pode ser elaborado a não ser em conexão com o objeto real". Isso é de uma conferência de 1932, intitulada "A Psycho-Analytic Approach to the Classification of Mental Disorders".[17] A outra referência aparece na exposição que Glover fez, em 1949, no *British Medical Bulletin* sobre "The Position of Psycho-Analysis in Great Britain".[18] Após descrever um quadro um tanto sombrio do estado

---

[16] Edward Glover, *On the Early Development of Mind*. London: Imago, 1956.
[17] Id., "A Psycho-Analytic Approach to the Classification of Mental Disorders". *Journal of Mental Science*, v. 78, n. 323, 1932, pp. 819-42.
[18] Id., "The Position of Psycho-Analysis in Great Britain". *British Medical Bulletin*, v. 6, n. 1-2, 1949, pp. 27-31.

de coisas na British Society, formula o seguinte comentário: "Então, tudo isso posto, a presente é uma fase interessante na história da psicanálise. Conquanto possam soar absurdas algumas das hipóteses recentemente expostas, não há dúvida de que centralizar o interesse nos problemas do desenvolvimento precoce do ego e na organização da mente durante a fase da "identificação primária" (isto é, no estágio anterior àquele em que self e "não self" se diferenciam com precisão) produzirá, a longo prazo, resultados valiosos tanto no aspecto diagnóstico como no terapêutico".

Desejo também mencionar Ackerman,[19] ainda que não pareça estar interessado na característica especial da dependência em época tão precoce.

CLASSIFICAÇÃO DE ACORDO COM DISTORÇÕES AMBIENTAIS

Acho válido classificar de acordo com o grau e a qualidade da distorção ambiental, ou de sua deficiência, que pode ser reconhecida como etiologicamente significativa. É necessário adotar esse ponto de vista mesmo que seja para rejeitá-lo.

No caso de qualquer indivíduo no início do processo de desenvolvimento emocional, há três coisas: em um extremo há a hereditariedade; no outro extremo há o ambiente que apoia ou falha e traumatiza; e no meio está o indivíduo vivendo, se defendendo e crescendo. Em psicanálise nos ocupamos do indivíduo vivendo, se defendendo e crescendo. Na classificação, contudo, estamos computando a fenomenologia total, e a melhor maneira de fazê-lo é de início classificar os estados ambientais; então continuamos para classificar as defesas do indivíduo, e finalmente tentamos visualizar a hereditariedade.

---

[19] Nathan W. Ackerman, "Psychiatric Disorders in Children: Diagnosis and Aetiology in Our Time", in P. H. Hoch & J. E. Zubin (org.), *Current Problems in Psychiatric Diagnosis*. New York: Grune & Straton, 1953.

II. CLASSIFICAÇÃO

Hereditariedade, na maior parte, é a tendência inerente do indivíduo a crescer, a se integrar, a se relacionar com objetos, a amadurecer.

Uma classificação em termos do ambiente requereria um conhecimento mais apurado do que aquele que existe no presente, até onde eu sei, dos estágios de dependência. No momento acho válido usar os conceitos que expus em outros estudos, da independência se originando da dependência, que por sua vez se origina de dupla dependência. Com dupla dependência quero dizer dependência que na ocasião não poderia ser apercebida pelo indivíduo, mesmo inconscientemente, e por isso não pode ser comunicada ao analista na análise do paciente. Como disse alhures (capítulo 9), o analista tem que recompor o material do paciente, usando sua imaginação para assim fazê-lo.

RESUMO

De meu ponto de vista, de início verificamos a concentração de fenômenos ambientais dos quais se cristaliza uma pessoa, a mãe, e é da mãe que o bebê começa a surgir de início como uma unidade anatômica e fisiológica, e então gradualmente, por volta da data do nascimento, se torna uma pessoa masculina ou feminina. O membro bebê do "par mãe-bebê" se desenvolve por conta própria *desde que o ambiente não falhe em suas várias funções essenciais*, funções que podem mudar de ênfase e se desenvolver em suas qualidades à medida que o crescimento do indivíduo prossegue.

Nas condições mais favoráveis, onde a continuidade é preservada externamente e o ambiente facilitador permite a ação do processo de amadurecimento, o novo indivíduo de fato começa – e por fim vem – a se sentir real, e a experimentar vida apropriada à sua idade emocional. Esse indivíduo pode ser descrito e classificado, as defesas podem ser classificadas, e o valor ou falta de valor na personalidade pode ser observado. Em tais casos podemos deparar com defesas depressivas ou neuróticas, ou com a normalidade. Se quisermos, poderemos tentar agrupar os indivíduos de acordo com o tipo e com os modos como os elementos hereditários se reúnem nos indivíduos relativamente aos ambientes específicos. E (na maturidade) continuamos a observar a capacidade do indivíduo de participar na criação e manutenção do ambiente local.

Tudo isso presume um início suficientemente bom, com o self verdadeiro em ação, protegido pelo falso self, que não é mais do que um hábito social.

A alternativa é a doença psicótica, com a organização de defesas primitivas. Aqui a doença é etiologicamente secundária à falha ambiental, embora se revele clinicamente como uma distorção mais ou menos permanente na estrutura da personalidade do indivíduo. Entre esses dois há a tendência antissocial, em que o indivíduo falha no estágio posterior, estágio de relativa dependência; estágio em que a criança tem a capacidade de perceber o fato de uma deprivação real.

Em nosso trabalho terapêutico decidimos estudar e isolar a distorção que ocorre na estrutura da personalidade. Nossa necessidade imediata, contudo, é de uma classificação e de uma reavaliação do fator ambiental na forma como isso afeta, positiva ou negativamente, o desenvolvimento no sentido do amadurecimento e da integração do self.

PÓS-ESCRITO DE 1964
UMA NOTA SOBRE COLAPSO NERVOSO

Alguns pacientes têm medo de colapso nervoso. É importante para o analista ter em mente o seguinte axioma.

Axioma

O colapso que é temido já aconteceu. O que é reconhecido como doença do paciente é um sistema de defesas organizadas contra esse colapso passado.

II. CLASSIFICAÇÃO

Colapso significa a falência das defesas, e o colapso original terminou quando novas defesas foram organizadas, as quais constituem o padrão da doença do paciente. O paciente só pode lembrar do colapso em circunstâncias especiais do *setting* terapêutico, e por causa do crescimento do ego.

O medo do paciente ao colapso tem suas origens na necessidade do paciente de relembrar o colapso original. A recordação só pode vir à tona se for revivida. Daí o uso positivo que se pode fazer do colapso se seu lugar na tendência do paciente à autocura puder ser reconhecido e usado na prática.

O colapso original ocorreu em um estágio de dependência do indivíduo em relação ao apoio do ego materno ou parental. Por essa razão o trabalho é muitas vezes realizado na terapêutica em uma versão posterior do colapso – digamos o colapso no período de latência, ou mesmo no início da adolescência; esta última versão ocorreu quando o paciente já tinha desenvolvido autonomia do ego e uma capacidade para ser uma pessoa tendo-uma-doença. Por trás de tal colapso há sempre, contudo, a falência das defesas que fazem parte da infância inicial ou mesmo da primeira infância do indivíduo.

Muitas vezes, o fator ambiental não é um trauma isolado, mas um padrão de influências que distorcem; o oposto, de fato, do ambiente facilitador que permite o amadurecimento do indivíduo.

12

DISTORÇÃO DO EGO EM TERMOS DE SELF VERDADEIRO E FALSO SELF

[1960]

Uma tendência recente na psicanálise tem sido o uso crescente do conceito de falso self. Esse conceito traz consigo a ideia de um self verdadeiro.

HISTÓRIA

O conceito em si não é novo. Aparece de várias formas na psiquiatria descritiva e especialmente em certos sistemas religiosos e filosóficos. Por certo existe um estado clínico real que merece estudo, e o conceito se apresenta à psicanálise como um desafio quanto à etiologia. A psicanálise se interessa pelas perguntas:

1. Como o falso self surge?
2. Qual é sua função?
3. Por que o falso self é exagerado ou enfatizado em alguns casos?
4. Por que algumas pessoas não desenvolvem o sistema do falso self?
5. Quais são os equivalentes do falso self nas pessoas normais?
6. Que é que existe que poderia ser denominado de self verdadeiro?

12. DISTORÇÃO DO EGO EM TERMOS DE SELF VERDADEIRO E FALSO SELF

A mim pareceria que a ideia de um falso self, que é uma ideia que os pacientes nos dão, pode ser discernida nas formulações iniciais de Freud. Particularmente, relaciono o que divido em self verdadeiro e falso com a divisão de Freud do self em uma parte central e controlada pelos instintos (ou o que Freud chamou de sexualidade pré-genital e genital), e a parte orientada para o exterior e relacionada com o mundo.

CONTRIBUIÇÃO PESSOAL

Minha contribuição para esse tema deriva de meu trabalho, a um só tempo:

- como pediatra, com mães e bebês;
- como psicanalista cuja clínica inclui uma série pequena de casos *borderline* tratados com análise, mas necessitando experimentar, na transferência, uma fase (ou fases) de regressão severa à dependência.

A experiência me levou a constatar que pacientes dependentes ou em regressão profunda podem ensinar o analista mais sobre o início da infância do que se pode aprender pela observação direta dos bebês, e mais do que se pode aprender pelo contato com as mães que estão envolvidas com eles. Ao mesmo tempo, o contato clínico tanto com experiências normais como anormais do relacionamento mãe-bebê influencia a teoria psicanalítica do psicanalista, uma vez que o que ocorre na transferência (nas fases de regressão de alguns desses pacientes) é uma forma de relacionamento mãe-bebê.

Gostaria de comparar minha posição com a de Greenacre, que também se manteve em contato com a pediatria enquanto se engajava na prática da psicanálise. Também com ela parece claro que cada uma dessas duas experiências a influenciou na avaliação da outra experiência.

A experiência clínica em psiquiatria de adultos pode ter o efeito, para um psicanalista, de colocar um hiato entre a avaliação do estado clínico e a compreensão da etiologia. O hiato resulta da impossibilidade de obter uma história confiável da infância inicial, tanto do paciente psicótico como da mãe, ou de observadores mais neutros emocionalmente. Pacientes analíticos que regridem a uma dependência severa na transferência preenchem este hiato ao revelar suas expectativas e necessidades nas fases de dependência.

NECESSIDADES DO EGO E NECESSIDADES DO ID

Deve-se ressaltar que ao falar em atender às necessidades do bebê não estou me referindo à satisfação de instintos. Na área que estou examinando os instintos não estão ainda claramente definidos como internos ao bebê. Os instintos podem ser tão externos como o troar de um trovão ou uma pancada. O ego do bebê está ganhando força e, como consequência, está a caminho de um estado em que as exigências do id serão sentidas como parte do self, não como ambientais. Quando esse desenvolvimento ocorre, a satisfação do id se torna um importante reforço do ego, ou do self verdadeiro, mas as excitações do id podem ser traumáticas quando o ego ainda não é capaz de incorporá-las, e ainda é incapaz de suportar os riscos envolvidos e as frustrações experimentadas até o ponto em que a satisfação do id se torne um fato.

Um paciente me relatou: "Bom manejo (cuidado do ego) como experimentei durante esta hora é uma refeição (satisfação do id)". Ele não poderia ter invertido os termos dessa frase, pois se eu o tivesse alimentado ele teria se mostrado submisso, em conformidade com a defesa do falso self, ou então teria reagido e rejeitado minhas investidas, mantendo sua integridade ao escolher a frustração.

Outras influências foram importantes para mim, quando por exemplo fui requisitado periodicamente para observações de um paciente que está agora sob tratamento psiquiátrico como adulto e que eu mesmo observei quando bebê e criança pequena. Muitas vezes, ao revisitar minhas observações posso constatar que o estado psiquiátrico existente hoje já era discernível no relacionamento mãe-bebê. (Não incluo o relacionamento pai-bebê nesse contexto porque estou me referindo a fenômenos precoces, àqueles relativos ao relacionamento do bebê com a mãe, ou com o pai como se fosse outra mãe. O pai nesse estágio tão precoce ainda não se tornou significativo como pessoa do sexo masculino.)

CASO CLÍNICO

O melhor exemplo que posso dar é o de uma mulher de meia-idade que tinha um falso self muito bem-sucedido, mas que passou a vida toda com a sensação de não ter começado a existir e de ter sempre buscado um jeito de acessar seu self verdadeiro. Ela ainda está em análise, já faz muitos anos. Na primeira fase dessa análise investigativa (que durou dois ou três anos), achei que estava me defrontando com o que a paciente denominava de seu "self cuidador". Esse "self cuidador":

1. Descobriu a psicanálise.
2. Veio e experimentou a análise, como uma espécie de teste elaborado da confiabilidade do analista.
3. Trouxe a si mesma à análise.
4. Gradualmente, após três anos ou mais, delegou sua função ao analista (essa foi a fase de regressão profunda, com algumas semanas de grau muito alto de dependência do analista).
5. Ficou por perto, retomando o cuidado nas ocasiões em que o analista falhou (quando o analista adoeceu, tirou férias etc.).
6. Seu destino final será discutido depois.

A partir da evolução desse caso pude facilmente verificar a natureza defensiva do falso self. Sua função defensiva é a de ocultar e proteger o self verdadeiro, o que quer que isso seja. De imediato se torna possível classificar as organizações do falso self:

1. Em um extremo: o falso self se instala como real e é isso que os observadores tendem a pensar que é a pessoa real. Nos relacionamentos de convivência, de trabalho e amizade, contudo, o falso self começa a falhar. Em situações em que o que se espera é uma pessoa inteira, o falso self tem algumas carências essenciais. Nesse extremo o self verdadeiro permanece oculto.
2. Menos extremo: o falso self defende o self verdadeiro; o self verdadeiro, contudo, é percebido como potencial e lhe é permitido ter uma vida secreta. Aqui se tem o mais claro exemplo de doença clínica como uma organização com finalidade positiva, a preservação do indivíduo a despeito de condições ambientais anormais. Essa é uma extensão do conceito psicanalítico do valor dos sintomas para a pessoa doente.
3. Mais próximo da normalidade: o falso self tem como interesse principal a procura de condições que viabilizem a independência do self verdadeiro. Se essas condições não podem ser encontradas, então novas defesas têm de ser reorganizadas contra a espoliação do self verdadeiro, e se houver dúvida o resultado clínico é o suicídio. Suicídio nesse contexto é a destruição do self total para evitar a aniquilação do self verdadeiro. Quando o suicídio é a única defesa que resta contra a traição do self verdadeiro, então se torna tarefa do falso self organizar o suicídio. Isso, naturalmente, envolve sua própria destruição, mas ao mesmo tempo elimina a necessidade de sua existência ser prorrogada, já que sua função é a proteção do self verdadeiro contra lesões.
4. Ainda mais próximo da normalidade: o falso self é construído sobre identificações (como no exemplo da paciente mencionada, cujo ambiente de sua infância e cuja babá real lhe deu muito do colorido da organização de seu falso self).
5. Na normalidade: o falso self é representado pela organização integral da atitude social polida e amável; não deixar as emoções à flor

da pele, como se poderia dizer. Muito passou para a capacidade do indivíduo de renunciar à onipotência e ao processo primário em geral, o ganho sendo o lugar na sociedade que nunca poderia ser atingido ou mantido por um self verdadeiro que agisse sozinho.

Até agora me mantive nos limites da descrição clínica. Mesmo nessa limitada área é importante o reconhecimento do falso self. Por exemplo, é importante que pessoas que são essencialmente falsas personalidades não sejam encaminhadas a estudantes de psicanálise para análise no contexto de uma formação clínica. O diagnóstico de falsa personalidade aqui é mais importante do que o diagnóstico do paciente de acordo com as classificações psiquiátricas vigentes. Também para assistentes sociais, onde todo tipo de caso precisa ser aceito e mantido em tratamento, o diagnóstico de falsa personalidade é importante para evitar a frustração extrema associada ao fracasso terapêutico, a despeito de assistência social aparentemente adequada, baseada em princípios analíticos. Esse diagnóstico é especialmente importante na *seleção* de estudantes para formação em psicanálise ou assistência social psiquiátrica, isto é, na seleção de estudantes do ramo de todos os tipos. O falso self organizado é associado a uma rigidez de defesas que impede o crescimento durante o período de estudante.

A MENTE E O FALSO SELF

Um risco particular se origina da ligação razoavelmente frequente entre abordagem intelectual e o falso self. Quando um falso self se torna organizado em um indivíduo com grande potencial intelectual, há uma forte tendência para a mente se tornar o centro do falso self, e nesse caso se desenvolve uma dissociação entre a atividade intelectual e a existência psicossomática. (O indivíduo sadio, presume-se, não usa a mente para escapar da existência psicossomática. Desenvolvi esse tema com certa extensão em "A mente e sua relação com o psicossoma".)[1]

Desta dupla anormalidade – (1) a organização do falso self para ocultar o self verdadeiro e (2) a tentativa, por parte do indivíduo, de resolver o problema pessoal pelo uso de um intelecto apurado – decorre um quadro clínico cuja peculiaridade é ser altamente enganoso. O mundo pode constatar êxito acadêmico de alto nível, e pode achar difícil acreditar no sofrimento do indivíduo em questão, que, quanto mais é bem-sucedido, mais se sente falso. Quando tais indivíduos se destroem de um jeito ou de outro, em vez de se tornarem o que prometiam ser, isso invariavelmente produz uma sensação chocante naqueles que tinham depositado grandes esperanças no indivíduo.

ETIOLOGIA

O interesse de tais conceitos, do ponto de vista psicanalítico, provém sobretudo do estudo do desenvolvimento inicial do falso self, no relacionamento mãe-bebê, e (ainda mais importante) da maneira como o falso self não se torna um fator significativo no desenvolvimento normal.

A teoria relativa a esse importante estágio no desenvolvimento ontogênico pertence à observação da convivência do bebê-com-a-mãe (na regressão do paciente-com-o-analista), e não à teoria dos mecanismos precoces de defesa do ego organizados contra impulsos do id, embora, naturalmente, os dois temas se superponham.

Para obter uma exposição do processo de desenvolvimento em questão, é essencial considerar o comportamento da mãe, bem como sua atitude, porque nesse campo a dependência é real, e quase absoluta. *Não é possível afirmar o que acontece só com base no bebê.*

---

[1] Cf. Donald W. Winnicott, "A mente e sua relação com o psicossoma" [1949], in *Da pediatria à psicanálise*, op. cit., pp. 408-26.

12. DISTORÇÃO DO EGO EM TERMOS DE SELF VERDADEIRO E FALSO SELF

Ao pesquisar a etiologia do falso self, estamos examinando o estágio das primeiras relações de objeto. Nesse estágio, o bebê está não integrado na maior parte do tempo, e nunca completamente integrado; a coesão dos vários elementos sensório-motores resulta do fato de que a mãe segura o bebê – fisicamente, às vezes, e de modo figurado, o tempo todo. De tempos em tempos, um gesto do bebê expressa um impulso espontâneo; a fonte do gesto é o self verdadeiro, e esse gesto indica a existência de um self verdadeiro em potencial. Precisamos examinar o modo como a mãe responde a essa onipotência infantil revelada em um gesto (ou associação sensório-motora). Ligo aqui a ideia de um self verdadeiro com o gesto espontâneo. A fusão de elementos motores e eróticos está no processo de se tornar um fato neste período de desenvolvimento do indivíduo.

A PARTICIPAÇÃO DA MÃE

É necessário examinar o papel desempenhado pela mãe, e ao fazê-lo acho conveniente comparar dois extremos; em um extremo *a mãe é suficientemente boa* e no outro *a mãe não é suficientemente boa*. A pergunta que ocorre é: que se quer dizer com a expressão "suficientemente boa"?

A mãe suficientemente boa atende à onipotência do bebê e até certo ponto dá sentido a ela. E o faz repetidamente. Um self verdadeiro começa a ter vida, por meio da força dada ao ego fraco do bebê pela implementação, por parte da mãe, das expressões de onipotência do bebê.

A mãe que não é suficientemente boa não é capaz de implementar a onipotência do bebê, e assim falha repetidamente em atender ao gesto do bebê; em vez disso, ela o substitui por seu próprio gesto, que deve ser validado pela submissão do bebê. Essa submissão por parte do bebê é o estágio inicial do falso self e resulta da inabilidade da mãe de sentir as necessidades do bebê.

É uma parte essencial de minha teoria que o self verdadeiro não se torna uma realidade viva exceto como resultado do êxito repetido da mãe em responder ao gesto espontâneo ou à alucinação sensorial do bebê. (Essa ideia está intimamente ligada à de Sechehaye, contida na expressão "realização simbólica". Essa expressão tem tido uma participação importante na teoria psicanalítica moderna, mas não é tão precisa, uma vez que é o *gesto ou alucinação* do bebê que se torna real, sendo a capacidade do bebê de *usar símbolos* o resultado disso.)

Existem então duas linhas possíveis de desenvolvimento na sequência dos acontecimentos de acordo com minha formulação. *No primeiro caso*, a adaptação da mãe *é suficientemente boa* e como consequência o bebê começa a acreditar na realidade externa que surge e se comporta como por mágica (por causa da adaptação relativamente bem-sucedida da mãe aos gestos e necessidades do bebê); a mãe age de modo a não colidir com a onipotência do bebê. Desse modo o bebê pode começar, pouco a pouco, a renunciar à onipotência. O self verdadeiro tem espontaneidade, e isso se conforma aos acontecimentos do mundo. O bebê pode agora passar a desfrutar a *ilusão* da criação e do controle onipotentes, e pode então gradativamente vir a reconhecer o elemento ilusório, o fato de brincar e imaginar. Isso é a base do símbolo, que de início é, *ao mesmo tempo*, a espontaneidade e a alucinação do bebê *e também* o objeto externo criado e finalmente catexizado.

Entre o bebê e o objeto existe algo, ou alguma atividade ou sensação. Na medida em que une o bebê ao objeto (i.e., o objeto parcial materno), isso se torna a base da formação de símbolos. Por outro lado, se o que existe entre eles separa ao invés de unir, sua função de levar à formação de símbolos fica bloqueada.

No segundo caso, que concerne mais particularmente ao tema em discussão, a adaptação da mãe às alucinações e aos impulsos espontâneos do bebê é deficiente, *não é suficientemente boa*. O processo que leva à capacidade de usar símbolos não se inicia (ou então se torna fragmentado, com um recuo por parte do bebê dos ganhos já atingidos).

Quando a adaptação da mãe não é suficientemente boa de início, pode-se esperar que o bebê morra fisicamente, porque a catexia

12. DISTORÇÃO DO EGO EM TERMOS DE SELF VERDADEIRO E FALSO SELF

dos objetos externos não é iniciada. O bebê permanece isolado. Mas na prática o bebê sobrevive – sobrevive falsamente. O protesto contra ser forçado a uma falsa existência pode ser discernido desde os estágios iniciais. O quadro clínico é o de irritabilidade generalizada, e de distúrbios da alimentação e outras funções, distúrbios esses que podem, contudo, desaparecer clinicamente, mas reaparecer de forma severa em estágio posterior.

Nesta segunda fase, em que a mãe não consegue se adaptar bem o suficiente, o bebê é seduzido à submissão, e um falso self submisso reage às exigências do ambiente e o bebê parece investi-las. Por meio desse falso self o bebê constrói um conjunto de relacionamentos falsos, e por meio de introjeções adquire mesmo uma realidade de fachada, de modo que a criança pode crescer e se tornar alguém exatamente como a mãe, babá, tia, irmão ou quem quer que domine a cena no momento. O falso self tem uma função positiva muito importante: ocultar o self verdadeiro, tarefa que cumpre ao se submeter às exigências do ambiente.

Nos exemplos extremos do desenvolvimento do falso self, o self verdadeiro fica tão bem escondido que a espontaneidade não é um aspecto das experiências vividas pelo bebê. O aspecto da submissão se torna o principal, com a imitação como uma especialidade. Quando o grau de cisão na personalidade do bebê não é tão grande, a imitação pode proporcionar uma certa vivência quase pessoal, e pode até ser possível para a criança representar um papel especial, o do self verdadeiro *tal como ele seria se tivesse tido existência*.

Desse modo é possível traçar o ponto de origem do falso self, que pode então ser visto como uma defesa, a defesa contra o que seria inimaginável, a exploração do self verdadeiro, resultando em seu aniquilação. (Se o self verdadeiro chega a ser explorado e aniquilado, isso é parte da vida de um bebê cuja mãe não apenas "não foi suficientemente boa", no sentido mencionado acima, mas foi boa e má de uma maneira torturantemente irregular. A mãe aqui tem como aspecto de sua doença uma necessidade de causar e manter uma confusão naqueles que estão em contato com ela. Isso pode aparecer em uma situação de transferência, em que o paciente tenta tirar o analista do sério.[2] Pode haver um grau dessas circunstâncias capaz de destruir os últimos vestígios da capacidade do bebê de defender o self verdadeiro.

Tentei desenvolver o tema da participação da mãe em meu estudo sobre "Preocupação materna primária".[3] A suposição que faço nesse estudo é de que a mãe saudável, ao engravidar, gradualmente atinge um alto grau de identificação com seu bebê. Isso se desenvolve durante a gravidez, tem seu pico no período perinatal e vai diminuindo nas semanas e meses após o parto. Esse fato saudável que ocorre às mães tem implicações tanto hipocondríacas como narcisistas secundárias. Tal orientação especial da parte da mãe para com seu bebê não depende apenas de sua própria saúde mental mas é afetada também pelo ambiente. No caso mais simples, o homem, apoiado pela atitude social que é, em si, um desenvolvimento de sua função natural, lida com a realidade externa em prol da mulher, de modo a tornar segura e razoável a posição temporariamente introvertida, autocentrada delas. Um diagrama disso se parece ao diagrama de uma pessoa ou família doente de paranoia. (Deve-se lembrar aqui Freud descrevendo a vesícula viva com sua camada cortical receptiva...)[4]

Não cabe aqui uma discussão estendida desse tema, mas é importante que a função da mãe seja compreendida. Essa função de modo algum é um desenvolvimento recente, pertencente à civilização, sofisticação ou compreensão intelectual. Não se pode aceitar nenhuma teoria que não concorde com o fato de que as mães sempre desempe-

---

2   Wilfred R. Bion, "Attacks on Linking". *International Journal of Psycho-Analysis*, n. 40, 1959, pp. 308-15; Harold F. Searles, "The Effort to Drive the Other Person Crazy – An Element in the Aetiology and Psychotherapy of Schizophrenia". *British Journal of Medical Psychology*, v. 32, n. 1, 1959, pp. 1-18.
3   D. W. Winnicott, in "Preocupação materna primária" [1956], in *Da pediatria à psicanálise*, op. cit., pp. 493-501.
4   Sigmund Freud, "Além do princípio do prazer" [1920], in *Obras completas*, v. 14, trad. Paulo César de Souza. São Paulo: Companhia das Letras, 2010.

nharam essa tarefa essencial bem o suficiente. Essa função materna essencial possibilita à mãe pressentir as expectativas e necessidades mais precoces de seu bebê, e lhe traz satisfação pessoal quando seu bebê está à vontade. É por causa dessa identificação com o bebê que ela sabe como segurá-lo, de modo que ele comece por existir e não por reagir. Aí se situa a origem do self verdadeiro, que não pode se tornar uma realidade sem o relacionamento especializado da mãe, o qual poderia ser descrito com uma palavra comum: dedicação.[5]

O SELF VERDADEIRO

O conceito de um falso self tem de ser contrabalançado por uma formulação do que poderia, com propriedade, ser denominado self verdadeiro. No estágio inicial o self verdadeiro é a posição teórica de onde vêm o gesto espontâneo e a ideia pessoal. O gesto espontâneo é o self verdadeiro em ação. Somente o self verdadeiro pode ser criativo e se sentir real. Enquanto o self verdadeiro é sentido como real, a existência do falso self resulta em uma sensação de irrealidade e em um sentimento de futilidade.

    O falso self, se for bem-sucedido em sua função, oculta o self verdadeiro ou então descobre um jeito de possibilitar ao self verdadeiro começar a existir. Tal resultado pode ser atingido de várias maneiras, mas é durante o tratamento que testemunhamos em primeira mão aqueles momentos em que surge a sensação de as coisas serem reais ou valerem a pena. A paciente a cujo caso me referi chegou, próximo do fim de uma longa análise, *ao início de sua vida*. Não carrega nenhuma experiência verdadeira, não tem passado. Começa com cinquenta anos de vida desperdiçada, mas enfim se sente real, e por isso agora quer viver.

---

5   Com base nisso, denominei minha série de conversas com mães "A mãe dedicada comum e seu bebê".

O self verdadeiro provém da vitalidade dos tecidos corporais e da atuação das funções do corpo, incluindo a ação do coração e a respiração. Está intimamente ligado à ideia de processo primário e é, de início, essencialmente não reativo aos estímulos externos, mas primário. Não há sentido na formulação da ideia do self verdadeiro, exceto com o propósito de tentar compreender o falso self, porque ele não faz mais do que reunir os pormenores da experiência de viver.

Aos poucos o grau de sofisticação do bebê chega a tal ponto que é mais certo dizer que o falso self oculta a realidade interna do bebê do que dizer que ele oculta o self verdadeiro. Por volta dessa época o bebê estabelece sua membrana limitante, tem um interior e um exterior, e se torna, em grau considerável, livre das malhas do cuidado materno.

É importante ressaltar que, de acordo com a teoria aqui formulada, o conceito de uma realidade interna individual de objetos se aplica ao estágio posterior àquele que vem sendo denominado self verdadeiro. O self verdadeiro aparece tão logo o indivíduo apresenta qualquer organização mental, e isso quer dizer pouco mais do que o somatório do viver sensório-motor.

O self verdadeiro rapidamente ganha complexidade, e se relaciona com a realidade externa por processos naturais, como os que se desenvolvem no indivíduo bebê com o passar do tempo. O bebê então se torna capaz de reagir a estímulos sem traumatismo, porque o estímulo tem uma contrapartida na realidade interna, psíquica, do indivíduo. O bebê passa a encarar todos os estímulos como projeções, mas esse estágio não é necessariamente atingido, ou é apenas parcialmente atingido, ou é atingido e perdido. Tendo atingido este estágio, o bebê se torna então capaz de manter o sentimento de onipotência, mesmo quando reage a fatores ambientais que o observador pode discernir como verdadeiramente externos ao bebê. Tudo isso precede em anos a capacidade da criança de conceber, no raciocínio intelectual, a operação de acaso puro.

Cada novo período de vida em que o self verdadeiro não sofreu graves interrupções resulta no fortalecimento do sentimento de ser real, e com isso vem uma capacidade crescente do bebê de tolerar dois tipos de fenômenos:

1. Quebras de continuidade na vivência do self verdadeiro. (Aqui compreendemos como o processo do nascimento pode ser traumático, por exemplo, quando há demora sem inconsciência.)
2. Experiências reativas ou do falso self, relacionadas com o ambiente na base da submissão. Isso se torna a parte do bebê que pode ser (antes do primeiro aniversário) ensinada a dizer "Da da", ou, dito de outro modo, ensinada a reconhecer a existência de um ambiente que está aos poucos sendo aceito intelectualmente. Podem se seguir ou não sentimentos de gratidão.

O EQUIVALENTE NORMAL DO FALSO SELF

Desse modo, por processos naturais, o bebê desenvolve uma organização do ego adaptada ao ambiente; mas isso não ocorre automaticamente e na verdade só pode ocorrer se antes o self verdadeiro (como eu o chamo) tiver se tornado uma realidade viva, por causa da adaptação suficientemente boa da mãe às necessidades de vida do bebê. Há um aspecto submisso do self verdadeiro no viver saudável, uma habilidade do bebê de se submeter e de não se expor. A habilidade de fazer concessões é uma conquista. O equivalente ao falso self no desenvolvimento normal é aquele que se pode desenvolver na criança no sentido das boas maneiras sociais, algo que é adaptável. Na normalidade essas boas maneiras representam uma concessão. Ao mesmo tempo, na saúde, a concessão deixa de ser aceitável quando as questões se tornam cruciais. Quando isso acontece o self verdadeiro é capaz de se sobrepor ao self submisso. Clinicamente isso constitui um problema recorrente da adolescência.

GRAUS DE FALSO SELF

Se a descrição desses dois extremos e sua etiologia é aceita, não nos é difícil achar lugar em nosso trabalho clínico para a possibilidade de um alto ou de um baixo grau de falso self como defesa, desde o aspecto polido saudável do self ao falso self marcadamente cindido e submisso, que é confundido com a criança inteira. Pode-se ver facilmente que muitas vezes essa defesa do falso self pode ser a base de um tipo de sublimação, quando a criança cresce para se tornar um ator. Com relação a atores, há aqueles que podem ser eles mesmos e também representar, enquanto há outros que só podem representar, e que ficam completamente perdidos quando não exercem um papel, quando não estão sendo apreciados ou aplaudidos (reconhecidos como existentes).

No indivíduo saudável, que tem aspecto submisso no self, mas que existe e é um ser espontâneo e criativo, há ao mesmo tempo a capacidade para o uso de símbolos. Dito de outro modo, a saúde aqui está intimamente ligada à capacidade do indivíduo de viver em uma área intermediária entre o sonho e a realidade, aquela que é chamada de vida cultural.[6] Em contrapartida, onde há alto grau de cisão entre o self verdadeiro e o falso self que oculta o self verdadeiro verifica-se pouca capacidade para o uso de símbolos e uma pobreza de vida cultural. Em vez de objetivos culturais, observam-se em tais pessoas extrema inquietação, uma incapacidade de se concentrar e uma necessidade de colecionar intrusões da realidade externa, de modo que a vida toda do indivíduo pode ficar cheia de reações a essas intrusões.

---

6   D. W. Winnicott, "Objetos transicionais e fenômenos transicionais" [1951], in *O brincar e a realidade*, op. cit., pp. 13-51.

APLICAÇÃO CLÍNICA

Já se fez referência à importância de identificar a personalidade com falso self quando se está fazendo um diagnóstico com o propósito de avaliar um caso para tratamento, ou avaliar um candidato para trabalho psiquiátrico ou de assistência social psiquiátrica.

CONSEQUÊNCIAS PARA O PSICANALISTA

Se for demonstrado que essas considerações são válidas, então o psicanalista formado deve ser influenciado das seguintes maneiras:

1. Na análise de uma falsa personalidade é preciso reconhecer o fato de que o analista só pode falar com o falso self do paciente sobre seu self verdadeiro. É como se uma enfermeira trouxesse uma criança e de início o analista discutisse o problema da criança sem manter contato direto com a criança. A análise não começa até que a enfermeira deixe a criança com o analista e a criança se torne capaz de ficar a sós com ele e comece a brincar.
2. No ponto de transição, quando o analista começa a entrar em contato com o self verdadeiro do paciente, deve haver um período de extrema dependência. Isso muitas vezes não é percebido na prática analítica. O paciente tem uma doença, ou de algum outro modo dá ao analista a oportunidade de se encarregar do falso self (babá), mas o analista nesse ponto não consegue se dar conta do que está ocorrendo; em consequência outras pessoas acabam tomando conta do paciente, o qual se torna dependente delas durante um período de regressão (disfarçada) à dependência, e a oportunidade é desperdiçada.
3. Analistas que não estão preparados para satisfazer as grandes necessidades dos pacientes que se tornam dependentes desse modo devem ter cuidado ao escolher seus casos, a fim de que não incluam entre eles tipos com falso self.

No trabalho psicanalítico há análises que continuam indefinidamente porque se baseiam no trabalho com o falso self. Em um caso com um paciente homem que tinha tido uma análise de duração considerável antes de vir a mim, meu trabalho com ele realmente começou quando deixei claro para ele que reconhecia sua não existência. Ele comentou que ao longo dos anos todo o bom trabalho realizado com ele tinha sido inútil, porque tinha se baseado na premissa de que ele existia, quando ele apenas existia falsamente. Quando eu disse que reconhecia sua não existência, ele sentiu que havia se comunicado pela primeira vez. O que ele quis dizer foi que seu self verdadeiro, que tinha se ocultado desde a infância inicial, havia agora travado comunicação com seu analista da única maneira que não era perigosa. Isso é típico do modo como esse conceito afeta o trabalho psicanalítico.

Fiz referência a alguns outros aspectos desse problema clínico. Por exemplo, em "Retraimento e regressão"[7] acompanhei no tratamento de um homem a evolução na transferência de meu contato com (sua versão de) um falso self, passando por meu primeiro contato com seu self verdadeiro, até chegar a uma análise do tipo direto. Neste caso o retraimento teve de ser convertido em regressão, conforme descrito naquele estudo.

Um princípio pode ser enunciado, o de que na área do falso self em nossa prática analítica percebemos que progredimos mais ao reconhecer a não existência do paciente do que ao trabalhar longa e continuadamente com o paciente na base de mecanismos de defesa do ego. O falso self do paciente pode colaborar indefinidamente com o analista na análise das defesas, estando, por assim dizer, do lado do analista nesse jogo. Esse trabalho infrutífero só é encurtado com êxito quando o analista consegue apontar e especificar a ausência de algum aspecto essencial: "Você não tem boca", "Você ainda não começou a existir", "Fisicamente você é um homem, mas você não

---

[7] Id., "Retraimento e regressão" [1954], in *Da pediatria à psicanálise*, op. cit., pp. 427-36.

12. DISTORÇÃO DO EGO EM TERMOS DE SELF VERDADEIRO E FALSO SELF

sabe por experiência nada sobre masculinidade", e assim por diante. O reconhecimento de um fato importante, evidenciado no momento exato, abre caminho para a comunicação com o self verdadeiro. Um paciente que teve muita análise inútil na base de um falso self, cooperando vigorosamente com um analista que tomava aquele por seu self integral, me disse: "A única vez que senti esperança foi quando você me disse que não tinha esperança, e continuou com a análise".

Com base nisso pode-se dizer que o falso self (como as projeções múltiplas em estágios posteriores do desenvolvimento) engana o analista se este não se dá conta de que, encarado como uma pessoa atuante integral, o falso self – não importa quão bem se posicione – carece de algo, e esse algo é o elemento central essencial da originalidade criativa.

Muitos outros aspectos da aplicação desse conceito serão descritos com o tempo e pode ser que em alguns pontos o conceito em si tenha de ser modificado. Meu objetivo ao expor esta parte de meu trabalho (que se relaciona com o trabalho de outros analistas) é manter o ponto de vista de que este conceito moderno de falso self ocultando o self verdadeiro, *juntamente com a teoria de sua etiologia*, é capaz de ter um efeito importante no trabalho psicanalítico. Tanto quanto posso discernir, isso não implica nenhuma mudança importante na teoria básica da psicanálise.

13

CORDÃO: UMA TÉCNICA DE COMUNICAÇÃO
[1960]

Um menino de sete anos foi trazido ao Departamento de Psicologia do Hospital Infantil Paddington Green por seus pais em março de 1955.[1] Outros dois membros da família também vieram: uma menina deficiente mental de dez anos de idade, que frequentava uma escola especial, e outra bastante normal, de quatro anos de idade. O caso foi encaminhado pelo médico da família por causa de uma série de sintomas indicando um distúrbio de caráter no menino. Para as finalidades desta descrição, todos os detalhes que não são diretamente relevantes para o tema principal serão omitidos. Um teste de inteligência aplicado ao menino revelou um QI de 108.

Inicialmente, vi os pais em uma longa entrevista em que me deram um quadro nítido do desenvolvimento do menino e das distorções de seu desenvolvimento. Omitiram um detalhe importante, contudo, que emergiu na entrevista com o menino.

Não era difícil verificar que a mãe era uma pessoa depressiva e ela relatou ter sido hospitalizada por causa dessa depressão. Pelo relato dos pais pude notar que a mãe cuidou do menino até o nascimento da irmã, quando ele tinha três anos e três meses. Essa foi a

---

[1] Publicado pela primeira vez no *Journal of Child Psychology and Psychiatry*, v. 1, pp. 49-52.

13. CORDÃO: UMA TÉCNICA DE COMUNICAÇÃO

primeira separação importante. A seguinte foi aos três anos e onze meses, quando a mãe se submeteu a uma operação. Quando o menino tinha quatro anos e nove meses, a mãe foi internada em um hospital psiquiátrico por dois meses, e durante esse tempo ele esteve sob os cuidados da irmã da mãe. Por volta dessa época todos que cuidavam desse menino concordavam em que ele era difícil, embora revelasse boas inclinações. Estava sujeito a mudar subitamente de humor e assustar as pessoas, dizendo, por exemplo, que ia cortar em pedacinhos a irmã de sua mãe. Desenvolveu diversos sintomas curiosos, como o de lamber pessoas e coisas; fazia ruídos compulsivos com a garganta; às vezes se recusava a evacuar e depois fazia uma porcaria. Estava obviamente apreensivo com relação à deficiência mental de sua irmã mais velha, mas a distorção de seu desenvolvimento parece ter se iniciado antes de esse fator se tornar significativo.

Após a entrevista com os pais, vi o menino em entrevista pessoal. Estavam presentes duas assistentes sociais psiquiátricas e dois visitantes. O menino não passou uma impressão imediata de anormalidade e logo se entreteve comigo em um jogo de rabiscos (nesse jogo faço certo tipo de desenho impulsivo com linhas e convido a criança que estou entrevistando a transformá-lo em alguma coisa, e então ela faz um rabisco para eu transformá-lo em alguma outra coisa).

O jogo de rabiscos nesse caso particular levou a um resultado curioso. A preguiça do menino logo se tornou evidente e também que quase tudo que eu fazia era transformado por ele em algo associado a cordão. Entre seus dez desenhos apareceram os seguintes:

- um laço, um chicote, uma chibata;
- um cordão de ioiô;
- um cordão com um nó;
- outra chibata;
- outro chicote.

Depois dessa entrevista com o menino tive uma segunda com os pais e lhes perguntei sobre a preocupação dele com cordões. Responderam-me que se alegravam que eu tivesse levantado essa questão, mas que não a tinham mencionado por não estarem certos de seu significado. Disseram que o menino ficara obcecado com tudo que se relacionasse com cordão e que sempre que entravam em uma sala podiam constatar que ele tinha unido mesas e cadeiras; e poderiam achar uma almofada, por exemplo, com um cordão ligando-a à lareira. Disseram que a preocupação do menino com cordões vinha aos poucos desenvolvendo uma nova característica, que os deixara realmente apreensivos em vez de causar mera inquietação. Ele tinha recentemente atado um cordão ao pescoço de sua irmã (aquela cujo parto provocara a primeira separação dele em relação à mãe).

Nesse tipo particular de entrevista eu sabia que tinha oportunidades limitadas de agir: não seria possível rever os pais ou o menino com frequência maior do que uma vez a cada seis meses, na medida em que a família vivia no campo. Assim, agi do seguinte modo: expliquei à mãe que esse menino estava enfrentando um medo de separação, tentando negar a separação pelo emprego do cordão, como se poderia negar a separação de um amigo pelo uso do telefone. Ela ficou cética, mas eu lhe disse que, se ela passasse a ver algum sentido no que eu estava lhe dizendo, eu gostaria que ela discutisse o assunto abertamente com o menino em alguma ocasião apropriada, retomando o que eu tinha dito e então desenvolvendo o tema da separação de acordo com a resposta do menino.

Não soube nada dessa gente até que vieram me ver seis meses mais tarde. A mãe não me relatou o que tinha feito, mas lhe perguntei e ela pôde me contar o que aconteceu logo após a visita anterior. Ela achou que o que eu tinha dito era tolice, mas uma noite tocou no tema com o menino e percebeu que ele estava ansioso para falar sobre sua relação com ela e sobre seu medo de perder o contato com ela. Com a ajuda dele, ela recapitulou todas as separações que podia imaginar e logo se convenceu de que o que eu tinha dito estava certo, por causa das respostas do menino. Além disso, a partir do momento em que teve essa conversa com ele, a brincadeira com os cordões cessou. Não houve mais a união de objetos do modo anterior. Ela teve muitas

13. CORDÃO: UMA TÉCNICA DE COMUNICAÇÃO

outras conversas com o menino sobre seu sentimento de separação em relação a ela, e também fez o comentário, muito importante, de que sentiu que a principal separação tinha sido a perda dela quando ela estava severamente deprimida: não se tratava só do fato de ter ido embora, disse a mãe, mas também de sua falta de contato com ele por causa de sua total preocupação com outros assuntos.

Em uma entrevista posterior, a mãe me contou que um ano depois da primeira conversa com o menino seu hábito de brincar com cordões e de unir os objetos na casa retornou. Na verdade, ela se aprontava para ir para o hospital para uma operação quando disse a ele: "Posso ver pela sua brincadeira com o cordão que você está preocupado por me ver indo embora, mas desta vez vou ficar longe só por alguns dias e vou fazer uma operação que não é séria". Depois dessa conversa, a nova fase de brincar com o cordão cessou.

Mantive-me em contato com essa família e auxiliei em vários aspectos da escolarização do menino e em outras questões. Quatro anos depois da entrevista original, o pai relatou uma nova fase de preocupação com cordão, associada a uma depressão recente da mãe. Essa fase durou dois meses e desapareceu quando a família viajou de férias, época em que a situação no lar também melhorou (tendo o pai encontrado trabalho após ter passado um período desempregado). Associada a isso ocorreu uma melhora no estado da mãe. O pai forneceu mais um detalhe interessante e relevante para o tema em discussão. Durante essa fase recente, o menino tinha atuado algo com uma corda que o pai achou significativo, porque demonstrou como todos esses fatos estavam intimamente ligados com a ansiedade mórbida da mãe. Ele chegou um dia em casa e encontrou o menino pendurado da corda, de cabeça para baixo. Ele estava flácido e se saindo muito bem na interpretação do papel de morto. O pai compreendeu que não deveria dar atenção e foi cuidar do jardim; meia hora depois, o garoto se entediou e largou o jogo. Esse foi um grande teste da falta de ansiedade do pai. No dia seguinte, contudo, o menino fez o mesmo de uma árvore que podia facilmente ser vista da janela da cozinha. A mãe correu para fora, tremendamente chocada e certa de que ele havia se enforcado.

O detalhe seguinte pode ser valioso para a compreensão do caso. Embora esse menino, que tem agora onze anos, esteja se desenvolvendo conforme o padrão de "garoto durão", ele é muito tímido e fica facilmente ruborizado. Tem um monte de ursos de pelúcia que para ele são seus filhos. Ninguém ousa lhe dizer que são brinquedos. Ele é leal aos ursos, demonstra-lhes muita afeição e faz calças para eles que envolvem um cuidadoso trabalho de costura. Seu pai alega que ele parece derivar um sentimento de segurança dessa sua família, na qual ele desempenha, desse modo, o papel de mãe. Se chegam visitas, ele rapidamente põe os ursos na cama da irmã, porque ninguém fora da família deve saber que ele tem essa família de ursos. Ao lado disso há uma relutância em evacuar ou uma tendência a guardar suas fezes. Não é difícil adivinhar, por isso, que ele tem uma identificação materna baseada em sua própria insegurança em relação a sua mãe, e que isso pode se desenvolver no sentido da homossexualidade. Por sua vez, a preocupação com o cordão poderia se desenvolver no sentido de uma perversão.

COMENTÁRIO

Os seguintes comentários me parecem apropriados:

1. O cordão pode ser visto como uma extensão de todas as outras técnicas de comunicação. O cordão une do mesmo modo que ajuda a embrulhar objetos e a segurar material não integrado. Nesse sentido o cordão tem um significado simbólico para todos; o uso exagerado do cordão pode facilmente fazer parte do início do sentimento de insegurança e da ideia de falta de comunicação. Neste caso particular é possível detectar anormalidade emergindo no emprego do cordão pelo menino e é importante descobrir que mudança poderia levar à perversão desse uso.

   Parece possível chegar a tal dedução se considerarmos o fato de que a função do cordão está mudando de união para *negação de separação*. Como negação de separação, o cordão se torna algo à parte, algo que tem propriedades perigosas e que tem de ser dominado. Nesse caso a mãe parece ter sido capaz de lidar com o emprego do cordão pelo garoto antes que fosse demasiado tarde, quando seu emprego ainda traduzia certa esperança. Quando a esperança está ausente e o cordão representa a negação de separação, então surge um estado de coisas muito mais complexo, que se torna difícil de curar por causa dos ganhos secundários originados da habilidade que se desenvolve sempre que um objeto tem de ser manuseado para ser dominado.

Por isto esse caso apresenta um interesse especial: ele permite a observação do desenvolvimento de uma perversão.

2. É possível ver também, a partir desse material, o uso que pode se fazer dos pais. Quando os pais podem ser utilizados, eles trabalham com grande economia, especialmente caso se tenha em mente que nunca haverá psicoterapeutas suficientes para tratar todos os que necessitam de tratamento. Lá estava uma boa família que atravessava tempos difíceis por causa do desemprego do pai; que foi capaz de assumir toda a responsabilidade de criar uma criança deficiente mental a despeito de seus tremendos inconvenientes, sociais e intrafamiliares; e que sobreviveu às terríveis fases da doença depressiva da mãe, incluindo sua hospitalização. Uma família como essa precisa ter muita força de vontade e foi com base nesse pressuposto que se tomou a decisão de convidar os pais a assumirem a terapia do próprio filho. Ao fazê-lo, aprenderam muito sobre si mesmos, mas precisaram ser informados sobre o que estavam fazendo. Precisaram também ter seus sucessos reconhecidos e o processo todo, verbalizado. O fato de terem visto seu filho atravessando uma doença lhes deve ter dado confiança quanto a sua habilidade de solucionar outras dificuldades eventuais.

RESUMO

Descrevi brevemente um caso para ilustrar a compulsão de um menino no uso do cordão, de início na tentativa de se comunicar simbolicamente com sua mãe a despeito do retraimento dela durante fases depressivas, e depois como negação da separação. Como símbolo da negação da separação, o cordão virou uma coisa assustadora e que tinha de ser dominada, tornando-se seu uso pervertido. Nesse caso a própria mãe conduziu a psicoterapia, tendo sua tarefa lhe sido explicada pelo psiquiatra.

14

CONTRATRANSFERÊNCIA
[1960]

O que pretendo expor pode ser enunciado brevemente.[1]

Penso que esta palavra, *contratransferência*, deveria agora ser devolvida a seu uso original. Podemos usar as palavras como quisermos, especialmente palavras artificiais como contratransferência. Uma palavra como *self* naturalmente sabe muito mais do que nós; ela nos usa e pode nos dominar. Mas contratransferência é um termo que podemos escravizar, e um exame da literatura me leva a pensar que essa palavra corre o risco de perder sua identidade.

Já se escreveu bastante sobre esse termo e eu mesmo tenho tentado investigá-lo. Em meu estudo "O ódio na contratransferência"[2] (que é principalmente sobre ódio), afirmei que a palavra *contratransferência* poderia ser usada para descrever "anormalidade nos sentimentos contratransferenciais, e relacionamentos e identificações

---

[1] Apresentado na segunda parte do Simpósio sobre Contratransferência realizado pela Seção Técnica da Sociedade Britânica de Psicologia em Londres, em 25 de novembro de 1959, e publicado pela primeira vez no *British Journal of Medical Psychology*, v. 33, pp. 17-21.
[2] Donald W. Winnicott, "O ódio na contratransferência" [1947], in *Da pediatria à psicanálise*, op. cit., pp. 356-70.

padronizados que são reprimidos pelo analista. O comentário a esse respeito é que o analista precisa de mais análise [...]".[3]

Para as finalidades deste estudo acrescentei outros dois significados possíveis.

Uma discussão baseada nas falhas da análise do próprio analista seria inútil. Nesse sentido, isso encerra o debate.

O significado da palavra *contratransferência* pode ser estendido, contudo, e penso que todos concordamos em estendê-lo um pouco para poder aproveitar esta oportunidade de examinar nosso trabalho com novos olhos. Voltarei, contudo, à ideia que já expressei. Antes de prosseguir devo retomar uma observação feita por Michael Fordham no início de seu estudo, em que cita Jung quando este protesta contra a ideia de que transferência é um produto da técnica psicanalítica, ressaltando que se trata de um fenômeno geral transpessoal e social. Afora o fato de não saber o que "transpessoal" significa, penso que aqui pode haver certa confusão devido à distorção do uso do termo *transferência* como imagino que Freud o introduziu. A característica da técnica psicanalítica reside no uso da transferência e da *neurose de transferência*. Transferência não é apenas uma questão de relacionamento, ou de relações. Ela se refere ao modo como fenômenos altamente subjetivos aparecem repetidamente na análise. A psicanálise consiste principalmente em propiciar as condições para o desenvolvimento desses fenômenos, e a interpretação deles no momento oportuno. A interpretação relaciona o fenômeno específico da transferência a uma parcela da realidade psíquica do paciente, e isso significa em alguns casos relacioná-la ao mesmo tempo a uma parcela das vivências passadas do paciente.

Em um exemplo típico, um paciente vai gradualmente se aproximando de sentimentos de suspeita e ódio em relação ao analista, fato que pode ser relacionado com o risco de deparar com outro paciente, ou com as interrupções por conta de fins de semana ou feriados. Com o tempo uma interpretação dá sentido a isso tudo em termos não do

---

3   Ibid., p. 357.

presente, mas da estrutura dinâmica da personalidade do paciente. Depois dessa elaboração o paciente perde a neurose de transferência específica e parte para outra. (Mais frequentemente o trabalho não é feito de modo tão claro, mas para fins didáticos essa pode ser uma descrição razoável de um princípio básico.)

Michael Fordham[4] nos deu um bom exemplo disso ao citar um paciente que fazia perguntas. Eventualmente este afirmou: "Você é como meu pai, nunca responde às perguntas". Muitas vezes o paciente deu indícios que permitiam ao analista interpretar de modo produtivo, mas aqui há um pequeno pedaço (mas um pedaço importante) da interpretação que foi feita pelo paciente, e sem dúvida foi possível ao analista acrescentar uma interpretação mais completa.

É necessário persistir nisso porque, se não concordamos acerca do termo *transferência*, não podemos começar a discutir contratransferência.

A propósito, permitam-me lembrar ao dr. Fordham que alguns dos termos que ele usa não têm nenhum valor para mim, por pertencerem ao jargão da conversação de Jung. Em contrapartida ele pode me dizer quais das minhas palavras são inúteis para ele. Eu me refiro a: transpessoal, inconsciente transpessoal, ideal transpessoal analítico, arquétipo, componentes contrassexuais da psique, animus e anima, conjunção animus-anima.

É impossível se comunicar comigo nessa linguagem. Para alguns nesta sala essas são palavras habituais e para o resto não têm sentido preciso.

Devemos também ter cuidado com palavras que são usadas de modo diferente por vários grupos de profissionais: ego, inconsciente, ilusório, sintônico (reagir sintonicamente), análise etc.

Posso agora retornar ao tema dos fenômenos de transferência-contratransferência e examinar o que em geral ocorre no trabalho

---

4   Michael Fordham, "Contribution to Symposium on 'Counter-Transference'". *The British Journal of Psychoanalysis*, v. 33.

profissional. Trabalho profissional é muito diferente de vida comum, não é mesmo?

Isso tudo começou com Hipócrates, possível fundador da atitude profissional. O juramento médico nos dá o quadro de um homem ou mulher que é uma versão idealizada do homem ou mulher comum encontrado na rua. Ainda assim, é como somos quando exercemos nossa profissão. Incluída no juramento está a promessa de que não cometeremos adultério com o paciente. Aqui está o pleno reconhecimento de um aspecto da transferência, o da necessidade do paciente de idealizar o analista, e de se apaixonar por ele, de sonhar.

Freud previu o desenvolvimento de uma ampla gama de fenômenos subjetivos no relacionamento profissional; a análise do próprio analista foi de fato o reconhecimento de que o analista está *sob pressão ao manter a atitude profissional*. Não é sem propósito que me expresso nesses termos. Não estou dizendo que a análise do próprio analista vai livrá-lo da neurose; sua finalidade é aumentar a estabilidade de caráter e a maturidade da personalidade do profissional, sendo essa a base de seu trabalho e de nossa habilidade de manter um relacionamento profissional.

Uma atitude profissional pode, certamente, ser montada com base em defesas e inibições e ordem obsessiva, e sugiro que é aí que o psicoterapeuta está particularmente sob pressão, porque *qualquer estruturação de suas defesas do ego diminui sua capacidade de enfrentar a nova situação*. O psicoterapeuta (analista ou psicólogo analítico) deve permanecer vulnerável e ainda assim reter seu papel profissional durante seu horário de trabalho. Acho que é mais fácil encontrar analistas profissionais que se comportem bem do que analistas que (ainda que bem-comportados) retenham a vulnerabilidade que faz parte de uma organização defensiva flexível. (Fordham se refere a essa mesma ideia em sua terminologia.)

Há um uso muito mais amplo dos fenômenos de transferência na psicanálise do que em serviço social, por exemplo. Isso confere uma vantagem terapêutica do analista em relação ao assistente social, mas é necessário lembrar que há vantagens que permanecem do

14. CONTRATRANSFERÊNCIA

lado de quem trabalha com casos mais gerais. Este, por trabalhar com as funções do ego do paciente, está em melhor posição para relacionar as necessidades do ego do paciente com provisão social. Como analistas somos frequentemente prejudicados quanto a essa função, que não é a nossa.

Na análise a neurose de transferência é caracteristicamente derivada do id. No campo da assistência social, um homem pode dizer à assistente social: "Você me lembra minha mãe". Nada mais precisa ser feito a respeito disso, basta à assistente social acreditar nisso. Na análise o analista receberá os indícios necessários para ele interpretar não apenas a transferência de sentimentos da mãe para o analista, mas também os elementos instintivos inconscientes que estão por trás disso, assim como os conflitos suscitados e as defesas então erigidas. Desse modo o inconsciente começa a ter um equivalente consciente e a se tornar um processo vivo envolvendo pessoas, assim como a se tornar um fenômeno aceitável pelo paciente.

O que o paciente encontra é por certo a atitude profissional do analista, não a do homem ou mulher não confiável que costumamos ser na vida privada.

Quero primeiro fazer essa observação bem clara, embora eu provavelmente modifique mais tarde o que estou afirmando agora.

Quero afirmar que o analista no trabalho está em um estado especial, isto é, que *sua atitude é profissional*. O trabalho é feito em uma situação profissional. Nessa situação supomos que o analista não tem uma personalidade ou distúrbios de caráter de um tipo tal ou em um grau tal que o relacionamento profissional não pode ser mantido, ou pode ser mantido somente a um custo alto, envolvendo defesas excessivas.

A atitude profissional é como um simbolismo, no sentido de que pressupõe uma *distância entre analista e paciente*. O símbolo está no fosso entre o objeto subjetivo e o objeto que é percebido objetivamente.

Verifica-se aqui que estou em desacordo com a afirmação de Fordham, embora mais tarde venha a concordar com ele. A afirmação da qual discordo é a seguinte: "Ele (Jung) compara a relação analítica a uma interação química, e continua dizendo que tratamento não pode 'de jeito nenhum [...] ser nada mais do que o produto de influência mútua, no qual o ser integral do médico, bem como o do paciente, tomam parte'". Mais tarde ele é enfático ao afirmar que é inútil para o analista erigir defesas de tipo profissional contra a influência do paciente, e continua: "Ao fazê-lo ele apenas se nega ao uso de um órgão extremamente importante de informação".

Quanto a mim, preferiria, antes, ser lembrado por sustentar a ideia de que entre o paciente e o analista está a atitude profissional do analista, sua técnica, o *trabalho que executa com sua mente*.

Afirmo isso sem receio porque não sou um intelectual e, na verdade, pessoalmente, executo meu trabalho muito mais a partir de meu ego corporal, por assim dizer. Mas me imagino, em meu trabalho analítico, trabalhando à vontade, mas com esforço mental consciente. Ideias e sentimentos me vêm à mente, mas estes são bem examinados e filtrados antes de eu fazer uma interpretação. Isso não quer dizer que sentimentos não estão envolvidos. Por um lado, posso ter dor no estômago, mas isso em geral não afeta minhas interpretações; e por outro lado, posso ter sido estimulado erótica ou agressivamente por uma ideia manifestada pelo paciente, mas novamente isso em geral não afeta o meu trabalho interpretativo – o que eu digo, como o digo e quando o digo.

O analista é objetivo e consistente na hora da sessão, sem pretender ser um salvador, professor, aliado ou moralista. O efeito importante da análise do próprio analista nesse contexto é que fortalece seu próprio ego a fim de poder permanecer *profissionalmente* envolvido, e sem esforço demasiado.

Na medida em que isso tudo é válido, o significado da palavra *contratransferência* só pode ser o de aspectos neuróticos *que estragam a atitude profissional* e perturbam o curso do processo analítico determinado pelo paciente.

Na minha opinião isso se verifica, exceto nos diagnósticos de pacientes de certo tipo, e quero descrever agora as espécies de diagnósticos que a meu ver alteram todo o problema e me fazem desejar concordar com a afirmação com a qual acabo de discordar. O tema sob discussão agora poderia ser intitulado o *papel do analista*; é esse papel que pode variar de acordo com o diagnóstico do paciente. Nenhum conferencista teve tempo para se referir mais do que brevemente à questão do diagnóstico (embora Fordham citasse Jung: "Está claro, contudo, que tem certeza de que o paciente pode ter efeitos drásticos no analista e que isso pode induzir manifestações patológicas nele". Ele afirma que é justamente isso que encontramos no tratamento de casos de esquizofrenia *borderline*; e Jung desenvolve esse tema de modo interessante.)

Estou, por isso, falando de uma posição diferente, e a mudança vem do fato de agora me referir ao manejo e tratamento de casos *borderline* para os quais a palavra *psicótico* é mais apropriada do que *neurótico*. Contudo, sucede que a vasta maioria das pessoas que nos procura para psicanálise não é psicótica e os estudantes devem ser ensinados primeiro a analisar casos não psicóticos.

Poderiam esperar de mim usar palavras como neurose, psicose, ou histeria, distúrbios afetivos e esquizofrenia, mas não o faço ao classificar casos para nosso propósito aqui.

Parece-me que dois tipos de casos alteram completamente a atitude profissional do terapeuta. Um é o paciente que *tem uma tendência antissocial*, o outro é o paciente *que necessita de uma regressão*. O primeiro, o paciente com uma tendência antissocial maior ou menor, está permanentemente reagindo a uma deprivação. O terapeuta é impelido pela doença do paciente, ou pela metade esperançosa dessa doença, a corrigir e continuar corrigindo a falha de apoio do ego que alterou o curso da vida do paciente. A única coisa que o terapeuta pode fazer, além de se envolver, é usar o que ocorre na tentativa de chegar a uma demonstração precisa da deprivação ou deprivações originais, tal como foram percebidas e sentidas pelo paciente quando criança. Isso pode envolver ou não trabalho com o inconsciente do paciente. Um terapeuta completamente empenhado no trabalho com pacientes que revelam tendência antissocial não estaria em boa posição para compreender a técnica psicanalítica ou a operação de transferência, ou a interpretação da neurose de transferência. Tentamos evitar dar a nossos estudantes de psicanálise casos antissociais precisamente porque não podemos ensinar psicanálise nesses casos. Eles são mais bem manejados de outras maneiras, embora a psicanálise possa ser acrescentada produtivamente. Deixarei de lado considerações adicionais sobre a tendência antissocial.

No outro tipo de paciente a que me refiro será necessária uma regressão. Para que ocorra uma mudança significativa, o paciente precisará passar por uma fase de dependência infantil. Novamente aqui a psicanálise não poderá ser ensinada, embora possa ser praticada de forma modificada. A dificuldade aqui está no diagnóstico, na identificação da falsidade da falsa personalidade que oculta o self verdadeiro imaturo. Caso se queira que o self verdadeiro oculto aflore por si próprio, o paciente terá de sofrer um colapso como parte do tratamento, e o analista precisará ser capaz de desempenhar o papel de mãe para o bebê do paciente. Isso significa dar apoio do ego em grande escala. O analista precisará permanecer orientado para a realidade externa ao mesmo tempo que identificado ou mesmo fundido com o paciente. Será necessário que o paciente fique extremamente dependente, até mesmo absolutamente dependente, e esse é verdadeiramente o caso mesmo quando há uma parte sadia da personalidade que atua como aliada do analista e de fato informa ao analista como se comportar.

Notem que agora estou usando uma terminologia na linha daquela usada por Fordham.

Agora cabe mais uma vez dizer que analistas que trabalham predominantemente com pacientes que se tornam inteiramente dependentes dessa maneira podem falhar em entender e aprender a técnica psicanalítica que se baseia no trabalho com a vasta maioria dos pacientes, isto é, com aqueles cuja própria dependência infantil foi elaborada com êxito por sua mãe e seu pai. (É preciso sempre ressaltar o fato de que a maioria das pessoas, ao serem analisadas, necessita de técnica psicanalítica clássica, com a atitude profissional do analista colocada entre o paciente e o analista.)

14. CONTRATRANSFERÊNCIA

Em contrapartida, o analista clássico, aquele que aprendeu sua tarefa e confia em sua habilidade de lidar com a neurose de transferência à medida que esta se desenvolve e repetidamente se redesenvolve, tem muito a aprender com aqueles que cuidam e que tentam fazer psicoterapia com pacientes que necessitam passar pelos estágios do desenvolvimento emocional que na verdade pertencem à infância inicial.

Portanto, desse ângulo diferente, com o paciente diagnosticado como psicótico ou esquizofrênico, e a transferência dominada pela necessidade de o paciente regredir à dependência infantil, estou em posição de aderir a grande parte das observações do dr. Fordham, as quais, contudo, acho que ele não ligou adequadamente à classificação de pacientes por não ter tido tempo.

O paciente *borderline* atravessa gradativamente as barreiras que denominei de técnica do analista e atitude profissional, e força um relacionamento direto de tipo primitivo, chegando até o limite de fusão. Isso é realizado de modo gradual e ordenado, e a recuperação é igualmente ordenada, exceto quando a primazia do caos interno e externo faz parte da doença.

No treinamento de psicanalistas e assemelhados não devemos colocar estudantes na posição de se relacionarem com as necessidades primitivas dos pacientes psicóticos, porque poucos poderão suportá-las, e poucos serão capazes de aprender alguma coisa com a experiência. No entanto, em uma prática psicanalítica organizada há lugar para alguns pacientes que forçam a passagem do limite profissional, e que realizam esses testes especiais e trazem essas demandas – abarcados, nesta discussão, pelo termo *contratransferência*. Eu poderia agora fazer um gancho com um comentário sobre as respostas do analista. De fato, acho difícil desperdiçar essa oportunidade de discutir todo tipo de experiências que vivi e que se relacionam com ideias expostas pelo dr. Fordham. Por exemplo, fui agredido fisicamente por uma paciente. O que eu disse não é publicável. Não foi uma interpretação, mas uma reação ao evento. A paciente cruzou a barreira profissional e viu um pouco do meu eu verdadeiro, e acho que isso pareceu real para ela. Mas uma reação não é o mesmo que contratransferência.

Não seria melhor, nesse ponto, *devolver ao termo "contratransferência" o sentido* daquilo que esperamos eliminar mediante seleção e análise e formação de analistas? Isso nos deixaria livres para discutir as muitas coisas de interesse que analistas podem fazer por pacientes psicóticos que estão temporariamente regredidos e dependentes, para os quais se poderia usar o termo de Margaret Little: a resposta total de analista às necessidades do paciente. Sob esse título ou outro similar há muito a dizer sobre o uso que o analista pode fazer de suas próprias reações conscientes ou inconscientes diante do impacto do paciente psicótico ou da parte psicótica desse paciente no self do analista, e sobre o efeito disso na atitude profissional do analista. Sou um dos que já escreveram um pouco e falaram muito sobre esse tema, que interessa tanto a junguianos como a freudianos. Isso poderia formar, e na verdade deveria formar, a base de futuras discussões, mas acho que restaria apenas confusão da tentativa de estender essa fala para abranger tudo aquilo que é englobado pela palavra que constitui o título deste simpósio: contratransferência.

15

OS OBJETIVOS DO TRATAMENTO PSICANALÍTICO

[1962]

Ao praticar psicanálise, estou:[1]

- me mantendo vivo;
- me mantendo bem;
- me mantendo desperto.

Meu objetivo é ser eu mesmo e me portar bem.

Uma vez iniciada uma análise espero continuar com ela, sobreviver a ela e terminá-la.

Gosto de fazer análise e sempre anseio por seu fim. A análise só pela análise para mim não tem sentido. Faço análise porque é isso que o paciente precisa ter feito e concluído. Se o paciente não necessita de análise então faço alguma outra coisa.

Em análise se pergunta: *quanto* se deve fazer? Em contrapartida, na minha clínica o lema é: quão *pouco* é necessário fazer?

Mas esses são temas superficiais. Quais são os objetivos mais profundos? O que se faz no *setting* profissional que é tão cuidadosamente preparado e mantido?

---

1   Apresentado à Sociedade Britânica de Psicanálise em 7 de março de 1962.

Sempre me adapto um pouco às expectativas do indivíduo, de início. Seria desumano não fazê-lo. Ainda assim, estou o tempo todo fazendo manobras para chegar a uma análise-padrão. O que devo tentar conceituar aqui é o significado para mim da expressão "*análise-padrão*".

Isso significa, para mim, me comunicar com o paciente a partir da posição em que a neurose (ou psicose) de transferência me coloca. Nessa posição eu tenho algumas das características típicas de um fenômeno transicional, uma vez que, embora eu represente o princípio de realidade, e seja eu quem mantém um olho no relógio, nem por isso deixo de ser um objeto subjetivo para o paciente.

A maior parte do que faço consiste na verbalização do que o paciente me traz no dia. Faço interpretações por duas razões:

1. Se não fizer nenhuma, o paciente fica com a impressão de que compreendo tudo. Dito de outra forma, eu retenho certa qualidade externa, por não acertar sempre no alvo ou mesmo por estar errado.
2. A verbalização no momento exato mobiliza forças intelectuais. Só é ruim mobilizar os processos intelectuais quando eles se tornaram seriamente dissociados do ser psicossomático. Minhas interpretações são econômicas, pelo menos assim espero. Uma interpretação por sessão me satisfaz, se está relacionada com o material produzido pela cooperação inconsciente do paciente. Digo uma coisa, ou digo uma coisa em duas ou três partes. Nunca uso frases longas, a menos que esteja muito cansado. Se estou próximo do ponto de exaustão, começo a ensinar. Além disso, na minha opinião, uma interpretação que contém a expressão "além disso" vira uma aula.

O material do processo secundário é aplicado ao material do processo primário como uma contribuição à integração e ao crescimento.

O que é que me traz o paciente hoje? Isso depende da cooperação inconsciente que se estabelece por ocasião da primeira interpretação mutativa, ou antes. É axiomático que o trabalho da análise seja feito pelo paciente e que isso seja chamado de cooperação

15. OS OBJETIVOS DO TRATAMENTO PSICANALÍTICO

inconsciente. Nela se incluem sonhos, o recordar e a narração deles de modo produtivo.

Cooperação inconsciente é o mesmo que resistência, mas esta última faz parte de um elemento negativo da transferência. A análise da resistência libera a cooperação, que faz parte de elementos positivos da transferência.

Embora a psicanálise possa ser infinitamente complexa, podem-se dizer algumas coisas simples sobre o trabalho que realizo e uma delas é que espero entrever uma tendência para a ambivalência na transferência e no sentido contrário dos mecanismos mais primitivos de cisão, introjeção, projeção, retaliação do objeto, desintegração etc. Sei que esses mecanismos primitivos são universais e têm um valor positivo, mas são defesas, na medida em que enfraquecem o elo direto com o objeto através do instinto e através do amor e do ódio. Ao fim de ramificações intermináveis em termos de fantasia hipocondríaca e delírios persecutórios, o paciente tem um sonho que expressa: devoro-te. Eis aqui uma simplicidade marcante, como aquela do complexo de Édipo.

Simplicidade marcante só é possível como prêmio do fortalecimento do ego trazido pela análise. Desejaria fazer uma referência especial a isso, mas antes devemos lembrar o fato de, em muitos casos, o analista deslocar influências ambientais patológicas, e nós adquirimos *insight* que nos possibilita saber quando nos tornamos os representantes modernos das figuras paternas da primeira infância e infância inicial do paciente e quando, em contrapartida, estamos deslocando tais figuras.

Uma vez chegando a esse ponto, nos vemos afetando o ego do paciente em três etapas:

1. Esperamos por certa força do ego nos estágios iniciais da análise, pelo apoio do ego que simplesmente damos ao fazer análise-padrão, e fazê-la bem. Isso corresponde ao apoio do ego da mãe que (na minha teoria) torna forte o ego do bebê se, e somente se, é capaz de desempenhar sua parte especial nessa época. Isso é temporário e faz parte de uma fase especial.

2. Segue-se então uma longa fase em que a confiança do paciente no processo analítico acarreta todo tipo de experimentação (por parte do paciente) em termos de independência do ego.
3. Na terceira fase o ego do paciente, agora independente, começa a se revelar e afirmar suas características individuais, começando o paciente a ver como natural o sentimento de existir por si mesmo.

É essa integração do ego que me interessa e me dá um prazer particular (embora não deva ocorrer em função de meu prazer). É muito gratificante observar a capacidade crescente do paciente de reunir tudo dentro da área de sua onipotência pessoal, inclusive até traumas genuínos.

A força do ego resulta em uma mudança clínica no sentido do relaxamento das defesas, que são empregadas e implementadas de forma muito mais econômica, de modo que o paciente não se sente mais preso em sua doença, como resultado, mas livre, mesmo que não esteja livre de sintomas. Em suma, observamos crescimento e desenvolvimento emocional que tinha ficado em suspenso na situação original.

E quanto à análise modificada?

Eu me dou conta de que trabalho como analista em vez de realizar análise-padrão quando me defronto com certas condições que aprendi a reconhecer:

1. Quando o medo da loucura domina a cena.
2. Quando um falso self se torna bem-sucedido e a fachada de sucesso, e mesmo de genialidade, tem de ser demolida em alguma fase para a análise ter êxito.
3. Quando, em um paciente, uma tendência antissocial, seja na forma de agressividade, roubo ou ambas, é o legado de uma deprivação.
4. Quando não há vida cultural: somente uma realidade psíquica interna e um relacionamento com a realidade externa, estando as duas relativamente desconectadas.
5. Quando uma figura paterna ou materna doente domina a cena.

15. OS OBJETIVOS DO TRATAMENTO PSICANALÍTICO

Não só esses como muitos outros padrões de doença despertam meu interesse. O fato essencial é que baseio meu trabalho no diagnóstico. Continuo a elaborar um diagnóstico ao longo do tratamento, um diagnóstico individual e outro social, e trabalho de acordo com o diagnóstico. Nesse sentido, faço psicanálise quando o diagnóstico é de que esse indivíduo, em seu ambiente, quer psicanálise. Posso até tentar estabelecer uma cooperação inconsciente, quando o desejo consciente pela psicanálise está ausente. Mas, em geral, análise é para aqueles que a querem, que dela necessitam e que a podem tolerar.

Quando me defronto com o tipo errado de caso, me modifico no sentido de ser um psicanalista que atende, ou tenta atender, às necessidades de um caso especial. Acredito que esse trabalho não analítico pode ser mais bem feito por um analista versado na técnica psicanalítica clássica.

Para finalizar gostaria de dizer o seguinte:

Baseei minhas afirmações na presunção de que todos os analistas são iguais tanto quanto são analistas. Mas analistas não são iguais. Eu mesmo não sou o que era vinte ou trinta anos atrás. Sem dúvida, alguns analistas trabalham melhor nas áreas mais simples e mais dinâmicas, onde o conflito entre amor e ódio, com suas ramificações na fantasia consciente e inconsciente, constitui o principal problema. Outros analistas trabalham tão bem ou melhor quando têm de lidar com mecanismos mentais mais primitivos na neurose de transferência ou psicose de transferência. Desse modo, ao interpretar as retaliações dos objetos parciais, projeções e introjeções, ansiedades hipocondríacas e paranoides, ataques a associações, distúrbios de pensamento etc., alargam o campo de operação e o espectro de casos que podem resolver. Isso é pesquisa analítica e seu risco principal está em que as necessidades do paciente em termos de dependência infantil possam ser perdidas de vista no curso do desempenho do analista. Naturalmente, à medida que adquirimos confiança na técnica-padrão por meio de seu uso em casos apropriados, nos sentimos inclinados a pensar que podemos resolver os casos *borderline* sem desvios de técnica, e não vejo razão por que não tentá-lo, especialmente na medida em que o diagnóstico pode se alterar a nosso favor como resultado de nosso trabalho.

Em minha opinião, nossos objetivos ao aplicar a técnica clássica não são alterados se acontece de interpretarmos mecanismos mentais que fazem parte dos tipos de distúrbios psicóticos e dos estágios primitivos do desenvolvimento emocional do indivíduo. Se nosso objetivo continua a ser verbalizar a conscientização nascente em termos de transferência, então estamos praticando análise; caso contrário, somos analistas praticando outra coisa que acreditamos ser apropriada para a ocasião. E por que não haveria de ser assim?

16

ENFOQUE PESSOAL DA CONTRIBUIÇÃO KLEINIANA
[1962]

No curso de seus estudos exploratórios, para além dos artigos de Freud, vocês já se devem ter deparado com outros nomes importantes, se encontrado com analistas que contribuíram de modo original e cujas contribuições foram em geral encaradas corno proveitosas.[1] Por exemplo, foram apresentados a Anna Freud, que teve uma posição única na vida de seu pai durante as últimas duas décadas e que dedicou-se a seus cuidados quando ele estava doente. Devem estar familiarizados pelo menos com seu clássico resumo da teoria psicanalítica em seu *O ego e os mecanismos de defesa*.[2] De qualquer modo, Anna Freud teve uma influência enorme no modo como a psicanálise se desenvolveu nos Estados Unidos, e seu interesse estimulante no que os outros estão fazendo tem sido responsável por muita pesquisa que foi publicada sob outros nomes.

Contudo, Anna Freud não foi tão importante na Inglaterra como nos Estados Unidos, simplesmente por causa dos grandes desenvolvimentos que ocorreram em Londres nos vinte anos após o fim da

---

1 Palestra proferida aos candidatos da Sociedade Psicanalítica de Los Angeles, em 3 de outubro de 1962.
2 Anna Freud, *O ego e os mecanismos de defesa* [1936], trad. Francisco Settineri. Porto Alegre: Artmed, 2006.

Primeira Guerra Mundial, antes de a srta. Freud chegar com seu pai, refugiados da perseguição nazista. Durante esse período eu estava me assentando e me desenvolvendo na psicanálise, e poderia interessá-los ouvir de mim algo sobre as bases em que isso teve lugar.

Houve uma controvérsia entre Melanie Klein e Anna Freud, controvérsia que ainda não foi resolvida. Mas isso não foi importante para mim nos meus anos iniciais de formação, e só ganha relevância para mim agora, na medida em que dificulta o pensamento livre. De fato, Melanie Klein e Anna Freud estavam em contato em Viena, mas isso não tinha nenhum significado para mim.

De meu ponto de vista a psicanálise na Inglaterra foi um edifício cujo alicerce era Ernest Jones. Se alguém granjeou minha gratidão foi Ernest Jones, e foi a ele que recorri quando achei que necessitava de ajuda em 1923. Ele me pôs em contato com James Strachey, por quem fui analisado durante dez anos, mas sempre soube que era por causa de Jones que existia um Strachey e uma Sociedade Britânica de Psicanálise a minha disposição.

De modo que vim para a psicanálise desconhecendo choques de personalidade entre os vários analistas, e apenas satisfeito por conseguir ajuda eficiente para minhas dificuldades.

Estava começando a trabalhar como pediatra residente por volta dessa época, e podem imaginar como era excitante obter inúmeras histórias clínicas e conseguir, por meio de pais sem instrução do hospital-escola, a confirmação de que alguém poderia precisar para as teorias psicanalíticas que começavam a fazer sentido para mim por meio de minha própria análise. Naqueles tempos nenhum outro analista era também pediatra, e assim, durante mais duas ou três décadas, fui um fenômeno isolado.

Menciono esses fatos porque, por ser um pediatra com talento para conseguir que as mães se abrissem sobre seus filhos e sobre a história precoce dos distúrbios deles, fiquei logo em posição de me impressionar com o *insight* que a psicanálise dava à vida das crianças, mas também de me supreender com certa deficiência na teoria psicanalítica, que descreverei oportunamente. Ao mesmo tempo, nos

219

anos 1920, tudo tinha o complexo de Édipo em seu âmago. A análise das neuroses conduzia o analista repetitivamente às ansiedades pertencentes à vida instintiva no período dos quatro aos cinco anos no relacionamento da criança com os dois pais. Dificuldades anteriores que vinham à tona eram tratadas em análise como regressão a pontos de fixação pré-genitais, mas a dinâmica vinha do conflito do complexo de Édipo francamente genital das crianças entre um e três anos, que é imediatamente anterior à passagem do complexo de Édipo e ao início do período de latência. Então, inumeráveis histórias clínicas me mostravam que crianças que desenvolviam distúrbios, seja neuróticos, psicóticos, psicossomáticos ou antissociais, revelavam dificuldades em seu desenvolvimento emocional na infância inicial, ou até quando bebês. Crianças paranoides hipersensíveis podiam até ter começado a ficar assim nas primeiras semanas ou mesmo dias de vida. Havia algo de errado em algum lugar. Quando comecei a tratar crianças por meio de psicanálise, pude confirmar a origem das neuroses no complexo de Édipo, mas mesmo assim sabia que as dificuldades começavam antes.

Distribuí muitos estudos tímidos e experimentais a colegas, a partir de meados dos anos 1920, mencionando esses fatos, e finalmente meu ponto de vista foi apresentado em um estudo que denominei "O apetite e os distúrbios emocionais".[3] Nele apresentei exemplos de histórias clínicas que de algum modo tinham de ser reconciliadas com a teoria do complexo de Édipo como ponto de origem de conflitos individuais. Os bebês também podiam ficar emocionalmente doentes.

Foi um momento importante em minha vida quando meu analista interrompeu minha análise e me falou de Melanie Klein. Ele tinha ouvido falar de meu cuidado com a anamnese e de minha tentativa de aplicar o que obtinha de minha própria análise aos casos de crianças trazidas a mim devido a toda espécie de doença pediátrica. Investiguei especialmente o caso de crianças trazidas por causa de pesade-

---

3   Donald W. Winnicott, "O apetite e os distúrbios emocionais" [1936], in *Da pediatria à psicanálise*, op. cit., pp. 117-44.

los. Strachey me disse: "Se você está aplicando teoria psicanalítica a crianças, deveria conhecer Melanie Klein. Ela veio para a Inglaterra por causa de Jones para conduzir a análise de alguém muito especial para ele; ela está afirmando algumas coisas que podem ou não ser verdade, e você precisa descobrir por si mesmo porque não conseguirá chegar ao que Melanie Klein ensina na análise que estou conduzindo com você".

Desse modo, fui ver e ouvir Melanie Klein, e descobri uma analista que tinha muito a dizer sobre as ansiedades da infância inicial; me prontifiquei para trabalhar sob auxílio dela. Levei-lhe um caso descrito em grande detalhe e ela foi gentil o suficiente para lê-lo de cabo a rabo. Na base dessa análise pré-kleiniana que realizara com base em minha própria análise por Strachey, vim a aprender algo da imensidão de coisas que descobri que ela já sabia.

Isso foi difícil para mim, porque da noite para o dia deixei de ser um pioneiro para me tornar aprendiz de uma mestra pioneira. Melanie Klein foi uma mestra generosa e julguei que eu tinha muita sorte. Lembro-me de uma vez que fui a ela para supervisão, e eu não lembrava nada do trabalho da semana inteira. Ela simplesmente reagiu me relatando um de seus próprios casos.

Aprendi então psicanálise com Melanie Klein, e achei outros mestres mais rígidos em comparação com ela. Primeiro, ela tinha uma memória espantosa. Sábado à noite, se ela assim o desejasse, podia se aprofundar em cada pormenor do trabalho da semana com cada paciente, sem consultar suas anotações. Ela lembrava de meus casos e de meu material analítico melhor do que eu mesmo. Mais tarde ela me confiou a análise de alguém próximo e caro a ela, mas devo deixar claro que eu nunca fui analisado por ela, nem por nenhum de seus analisandos, de modo que não fui admitido em seu grupo de kleinianos escolhidos.

Agora preciso tentar descrever o que de fato consegui de Melanie Klein. Isso é difícil porque naquele tempo eu simplesmente trabalhava com o material de meus casos e dos casos que ela me narrava, e não fazia ideia de que ela estava me ensinando algo tão original. O fato é que fazia sentido e conectava os detalhes de minha história clínica com a teoria psicanalítica.

Para Melanie Klein a análise da criança era exatamente como a análise de adultos. Isso nunca foi um ponto de contenção, a meu ver, uma vez que comecei minha formação com o mesmo ponto de vista, o qual sustento até hoje. A ideia de um período preparatório pertence ao tipo de caso, não a uma técnica-padrão pertencente à análise de crianças.

Na época Melanie Klein usava conjuntos de brinquedos bem pequenos. Eu os achei realmente valiosos, já que eram facilmente manipulados e se uniam à imaginação da criança de modo especial. Foi um avanço em relação à fala e ao desenho, de que eu sempre fiz uso por causa da conveniência de ter os desenhos para guardar e lembrar do pesadelo ou amostra da brincadeira.

Melanie Klein tinha um jeito de tornar a realidade psíquica interna muito real. Para ela uma brincadeira específica com os brinquedos era uma projeção da realidade psíquica da criança que era localizada pela criança, localizada dentro do self e no corpo.

Desse modo cresci pensando na forma como a criança manipula pequenos brinquedos, e em outras brincadeiras especiais e circunscritas, como brechas que dão para o mundo interior da criança, e se via que a realidade psíquica podia ser chamada de "interna", porque ela realmente fazia parte do conceito que a criança formava de si mesma como tendo um interior que é parte do self e um exterior que é "não eu" e que é repudiado.

Havia, então, uma conexão íntima entre os mecanismos mentais de introjeção e a função de comer. Também a projeção tinha uma relação com as funções corporais excretoras – saliva, suor, fezes, urina, gritar, dar pontapés etc.

Assim o material de uma análise ou tinha a ver com as relações de objeto da criança ou com seus mecanismos de introjeção e projeção. Também a expressão *"relações de objeto"* podia significar relações com objetos internos e externos. A criança, assim, crescia em um mundo, e a criança e o mundo estavam o tempo todo sendo enriquecidos pela introjeção e projeção. O material para a introjeção e projeção tinha, contudo, uma pré-história, pois, no fundo, o que estava na criança e era da criança havia antes sido incorporado pela função corporal de ingestão. Desse modo, ainda que pudéssemos continuar para sempre analisando em termos de projeção e introjeção, as mudanças ocorriam em relação ao comer, isto é, ao erotismo e sadismo orais.

Seguindo-se a isso, o morder com raiva na transferência, relacionado com um fim de semana ou feriado, levaria a um aumento da força dos objetos internos que tinham uma qualidade persecutória. Como consequência disso, a criança sentia dor ou se sentia ameaçada por algo dentro dela, ou ficava doente; ou, ainda, por meio do mecanismo de projeção ela passava a se sentir ameaçada por algo do lado de fora, desenvolvia fobias ou tinha fantasias ameaçadoras tanto na vigília como no sono, ou se tornava desconfiada. E assim por diante.

Assim um mundo analítico muito rico se abriu para mim, e o material de meus casos confirmava as teorias, de novo e de novo. Por fim comecei a tomá-las como certas. De qualquer modo essas ideias estavam esboçadas em "Luto e melancolia", de Freud;[4] e Abraham[5] (mestre de Klein em Berlim) havia desbravado o novo território que Melanie Klein por tanto tempo se empenhara em demarcar.

O importante para mim era que enquanto nada do impacto do complexo de Édipo se perdia, o trabalho se fazia agora na base de ansiedades relacionadas com impulsos pré-genitais. Podia-se ver que no caso neurótico mais ou menos puro, o material pré-genital era regressivo e a dinâmica pertencia ao período dos quatro anos, ao passo que, em muitos casos, o surgimento da doença e a organização de defesas datava de tempos mais remotos na vida do bebê, e muitos bebês na verdade nem sequer chegavam a uma coisa tão normal quanto o complexo de Édipo um pouco mais tarde na infância.

---

4 Sigmund Freud, "Luto e melancolia" [1915], in *Obras completas*, v. 12, trad. Paulo César de Souza. São Paulo: Companhia das Letras, 2010.
5 Karl Abraham, "The First Pregenital Stage of the Libido" [1916], in *Selected Papers of Karl Abraham*. London: Hogarth, 1927.

16. ENFOQUE PESSOAL DA CONTRIBUIÇÃO KLEINIANA

No segundo caso de paciente criança em minha formação, no início dos anos 1930, tive a sorte de analisar uma menina de três anos que iniciara sua doença (anorexia) em seu primeiro aniversário. O material da análise era edípico, com reações à cena primária, e a criança não era de modo algum psicótica. Além disso ficou bem e está atualmente bem casada, criando sua própria família. Mas seu conflito edípico teve início em seu primeiro aniversário, quando, pela primeira vez, ela se sentou à mesa com os pais. A criança, que não tinha apresentado problemas anteriormente, estendeu a mão em direção à comida, solenemente olhou para os pais, e retirou a mão. Assim se iniciou uma anorexia severa, exatamente no primeiro ano. No material da análise a cena primária apareceu como uma refeição, às vezes os pais comendo a criança, enquanto outras vezes a criança virava a mesa (cama) e destruía o arranjo todo. Sua análise terminou a tempo de ela ter um complexo de Édipo genital antes do início do período de latência.

Mas esse foi um caso à antiga. A abordagem de Melanie Klein me possibilitou trabalhar com os conflitos e ansiedades infantis e defesas primitivas – fosse o paciente adulto ou criança –, e gradualmente lançou luz sobre a teoria da depressão reativa (iniciada por Freud) e sobre a teoria de alguns estados caracterizados por expectativa persecutória. Além disso, deu sentido a coisas como a alternância clínica entre hipocondria e delírios de perseguição, e entre depressão e defesa obsessiva.

Em todo esse tempo que trabalhei com Klein achei que não havia variação da aplicação estrita dos princípios da técnica freudiana. Havia a tentativa cuidadosa de evitar sair do papel de analista, e as interpretações principais eram interpretações de transferência. Isso era natural para mim, pois meu próprio analista era estritamente ortodoxo. (Mais tarde tive outra analista: a sra. Joan Riviere.)

O que ganhei foi uma compreensão mais rica do material apresentado, e considerei particularmente valiosa a capacidade de localizar o elemento de realidade psíquica, dentro ou fora, e me livrar da expressão "fantasia mais fraca", em todas suas versões.

Trabalhando de acordo com a linha de Klein se chega a uma compreensão do complexo estágio do desenvolvimento que Klein denominava "posição depressiva". Acho esse um nome pouco apropriado, mas é verdade que clinicamente, em tratamentos psicanalíticos, chegar a essa posição envolve o paciente estar deprimido. Aqui estar deprimido é uma conquista e implica alto grau de integração pessoal e uma aceitação da responsabilidade por toda a destrutividade que está ligada a viver, à vida instintiva e à raiva diante da frustração.

Klein foi capaz de esclarecer para mim, a partir do material que meus pacientes apresentavam, como a capacidade para sentir consideração e culpa é uma conquista, e que é isso, mais do que a depressão, que caracteriza a chegada à posição depressiva no caso do bebê e da criança em crescimento.

A chegada a esse estágio está associada com ideias de restituição e reparação, e de fato o ser humano não pode aceitar as ideias destrutivas e agressivas em sua própria natureza sem a experiência de reparação, e por isso a presença continuada do objeto de amor é necessária nesse estágio, já que só assim há oportunidade de reparação.

Essa é a contribuição mais importante de Klein, na minha opinião, e acho que se equipara ao conceito de Freud sobre o complexo de Édipo. Este está ligado ao relacionamento entre três pessoas e a posição depressiva de Klein está ligada ao relacionamento entre duas pessoas – o bebê e a mãe. O principal ingrediente é o grau de organização e força do ego no bebê e na criança pequena e por essa razão é difícil datar o início da posição depressiva antes dos oito ou nove meses, ou de um ano de idade. Mas de que importa?

Isso pertence ao período entreguerras, quando a Sociedade Britânica crescia rapidamente, com Klein como agente fertilizadora. Paula Heimann e Susan Isaacs estavam auxiliando, e também Joan Riviere, minha segunda analista.

Desde aquela época muita coisa aconteceu e não estou sugerindo ser capaz de expor o ponto de vista de Klein de um modo que ela julgasse adequado. Acredito que meus pontos de vista começaram a se diferenciar dos dela, e de qualquer modo achei que ela não me tinha incluído como um kleiniano. Isso não me importava, porque nunca fui capaz de seguir quem quer que fosse, nem mesmo Freud. Mas

16. ENFOQUE PESSOAL DA CONTRIBUIÇÃO KLEINIANA

Freud era fácil de criticar, porque ele mesmo era sempre crítico de si mesmo. Por exemplo, simplesmente não acho válida sua ideia de instinto de morte.

Bem, Klein fez muitas outras coisas que não podemos nos dar ao luxo de ignorar. Ela aprofundou-se mais e mais nos mecanismos mentais de seus pacientes e aplicou seus conceitos ao bebê em crescimento. Acho que é aqui que cometeu alguns enganos, porque profundo em psicologia nem sempre quer dizer precoce.

A pressuposição de uma posição esquizoparanoide datando da mais tenra idade consolidou-se como uma parte importante da teoria de Klein. Este termo, *esquizoparanoide*, é na certa pouco apropriado, mas apesar disso não se pode ignorar o fato de que encontramos, de maneira vitalmente importante, os dois mecanismos:

- medo de retaliação;
- cisão do objeto em "bom" e "mau".

Klein parecia pensar ao fim que os bebês começam desse jeito, mas parecia ignorar o fato de que com maternagem suficientemente boa os dois mecanismos podem se tornar relativamente sem importância até que a organização do ego tenha capacitado o bebê a usar mecanismos de introjeção e projeção para obter controle sobre os objetos. Se não há maternagem suficientemente boa, então o resultado é o caos, mais do que medo de retaliação e cisão do objeto em "bom" e "mau".

A respeito de bom e mau, acho duvidoso que essas palavras possam ser usadas antes de o bebê se tornar capaz de separar os objetos internos benignos dos persecutórios.

Muito do que Klein escreveu nas últimas duas décadas de sua vida tão produtiva pode ter sido comprometido por sua tendência a atribuir a aparição dos mecanismos mentais a períodos cada vez mais precoces, localizando a posição depressiva até mesmo nas primeiras semanas de vida; além disso ela examinou a provisão ambiental de modo superficial, nunca de fato reconhecendo que juntamente com a dependência da infância inicial há um período em que de fato não é possível descrever um bebê sem descrever também a mãe que o bebê ainda não foi capaz de separar do próprio self. Klein afirmava ter dado toda a atenção ao fator ambiental, mas na minha opinião ela era incapaz disso, por temperamento. Talvez houvesse uma vantagem nisso, pois certamente ela tinha um impulso muito grande de recuar cada vez mais nos mecanismos mentais individuais que constituem o novo ser humano que se encontra no início da escala do desenvolvimento emocional.

O ponto principal é que, seja qual for a crítica que se queira fazer do ponto de vista de Klein em suas últimas duas décadas, não podemos ignorar o enorme impacto que seu trabalho teve na psicanálise ortodoxa na Inglaterra, impacto que terá em qualquer parte.

Quanto à controvérsia entre Klein e Anna Freud, e entre os seguidores de cada uma, isso não tem importância para mim, nem terá para vocês, porque é uma questão local, e será arrastada por uma ventania. A única coisa importante é que a psicanálise, baseada firmemente em Freud, não pode desperdiçar as contribuições de Klein, que tentarei resumir agora:

- Técnica ortodoxa rigorosa na psicanálise de crianças.
- Técnica facilitada pelo uso de pequenos brinquedos nos estágios iniciais.
- Técnica para análise de crianças de dois anos e meio de idade e de todas as idades posteriores.
- Reconhecimento da fantasia tal como é localizada pela criança (ou pelo adulto), isto é, dentro ou fora do self.
- Compreensão das forças ou "objetos" internos benignos e persecutórios e de sua origem em experiências instintivas satisfatórias ou insatisfatórias (originalmente orais e sádico-orais).
- Importância da projeção e introjeção como mecanismos mentais desenvolvidos em relação com a experiência infantil das funções corporais de incorporação e excreção.
- Ênfase na importância dos elementos destrutivos nas relações de objeto, isto é, à parte da raiva ante a frustração.

16. ENFOQUE PESSOAL DA CONTRIBUIÇÃO KLEINIANA

- Desenvolvimento de uma teoria da conquista pelo indivíduo de uma capacidade para sentir consideração (posição depressiva).
- Relacionamento entre a posição depressiva e:
  - brincadeira construtiva;
  - trabalho;
  - potência e procriação.
- Compreensão da negação da depressão (defesa maníaca).
- Compreensão da ameaça de caos na realidade psíquica interna e das defesas relacionadas com esse caos (neurose obsessiva e afeto depressivo).
- Pressuposição dos impulsos infantis, medos de retaliação e cisão do objeto antes de atingir a ambivalência.
- Tentativa permanente de considerar a psicologia do bebê sem referência à qualidade da provisão ambiental.

Seguem-se certas contribuições mais *duvidosas*:

- Manutenção do uso da teoria dos instintos de vida e morte. Tentativa de descrever a destrutividade do bebê em termos de:
  - hereditariedade;
  - inveja.

17

COMUNICAÇÃO E FALTA DE COMUNICAÇÃO LEVANDO AO ESTUDO DE CERTOS OPOSTOS

[1963]

> *Cada ponto do pensamento é o centro de um mundo intelectual*
>
> JOHN KEATS, carta para Benjamin Bailey, 1818

Iniciei com essa observação de Keats porque sei que este estudo contém apenas uma ideia – um tanto óbvia, por sinal –, e aproveitei a oportunidade para reapresentar minhas formulações sobre os estágios iniciais do desenvolvimento emocional do bebê.[1] Em primeiro lugar, descreverei as relações de objeto e então aos poucos tentarei chegar ao tema da comunicação.

Quando preparava este estudo para uma sociedade estrangeira, tendo iniciado sem ponto fixo inicial algum, logo me vi, para minha surpresa, reivindicando o direito de não se comunicar. Isso foi um protesto partindo do meu mais íntimo contra a assustadora fantasia de ser infinitamente explorado. Em outras palavras, essa seria a

---

1 Versões diferentes deste estudo foram expostas na Sociedade Psicanalítica de San Francisco, em outubro de 1962, e à Sociedade Psicanalítica Britânica, em maio de 1963.

17. COMUNICAÇÃO E FALTA DE COMUNICAÇÃO

fantasia de ser devorado e engolido. Na linguagem deste estudo, é a *fantasia de ser descoberto*. Há uma literatura considerável sobre os silêncios dos pacientes psicanalíticos, mas não tentarei aqui estudar e resumir essa literatura. Tampouco estou tentando tratar do tema da comunicação como um todo e me permitirei, de fato, uma amplitude considerável ao seguir esse tema até onde ele me levar. Eventualmente considerarei um tema subsidiário, o do estudo dos opostos. Primeiro acho que preciso recordar alguns de meus pontos de vista sobre relações de objeto iniciais.

Relações de objeto

Ao examinar diretamente a comunicação e a capacidade de se comunicar, observa-se que isso está intimamente ligado a relacionar-se com objetos. Relações com objetos são um fenômeno complexo, e o desenvolvimento de uma capacidade para se relacionar com os objetos de forma alguma é um ponto simples no processo de amadurecimento. Como sempre, o *amadurecimento* (em psicologia) *requer e depende da qualidade do ambiente facilitador*. Onde não dominam a cena nem a privação nem a deprivação, e onde, por isso, o ambiente facilitador pode ser pressuposto na teoria dos estágios mais precoces e mais formativos do crescimento humano, aos poucos vai se desenvolvendo, no indivíduo, uma mudança na natureza do objeto. O objeto, *que era de início um fenômeno subjetivo, se torna um objeto percebido objetivamente*. Esse processo leva tempo, e são necessários meses ou mesmo anos antes que as privações e deprivações possam ser absorvidas pelo indivíduo sem distorção dos processos essenciais básicos para as relações de objeto.

Nesse estágio inicial o ambiente facilitador está dando ao bebê a *experiência da onipotência*; com isso não me refiro apenas ao controle mágico, mas convoco sobretudo o aspecto criativo da experiência. A adaptação ao princípio da realidade deriva espontaneamente da experiência da onipotência – isto é, no contexto do relacionamento com objetos subjetivos.

Margaret Ribble,[2] que aborda esse campo, omite, acho eu, uma coisa importante, que é a identificação da mãe com seu bebê (o que chamo de estado temporário de preocupação materna primária). Ela escreve:

> O bebê no primeiro ano de vida não deveria ter de deparar com frustração ou privação, porque esses fatores imediatamente causam tensão exagerada e estimulam atividades defensivas latentes. Se os efeitos de tais experiências não são contrariados com perícia, podem-se gerar distúrbios de conduta. Para o bebê o princípio do prazer deve predominar, e o que ele pode fazer com segurança é trazer equilíbrio a essa função e facilitá-la. Somente após o bebê atingir um grau considerável de maturidade podemos treiná-lo para se adaptar àquilo que nós adultos conhecemos como princípio da realidade.

Ela está se referindo ao tema das relações de objeto ou a satisfações do id, mas acho que também poderia concordar com os pontos de vista mais modernos sobre relação de ego.

O bebê que experimenta onipotência sob a égide do ambiente facilitador *cria e recria o objeto*, e pouco a pouco o processo se instaura nele e recebe reforços da memória.

Sem dúvida aquilo que um dia virá a ser o intelecto afeta a capacidade do indivíduo imaturo de fazer esta transição tão difícil, da relação com objetos subjetivos para a relação com objetos percebidos objetivamente, e sugeri que aquilo que mais tarde surtirá resultado nos testes de inteligência afeta a capacidade do indivíduo de sobreviver a falhas relativas na área do ambiente em adaptação.

Na saúde o bebê cria o que de fato está a seu redor esperando para ser encontrado. E também aí *o objeto é criado, e não encontrado*. Examinei esse aspecto fascinante das relações de objeto normais em vários estudos, incluindo aquele sobre "Objetos transicionais e

---

2 Margaret Ribble, *The Rights of Infants*. New York: Columbia University Press, 1943.

fenômenos transicionais".[3] Um objeto bom não é bom para o bebê a menos que tenha sido criado por ele. Criado a partir de uma necessidade, por assim dizer? De qualquer modo, o objeto tem de ser encontrado para ser criado. Isso tem de ser aceito como um paradoxo, e não resolvido com uma paráfrase que, por sua astúcia, pareça eliminar esse paradoxo.

Há outro ponto importante ao considerar a localização do objeto. A mudança do objeto de "subjetivo" para "percebido objetivamente" é conduzida menos efetivamente por satisfações do que por frustrações. A satisfação derivada de uma mamada tem menos valor para o estabelecimento de relações de objeto do que quando o objeto atrapalha o bebê, por assim dizer. A gratificação instintiva proporciona ao bebê uma experiência pessoal, *mas pouco afeta a posição do objeto*; tive um caso em que as satisfações eliminaram o objeto para um paciente esquizoide adulto, de modo que ele não podia deitar-se no divã, porque isso reproduzia para ele a situação das satisfações infantis que eliminavam a realidade externa ou a exterioridade dos objetos. Enunciei isso de outra forma, afirmando que o bebê se sente "subornado" por uma mamada satisfatória, e de fato constatamos que a ansiedade de uma mãe que está amamentando pode partir do medo de que, se o bebê não estiver satisfeito, ela será atacada e destruída. Depois da mamada, o bebê satisfeito deixa de ser perigoso por algumas horas, tendo perdido sua catexia do objeto.

Em contrapartida, a agressividade experimentada pelo bebê, que faz parte do erotismo muscular, do movimento, e de forças irresistíveis deparando com objetos imóveis, essa agressividade – e as ideias ligadas a ela – é utilizada no processo de localização do objeto, ela serve para posicionar o objeto separado do self, na medida em que este já começou a emergir como uma entidade.

Na fase do desenvolvimento antes de a fusão ser alcançada, é preciso levar em conta o comportamento do bebê em reação a falhas

---

3   Donald W. Winnicott, "Objetos transicionais e fenômenos transicionais" [1951], in *O brincar e a realidade*, op. cit, pp. 13-51.

do ambiente facilitador ou da mãe-ambiente. Esse comportamento reativo pode parecer agressividade; na realidade é sofrimento.

Na saúde, quando o bebê atinge a fusão, o aspecto frustrante do comportamento do objeto tem o valor de educar o bebê a respeito da existência de um mundo não eu. As falhas na adaptação têm valor *quando o bebê pode odiar o objeto*, isto é, quando pode reter a ideia do objeto como tendo o potencial de satisfazer ao mesmo tempo que reconhece sua falha em comportar-se de modo satisfatório. Considero isso como boa teoria psicanalítica. O que é frequentemente omitido na exposição desses detalhes da teoria é o tremendo desenvolvimento que ocorre no bebê para que a fusão seja atingida, e para que a falha ambiental, portanto, exerça seu papel positivo, apresentando ao bebê um mundo repudiado. Eu deliberadamente não chamo esse mundo de externo.

Há um estado intermediário no desenvolvimento saudável em que a experiência mais importante do paciente com relação ao objeto bom ou potencialmente satisfatório é a recusa desse objeto. A recusa faz parte do processo de criação do objeto. (Isso produz um problema realmente formidável para o terapeuta na anorexia nervosa.)

Nossos pacientes nos ensinam essas coisas, e me perturba que eu deva transmitir esses pontos de vista como se fossem meus. Todos os analistas têm essa dificuldade, e em certo sentido é mais difícil para um analista ser original do que para qualquer outra pessoa, porque tudo que vemos na verdade já nos foi ensinado ontem, à parte o fato de lermos os estudos uns dos outros e discutirmos esses assuntos entre nós. Em nosso ramo, especialmente ao trabalhar com os aspectos da personalidade que são mais esquizoides do que neuróticos, quando sentimos que sabemos, na verdade esperamos até que o paciente nos diga, e faça, assim, criativamente, a interpretação que poderíamos ter feito; se fazemos a interpretação a partir de nossa espertez e experiência, o paciente deve recusá-la ou destruí-la. Um caso de anorexia está me ensinando agora, à medida que escrevo, a essência do que estou dizendo.

17. COMUNICAÇÃO E FALTA DE COMUNICAÇÃO

Teoria da comunicação

Esses temas, embora os tenha conceituado em termos de relações de objeto, parecem-me afetar o estudo da comunicação, porque naturalmente ocorre uma mudança no propósito e nos meios da comunicação, à medida que o objeto deixa de ser subjetivo e passa a ser percebido objetivamente e a criança deixa para trás a área de onipotência como uma experiência de vida. Enquanto o objeto é subjetivo, *não é necessário que a comunicação com ele seja explícita*. Quando o objeto é objetivamente percebido, ou a comunicação é explícita ou então é muda. Aqui ocorrem duas coisas *novas*, o uso e o desfrute pelo indivíduo dos modos de comunicação, e o self não comunicativo do indivíduo, ou o núcleo pessoal do self que é um verdadeiro isolado.

Uma complicação nessa linha de pensamento se origina do fato de que o bebê desenvolve dois tipos de relacionamento ao mesmo tempo – com a mãe-ambiente e com o objeto, que se torna a mãe-objeto. A mãe-ambiente é humana e a mãe-objeto é uma coisa, embora também seja a mãe ou parte dela.

A intercomunicação entre o bebê e a mãe-ambiente, sem dúvida, é sutil até certo ponto; o estudo disso nos envolveria no estudo da mãe tanto quanto no do bebê. Apenas tocarei de passagem nisso. Talvez para o bebê haja comunicação com a mãe-ambiente, explicitada pela experiência de ela *não ser confiável*. O bebê é despedaçado, e isso pode ser tomado pela mãe como uma comunicação se a mãe puder se colocar na pele da criança, e se ela puder reconhecer a fragmentação no estado clínico do bebê. Quando sua *confiabilidade* domina a cena pode-se dizer que o bebê se comunica simplesmente por continuar a ser, e por continuar a se desenvolver de acordo com os processos pessoais de amadurecimento, mas isso dificilmente merece o epíteto de *comunicação*.

Voltando às relações de objeto: à medida que o objeto se torna objetivamente percebido pela criança, assim também se torna significativo para nós contrastar a comunicação com um de seus opostos.

O objeto objetivamente percebido

O objeto objetivamente percebido aos poucos se torna uma pessoa com objetos parciais. Dois opostos na comunicação são:

1. Uma não comunicação simples.
2. Uma não comunicação ativa ou reativa.

É fácil entender o primeiro. Não comunicação simples é como repousar. Constitui, por si só, um estado, daí passa à comunicação, e reaparece naturalmente. Para estudar o segundo, é necessário pensar em termos tanto de patologia como de saúde. Abordarei a patologia primeiro.

Até aqui tomei como certo o ambiente facilitador, *a priori* ajustado às necessidades que surgem da existência em si e dos processos de amadurecimento. Na psicopatologia a que preciso me referir para a presente discussão, a facilitação falhou em algum aspecto e em algum grau, e no que toca às relações de objeto, o bebê passou por uma cisão. Através de uma metade da cisão o bebê se relaciona com o objeto que se está apresentando e, para esse fim, desenvolve o que chamei de self falso ou submisso. Com a outra metade da cisão, o bebê se relaciona com o objeto subjetivo, ou com fenômenos simples baseados em experiências corporais, sendo estes muito pouco influenciados pelo mundo percebido objetivamente. (Clinicamente, não é isso que vemos nos movimentos de balançar do autismo, por exemplo?; e na pintura abstrata que é uma comunicação sem saída, e que não tem validade geral alguma?)

Desse modo estou introduzindo a ideia de uma comunicação com objetos subjetivos simultânea a uma não comunicação ativa com o que é percebido objetivamente pelo bebê; parece não haver dúvida de que, apesar de a comunicação sem saída (comunicação com objetos subjetivos) não ter propósito do ponto de vista do observador, ela se imbui de todo um senso de realidade. Em contrapartida, a comunicação com o mundo tal como ocorre com o falso self não parece ser real; não é uma comunicação verdadeira porque não envolve o núcleo do self, aquele que poderia ser chamado de self verdadeiro.

Agora, ao estudar o caso extremo, chegamos à psicopatologia de uma doença grave, a esquizofrenia infantil; o que deve ser examinado, contudo, é o padrão que isso tudo pode assumir em indivíduos mais normais, ou indivíduos cujo desenvolvimento não foi distorcido por falhas grosseiras do ambiente facilitador, e nos quais os processos de amadurecimento tiveram, sim, alguma chance.

Nas doenças mais leves, nas quais há certo grau de patologia e certo grau de saúde, verifica-se uma não comunicação ativa (retraimento clínico), porque a comunicação se liga com facilidade a relações de objeto falsas ou submissas, em alguma medida. Nesses casos, a comunicação silenciosa ou secreta com objetos subjetivos, que carregam o senso do real, precisa de tempos em tempos tomar a dianteira para restaurar o equilíbrio.

Estou postulando que as pessoas saudáveis (maduras, isto é, no que concerne ao desenvolvimento das relações de objeto) têm necessidade de algo que corresponda ao estado da pessoa cindida, na qual uma parte da cisão se comunica silenciosamente com objetos subjetivos. Há lugar para a ideia de que o relacionamento e a comunicação significativas são silenciosas.

A saúde real não precisa ser descrita somente em termos de resíduos, nas pessoas saudáveis, do que poderiam ter sido padrões de doença. Deve-se ser capaz de fazer uma afirmação positiva do uso sadio da não comunicação no estabelecimento do senso de realidade. Para tanto, talvez seja necessário falar em termos da vida cultural do ser humano, que é o equivalente adulto dos fenômenos transicionais da infância inicial e da primeira infância, e na qual a comunicação se efetua sem referência ao estado do objeto – no sentido de ele ser subjetivo ou ser percebido objetivamente. Na minha opinião o analista não tem outra linguagem para se referir aos fenômenos culturais. Ele pode falar sobre os mecanismos mentais do artista, mas não sobre a experiência de comunicação na arte e na religião, a menos que esteja disposto a palmilhar a área intermediária cujo ancestral é o objeto transicional do bebê.

Em qualquer tipo de artista podemos detectar, acho eu, um dilema inerente, o da coexistência de duas tendências: a necessidade urgente de se comunicar e a necessidade ainda mais urgente de não ser decifrado. Isso talvez explique o porquê de não podermos conceber o artista chegando ao fim da tarefa que ocupa toda sua natureza.

Nas fases iniciais do desenvolvimento do ser humano, a comunicação silenciosa concerne ao aspecto subjetivo dos objetos. Isso se liga, penso eu, ao conceito de realidade psíquica de Freud e do inconsciente que não pode nunca se tornar consciente. Eu acrescentaria que há um desenvolvimento direto, na saúde, dessa comunicação silenciosa para as experiências internas que Melanie Klein conceituou de modo tão claro. Nas descrições de casos de Melanie Klein, certos aspectos do brincar da criança, por exemplo, revelam ser experiências "internas"; quer dizer, houve uma projeção a granel de uma constelação da realidade psíquica interna da criança, de modo que a sala e a mesa e os brinquedos são objetos subjetivos, e a criança e o analista fazem parte dessa amostra do mundo interno da criança. O que está fora da sala está fora da criança. Esse é um terreno familiar em psicanálise, embora diferentes analistas o descrevam de diferentes formas. Está relacionado ao conceito de "período de lua de mel" do início da análise e à claridade especial de certas horas iniciais. Relaciona-se à dependência na transferência. Soma-se também ao trabalho que estou conduzindo sobre a exploração completa das primeiras horas, em tratamentos breves de crianças, em especial crianças antissociais, para as quais uma análise completa não está disponível e talvez nem seja sempre recomendável.

Mas meu objetivo neste estudo não é me tornar clínico, e sim chegar à versão mais precoce daquilo a que Melanie Klein se referiu como "interno". De início o mundo interno não pode ser usado no sentido de Klein, uma vez que o bebê ainda não estabeleceu propriamente os limites do ego e ainda não domina os mecanismos mentais de projeção e introjeção. Nesse estágio precoce, "interno" só significa pessoal, e pessoal na medida em que o indivíduo é uma pessoa

17. COMUNICAÇÃO E FALTA DE COMUNICAÇÃO

com um self em processo de evolução. O ambiente facilitador, ou o apoio do ego da mãe ao ego imaturo do bebê – essas ainda constituem partes essenciais da criança como uma criatura viável.

Ao pensar na psicologia do misticismo, é comum se concentrar na compreensão da reclusão mística para um mundo pessoal interno de introjetos sofisticados. Talvez não se tenha prestado a devida atenção ao recolhimento do místico para uma posição em que ele pode se comunicar secretamente com fenômenos e objetos subjetivos; a perda do contato com o mundo da realidade compartilhada sendo contrabalançada por um ganho em termos de se sentir real.

> Uma paciente sonhou: no lugar onde trabalha, há duas amigas que são oficiais aduaneiras. Elas examinam todos os pertences da paciente e de seus colegas com um cuidado absurdo. Ela então bate o carro, por acidente, contra um painel de vidro.
>
> Havia detalhes no sonho que revelavam que não apenas essas duas mulheres não tinham direito de estarem lá fazendo essa inspeção, mas também que estavam bancando as tolas por conta do modo como examinavam tudo. Ficou claro que a paciente fazia troça das duas mulheres. Elas não conseguiriam mesmo chegar a seu self secreto. Elas personificavam a mãe que não deixa a filha guardar segredos. A paciente contou que na infância (nove anos de idade) ela tinha um caderno roubado em que colecionava poemas e provérbios, e nele escrevera "meu caderno secreto"; na primeira página havia registrado: "um homem é aquilo que pensa em seu íntimo". Na verdade, sua mãe lhe havia perguntado: "de onde você tirou esse dito?". Isso era ruim, porque indicava que a mãe tinha lido seu caderno. Estaria tudo bem se a mãe tivesse lido o caderno, mas não tivesse dito nada.
>
> Eis um quadro de uma criança estabelecendo um eu privado que não se comunica e ao mesmo tempo querendo se comunicar e ser encontrada. É um sofisticado jogo de esconde-esconde em que é *uma alegria estar escondida, mas um desastre não ser encontrada.*

Outro exemplo que não envolverá uma descrição tão profunda ou detalhada vem de uma entrevista diagnóstica com uma moça de dezessete anos. Sua mãe se preocupa muito com a possibilidade de a moça se tornar esquizofrênica – traço que corria na família –, mas no presente pode-se dizer que a moça estava no meio de todos aqueles tormentos e dilemas que fazem parte da adolescência. Segue um trecho do meu relatório da entrevista.

X começou a falar da irresponsabilidade gloriosa da infância. Afirmou: "Você vê um gato e está com ele; é um sujeito, não um objeto". Eu disse: "É como se você estivesse vivendo em um mundo de objetos subjetivos". E ela disse: "É uma boa maneira de descrevê-lo. É por isso que escrevo poesia. É esse tipo de coisa que é a base da poesia". E acrescentou: "É claro que é apenas uma teoria qualquer de minha parte, mas é como me parece, e explica por que os homens escrevem mais poesia do que as moças. As moças acabam se envolvendo tanto em cuidar das crianças e ter bebês, e daí a vida imaginativa e as irresponsabilidades são passadas para as crianças".

Falamos então sobre as pontes a serem conservadas abertas entre a vida da imaginação e a existência do dia a dia. Ela tivera um diário aos doze anos e de novo aos catorze anos, em cada instância, aparentemente, por um período de sete meses. Ela disse: "Agora só escrevo coisas que sinto em poemas; na poesia algo se cristaliza", – e comparamos isso com a autobiografia que ela achava que pertencia a uma idade posterior. Ela disse: "Há uma afinidade entre a velhice e a infância".

Quando ela precisa estabelecer uma ponte com a imaginação da infância, isso tem que ser cristalizado em um poema. Ela ficaria entediada ao escrever uma autobiografia. Ela não publica seus poemas nem os mostra a ninguém, porque, embora aprecie cada poema por algum tempo, logo perde o interesse nele. Ela sempre teve mais facilidade em escrever poemas do que seus amigos por causa de uma aptidão técnica que ela parece ter naturalmente. Mas não demonstra interesse pela questão: os poemas são realmente bons? ou não? Isto é: outras pessoas achariam eles bons?

17. COMUNICAÇÃO E FALTA DE COMUNICAÇÃO

Sugiro que na saúde há um núcleo da personalidade que corresponde ao self verdadeiro da personalidade cindida; sugiro que esse núcleo nunca se comunica com o mundo dos objetos percebidos, e que a pessoa percebe que esse núcleo nunca deve se comunicar com a realidade externa nem ser influenciado por ela. Esse é meu ponto principal, o ponto do pensamento que é o centro de todo um mundo intelectual e deste estudo. Embora as pessoas saudáveis se comuniquem e gostem de se comunicar, o outro fato é igualmente verdadeiro: *cada indivíduo é um isolado, permanentemente sem se comunicar, permanentemente desconhecido, na realidade nunca encontrado.*

Na vida e no viver, esse fato duro é amenizado pela partilha própria de toda a gama da experiência cultural. No centro de cada pessoa há um elemento incomunicável, e isso é sagrado e digno de ser preservado. Deixando de lado por um momento as experiências mais precoces e devastadoras da falha da mãe-ambiente, eu diria que as experiências traumáticas que levam à organização de defesas primitivas estão relacionadas à ameaça ao núcleo isolado, à ameaça de ele ser encontrado, de ser alterado, de se comunicarem com ele. A defesa consiste no ocultamento ulterior do self secreto, mesmo no extremo de sua projeção e de sua disseminação infindável. Estupro, ser devorado por canibais – essas são bagatelas se comparadas à violação do núcleo do self, à alteração dos elementos centrais do self por uma comunicação que varou as defesas. Para mim seria esse o pecado contra o self. Podemos compreender o ódio que as pessoas têm da psicanálise; ela penetrou uma grande brenha da personalidade humana e configura uma ameaça à necessidade humana individual de isolar-se em segredo. A pergunta é: como se isolar sem ter de se insular?

Qual é a resposta? Devemos parar de tentar compreender os seres humanos? A resposta pode vir das mães que se comunicam com seus bebês apenas como objetos subjetivos. Quando as mães se tornam percebidas objetivamente, seus bebês já viraram mestres em várias técnicas de comunicação indireta, a mais óbvia sendo o uso da linguagem. Há, contudo, esse período de transição – que tem despertado em mim interesse especial –, no qual objetos e fenômenos transicionais têm lugar, e começam a estabelecer o uso de símbolos para o bebê.

Sugiro que uma base importante para o desenvolvimento do ego se situa nessa área da comunicação do indivíduo com fenômenos subjetivos, que por si só garante o sentimento do real.

Nas melhores circunstâncias possíveis o crescimento ocorre e a criança passa a possuir três linhas de comunicação: comunicação *para sempre silenciosa*, comunicação *explícita*, indireta e prazerosa, e uma terceira forma ou forma *intermediária* de comunicação que desliza do brincar para toda sorte de experiência cultural.

Estaria a comunicação silenciosa relacionada ao conceito de narcisismo primário?

Na prática há algo a que precisamos dar espaço em nosso trabalho: a não comunicação do paciente como uma contribuição positiva. Devemos nos perguntar: nossa técnica permite ao paciente comunicar que ele ou ela não está se comunicando? Para isso acontecer, nós analistas precisamos estar prontos para o sinal: "não estou me comunicando", e sermos capazes de distingui-lo do sinal de sofrimento associado a falhas na comunicação. Há um elo aqui com a ideia de estar sozinho na presença de alguém, de início um acontecimento natural na vida da criança, e mais tarde uma questão de aquisição da capacidade de retraimento sem perda da identificação com aquilo em relação a que a criança se retraiu. Isso aparece como a capacidade de se concentrar em uma tarefa.

Já apresentei meu ponto principal, e eu poderia parar por aqui. Contudo, desejo fazer uma consideração sobre o que são os opostos da comunicação.

Opostos

Há dois opostos da comunicação, a não comunicação simples e a não comunicação ativa. Dito de outro modo, a comunicação pode simplesmente se originar da não comunicação, como uma transição natural, ou a comunicação pode ser a negação do silêncio, ou a negação de uma não comunicação ativa ou reativa.

No caso neurótico claro não há dificuldade, porque a análise toda é feita por intermédio da verbalização. Tanto o paciente como o analista querem que seja assim. Mas é fácil demais para uma análise (onde há um elemento esquizoide oculto na personalidade do paciente) se tornar um conluio infinitamente prolongado do analista com o paciente para a negação da não comunicação. Uma análise como essa se torna tediosa, por falta de resultado apesar do bom trabalho realizado. Em tal análise um período de silêncio pode ser a contribuição mais positiva que o paciente pode fazer, e o analista fica então envolvido num jogo de espera. Pode-se naturalmente interpretar movimentos e gestos e trejeitos comportamentais de todos os tipos, mas nesse tipo de caso tendo a achar que é melhor o analista esperar.

Mais perigoso, contudo, é o estado de coisas na análise em que o paciente deixa o analista atingir as camadas mais profundas da personalidade dele, o analisando, por causa da posição do analista como objeto subjetivo, ou pelo fato de o paciente depender da psicose de transferência; aí há perigo de o analista interpretar em vez de esperar que o paciente descubra criativamente. É somente aqui, no lugar em que o analista ainda não passou de objeto subjetivo a objetivamente percebido, que a psicanálise é perigosa, e podemos evitar esse perigo se soubermos como nos comportar. Se esperarmos, passaremos a ser percebidos objetivamente pelo paciente em seu devido tempo, mas se falharmos em nos comportar de um modo que facilite o processo analítico do paciente (que é o equivalente ao processo de amadurecimento do bebê e da criança), subitamente nos tornamos não eu para o paciente, e então sabemos demais, e ficamos perigosos porque estamos nos comunicando muito de perto com o núcleo central quieto e silencioso da organização do ego do paciente.

Por essa razão achamos conveniente, mesmo no caso neurótico puro, evitar contatos fora da análise. No caso do paciente esquizoide ou *borderline*, esse tema de como manejamos os contatos extratransferenciais se torna uma parte integral de nosso trabalho com o paciente.

Aqui se pode discutir o propósito da interpretação do analista. Tenho sempre sentido que uma função importante da interpretação é estabelecer os *limites* da compreensão do analista.

Os indivíduos como isolados

Estou expondo e ressaltando a importância da ideia do *isolamento permanente do indivíduo* e proclamando que no núcleo do indivíduo não há comunicação com o mundo não eu em nenhum sentido. Aqui a quietude está ligada à imobilidade. Isso leva aos trabalhos daqueles que ganharam reconhecimento como grandes pensadores. Incidentalmente, quero me referir à revisão muito interessante de Michael Fordham do conceito de self tal como aparece nos trabalhos de Jung. Fordham escreve: "O fato geral permanece, de que a experiência primordial ocorre na solidão". Naturalmente isso a que me refiro aparece no *The Inner World of Man*, de Wickes,[4] mas aqui nem sempre há distinção entre retraimento patológico e autocomunicação central saudável.[5]

Entre analistas pode haver muitas referências à ideia de um centro "quieto, silencioso" da personalidade e à ideia da experiência primordial ocorrendo na solidão, mas os analistas não estão habitualmente interessados nesse aspecto da vida. Entre meus colegas talvez Ronald Laing seja o que mais deliberadamente descreve o "tornar patente o self latente" junto com a desconfiança em se revelar.[6]

Esse tema do indivíduo como um isolado tem importância no estudo da infância inicial e da psicose, mas tem importância tam-

---

4 Frances G. Wickes, *The Inner World of Man*. New York: Farrar & Rinehart, 1938.
5 Cf. Ronald D. Laing, *The Self and Others*. London: Tavistock, 1961.
6 Cf. Ibid., p. 117.

bém no estudo da adolescência. O rapaz ou a moça na puberdade podem ser descritos de várias maneiras, e uma delas se refere ao *adolescente como um isolado*. Essa preservação do isolamento pessoal é parte da procura de uma identidade e do estabelecimento de uma técnica pessoal de comunicação que não leve à violação do self central. Essa deve ser uma razão pela qual os adolescentes em geral evitam o tratamento psicanalítico, embora se interessem pelas teorias psicanalíticas. Eles sentem que pela psicanálise podem ser estuprados, não sexualmente, mas espiritualmente. Na prática o analista pode evitar confirmar os medos do adolescente a esse respeito, mas o analista de adolescentes deve esperar ser testado completamente, e deve estar preparado para usar a comunicação de tipo indireto e também para reconhecer a não comunicação simples.

Na adolescência, quando o indivíduo está sofrendo as mudanças puberais e ainda não está pronto para se tornar um membro da comunidade de adultos, há um fortalecimento das defesas contra ser encontrado, isto é, ser encontrado antes de estar lá para ser encontrado. O que é verdadeiramente pessoal, e que é sentido como real, deve ser defendido a todo custo, mesmo que isso signifique uma cegueira temporária para o valor de fazer concessões. Os adolescentes formam agregados mais do que grupos, e por parecerem iguais enfatizam a solidão essencial de cada indivíduo. Pelo menos é o que me parece.

A tudo isso se junta a crise de identidade. Wheelis, que teve dificuldades com problemas de identidade, expõe de forma clara[7] e crua o problema da escolha vocacional do analista, e liga isso a sua solidão e necessidade de intimidade, as quais, no trabalho analítico, estão fadadas a não levarem a lugar algum. O analista que me parece mais profundamente envolvido com esses sistemas é Erik Erikson. Ele discute esse tema no epílogo de seu livro *Young Man Luther*[8] e chega a

---

7   Allen Wheelis, *The Quest for Identity*. New York: Norton, 1958.
8   Erik Erikson, *Young Man Luther*. London: Faber, 1958.

esta frase: "a paz vem do espaço interno" (isto é, não da exploração do espaço externo e tudo o mais).

Antes de terminar gostaria de me referir mais uma vez aos opostos que fazem parte da negação. Melanie Klein usou negação no conceito de defesa maníaca, na qual a depressão que existe é negada. Bion[9] se referiu a negações de certos tipos em seu estudo sobre o pensar, e De Monchaux[10] continuou com o tema em seu comentário ao estudo de Bion.

Se considero a ideia de vivacidade, tenho de levar em conta pelo menos dois opostos, um sendo o senso de morte, como na defesa maníaca, e o outro sendo a simples ausência de vivacidade. É aí que silêncio é equacionado com comunicação, e imobilidade é equacionada com movimento. Com essa ideia posso ir além de meu objetivo estabelecido e chegar à teoria dos instintos de vida e de morte. Vejo que o que não posso aceitar é que a vida tenha a morte como seu oposto, exceto clinicamente na oscilação maníaco-depressiva e no conceito de defesa maníaca em que a depressão é negada e negativada. No desenvolvimento do bebê, viver se origina e se estabelece a partir de não viver e existir vira um fato que substitui não existir, assim como a comunicação se origina do silêncio. A morte só se torna significativa nos processos vitais do bebê com a chegada do ódio, ou seja, em data posterior, muito distante dos fenômenos que utilizamos para construir a teoria das raízes da agressividade.

Por isso, para mim não tem utilidade unir a palavra *morte* com a palavra *instinto*, e ainda menos se referir a ódio e raiva pelo uso da expressão "instinto de morte".

É difícil chegar às raízes da agressividade, mas o uso de opostos como vida e morte em nada nos ajuda, pois não têm significado algum no estágio de imaturidade em questão.

---

9   Wilfred Bion, "The Theory of Thinking". *The International Journal of Psycho-Analysis*, v. 43, 1962.
10 Cecily De Monchaux, "Thinking and Negative Hallucination". *The International Journal of Psycho-Analysis*, v. 43, 1962.

17. COMUNICAÇÃO E FALTA DE COMUNICAÇÃO

O outro ponto que quero fixar no fim deste estudo é um oposto completamente diferente da vitalidade ou da vivacidade. Esse oposto não é atuante na maioria dos casos. Em geral a mãe de um bebê tem objetos internos vivos e o bebê se ajusta à preconcepção da mãe acerca de uma criança *viva*. Normalmente a mãe não é deprimida ou depressiva. Em certos casos, contudo, o objeto central interno da mãe está morto durante o período crítico da infância inicial da criança, e seu estado de ânimo é o de depressão. Aí o bebê tem de se ajustar ao papel de objeto *morto* ou então tem de ser vivaz para contrabalançar a preconcepção da mãe acerca da ideia do estado de morte da criança. Aí o oposto da vivacidade do bebê é *um fator antivida* derivado da depressão da mãe. A tarefa do bebê, em tais casos, é estar vivo e parecer vivo e comunicar o estar vivo; na verdade, esse é o objetivo máximo desse indivíduo a quem é negado o que é dado a bebês mais afortunados: o desfrute do que a vida e o viver podem trazer. Estar vivo é tudo. É um esforço constante, chegar ao ponto inicial e aí se manter. Não é de admirar que haja pessoas que façam do existir uma questão especial, fazendo dela uma religião (penso que os dois livros de Ronald Laing[11] tentam conceituar essa espécie de problema com o qual muitos deparam por anormalidades ambientais). No desenvolvimento saudável o bebê (teoricamente) começa (psicologicamente) sem vida e se torna vivaz simplesmente por estar, de fato, vivo.

Como já disse em um momento anterior, esse estar vivo é a comunicação inicial do bebê saudável com a figura materna, e é tão espontâneo quanto possa ser. A vivacidade que nega a depressão materna é uma comunicação destinada a satisfazer o que se espera dela. A vivacidade da criança cuja mãe está deprimida é uma comunicação de natureza reasseguradora, e é uma desvantagem não natural e intolerável ao ego imaturo em sua função de integrar e amadurecer de acordo com o processo hereditário.

---

[11] R. D. Laing, *The Divided Self*. London: Tavistock, 1960; id., *The Self and Others*, op. cit.

RESUMO

Tentei descrever a necessidade que temos de reconhecer este aspecto da saúde: o self central que não se comunica, para sempre imune ao princípio da realidade e para sempre silencioso. Aí a comunicação é não verbal; é, como a música das esferas, absolutamente pessoal. Pertence ao estar vivo. E, na saúde, é daí que se origina a comunicação.

A comunicação explícita é prazerosa e envolve técnicas extremamente interessantes, inclusive a da linguagem. Cada um dos extremos – a comunicação explícita que é indireta e a comunicação pessoal ou silenciosa que é sentida como real – tem seu lugar, e na área cultural intermediária existe para muitos, porém não para todos, um modo de comunicação que é uma conciliação das mais valiosas.

18

FORMAÇÃO EM PSIQUIATRIA INFANTIL
[1963]

Achei muito difícil escrever este estudo.[12] A razão, acredito eu, é que nesta discussão não estamos interessados nem em verdade científica nem em verdade poética.

Na verdade, o que tenho a dizer *decerto* foi influenciado pela história de meu próprio desenvolvimento, *decerto* está enviesada por meus sentimentos sobre alguns temas-chave e *decerto* é uma afirmação subtotal de acordo com o escopo limitado da experiência de um único homem.

Desejo simplesmente afirmar que o trabalho que fazemos, e que no presente se denomina psiquiatria infantil, é uma especialidade única. Se mantemos o termo "psiquiatria infantil", precisamos ser claros que não se trata de parte da psiquiatria geral.

Explorarei a relação de nosso trabalho com o das especialidades vizinhas e tentarei fazer algumas sugestões positivas.

A formação de psiquiatras de crianças depende de nossos pontos de vista sobre a natureza do trabalho que realizamos, e farei um apelo em favor da manutenção da variedade dos modos de acesso a ele. Particularmente, não deixemos um excesso de planejamento

---

12 Contribuição ao simpósio publicado pela primeira vez no *Journal of Child Psychology and Psychiatry*, n. 4, pp. 85-91.

excluir a possibilidade de acesso à psiquiatria infantil através da pediatria.

Presumo que no Child Guidance Training Centre e na Tavistock Clinic e no Maudsley Child Psychiatry Department estão sendo feitas as mesmas perguntas que faço neste estudo. Recentemente houve uma discussão desse tema na Tavistock Clinic e os que estavam presentes concordaram que o terreno foi muito bem explorado na ocasião.

O QUE É PSIQUIATRIA INFANTIL?

A pergunta que se deve fazer primeiro é: o que é psiquiatria infantil? Na psiquiatria infantil o trabalho é essencialmente prático. Cada caso nos coloca um desafio. Em termos de obter melhora clínica podemos falhar, mas muitas vezes temos êxito. Fracasso real pode ser conceituado em termos de *falha em enfrentar o desafio do caso*. Por essa razão, a parte de nosso trabalho que é feita de forma privada e sem recorrer a trabalho em equipe nos revela, melhor do que o trabalho em equipe, que a necessidade em cada caso é alguém encontrar alguém num nível profundo. É consenso que a discussão de casos não tem valor, a menos que alguém leve depois para um relacionamento pessoal a nova compreensão oferecida pela discussão. Compreensão nova por si só não realiza nada.

A base de grande parte do trabalho do psiquiatra de crianças é a entrevista psicoterapêutica com a criança. Se não tiver habilidade para isso e não for a pessoa adequada para estabelecer contato com a criança dessa maneira, não poderá sequer fazer um diagnóstico, muito menos saber como modificar uma situação fixada ou entender o que os outros membros da equipe estão fazendo. Um esquema de formação deve levar isso em conta.

Do mesmo modo o psiquiatra de crianças está empenhado em trabalhar com os pais. Ou pode ser que esteja à procura de um plano que possibilitaria à mãe, ou ao pai, ou a alguém *in loco parentis* prover um ambiente adequado para a criança durante a fase de dificuldades. A teoria por trás disso é que a provisão ambiental adequada facilita o processo interno de amadurecimento.

Muitas vezes nos vemos fazendo diagnóstico de saúde, ou normalidade, diante da existência indiscutível de sintomas na relação que a criança está desenvolvendo com seu self, com os pais, com a unidade familiar e com o ambiente em geral. Saúde é quase sinônimo de maturidade – maturidade apropriada à idade.

Uma classificação

Acho que não é possível realizar uma conceituação abrangente de nosso trabalho; em vez disso, tentarei fornecer uma classificação em linhas gerais.

Casos manifestando:

a) Dificuldades inerentes no desenvolvimento emocional do indivíduo.
    Fatores ambientais desfavoráveis ou mesmo prejudiciais.
    Sintomatologia baseada na organização de defesas relacionadas com dificuldades inerentes imbricadas em falhas ambientais.
    Doença baseada na falha de defesas e na reorganização de novas defesas.
b) Doença associada ou secundária a uma doença física.
c) Problemas que nos levam às especialidades próximas (pediatria, neurologia, psiquiatria de adultos, obstetrícia).
d) Doença envolvendo a sociedade: a tendência antissocial.
    Cooperação com procedimentos legais.
e) Problemas que requerem a atenção do especialista em educação.

Um psiquiatra de crianças deve ter qualificação médica e deve ter trabalhado como médico, porque terá de assumir responsabilidade pela vida e pela morte, e pelo suicídio eventual que certamente aparecerá em seu caminho. De que mais precisa, além disso? A primeira resposta, naturalmente, é de que ele necessita de oportunidade para ganhar experiência. (Aqui tive sorte, porque como médico no The Queen's [atualmente Queen Elizabeth] Hospital for Children por dez anos e no Paddington Green Children's Hospital desde 1923 até hoje, tinha meu próprio departamento médico, que podia usar como bem entendesse. Hector Cameron teve a mesma sorte. Mas para a maioria deve ser raro ter tal oportunidade de chegar à psiquiatria infantil de maneira lenta e natural.) A moral aqui é que devemos nos planejar para que aqueles que desejem se especializar como nós possam ter a oportunidade de se desenvolver em seu próprio ritmo. Se, por sua vez, o psiquiatra de crianças que está iniciando é requisitado imediatamente para lecionar, então ele deve ensinar o que outros disseram, e não o que ele próprio descobriu, o que é uma pena.

O apoio à psiquiatria infantil

Exporei o tema principal sem mais delongas. Ele será abordado do seguinte modo: o psicólogo educacional conta com o apoio da educação e me alegro que assim seja; apoia seu processo de aprendizado, dá-lhe status e cuida de suas finanças. Pois bem, quem deve apoiar aqueles que estão envolvidos com a clínica? As universidades desconfiam da aplicação prática da psicologia às coisas humanas, especialmente quando se trata de ajudar seres humanos; também desconfiam da psicologia, a menos que ela se atenha estritamente aos cânones acadêmicos e evite trabalhar com o inconsciente dinâmico.

Os assistentes sociais de vários ramos lutam por se estabelecer como categoria profissional. Que dizer dos psiquiatras de crianças? Quem deveria lhes dar apoio (exceto o que já recebem automaticamente por sua qualificação médica?).

Precisamos considerar apenas dois tipos de apoio, pediatria e psiquiatria, e se pode dizer que em cada caso temos sido tão desapontados que já não podemos cogitar nada a não ser a autonomia. O fato de nosso presidente ser um pediatra pode ser perfeitamente encarado como indicativo de que existem pediatras esclarecidos que não apenas simpatizam conosco como também nos apoiam de modo ativo. Também no Paddington Green e no St. Mary's (desde que este nos contratou) tenho sido tratado com generosidade e grande afabilidade. Mas não devo permitir que minha sorte me torne cego à posição geral sobre isso. A pediatria tem falhado como figura parental para a psiquiatria infantil, bem como a psiquiatria.

Vou me referir primeiro à psiquiatria de adultos e depois à pediatria, e então tentarei formular algo positivo.

PSIQUIATRIA

Quanto podemos confiar à psiquiatria geral a tarefa de representar a psiquiatria de crianças no nível de planejamento? Sugiro que o psiquiatra geral habitualmente não está a par do que a psiquiatria infantil é ou realiza. Se é assim, como pode ele representar a psiquiatria infantil? Há naturalmente várias áreas de superposição entre a psiquiatria geral e a infantil. Quem pode dizer se uma deficiência mental é psiquiátrica, neurológica ou pediátrica? Não há necessidade de decidir. Além disso a adolescência converge gradualmente para a idade adulta, de modo que a psiquiatria infantil se superpõe à psiquiatria de adultos quando os pacientes ficam presos no estágio em que a apatia da adolescência normalmente se resolve. Além disso, pais ou figuras parentais têm de ser encarados frequentemente como doentes no sentido psiquiátrico; e síndromes psiquiátricas de tipo adulto aparecem periodicamente na clínica psiquiátrica infantil. Parte dos que ingressam na psiquiatria de crianças já é graduada em psiquiatria de adultos, e eu não gostaria de que isso mudasse. De qualquer modo precisamos que o psiquiatra de adulto cuide de nós quando nós mesmos começarmos a declinar de modo nada gentil. Mas quero expressar a opinião de que, para nós, a psiquiatria de adultos se interessa por problemas alheios. Se seu filho quer entrar para a psiquiatria infantil e você o aconselha a se tornar primeiro um psiquiatra de adultos, você o está aconselhando a desperdiçar muito tempo que poderia ser mais bem empregado em pediatria.

Não é verdade que a psiquiatria de adultos se originou da preocupação por pessoas que tinham cérebros lesados ou que se pensava terem uma doença física ou hereditária? Não é verdade que a psiquiatria de adultos se aferrou à bioquímica e à neurofisiologia das doenças mentais, à custa, neste país, do estudo da contribuição que se poderia obter por meio da cooperação com a psicologia dinâmica? Isso é compreensível em vista do fato de que o psiquiatra de adultos tem de lutar contra a enorme carga dos insanos degenerados e contra o problema quase insolúvel de suas necessidades por cuidados. Mas essas mesmas considerações tornam necessário para a psiquiatria infantil se separar da psiquiatria de adultos, especialmente no que se refere à formação.

Áreas de interesse

A psiquiatria de adultos se ocupa de dois tipos de problemas:

a) Distúrbios mentais secundários a tendências hereditárias, a deficiências do tecido cerebral, à doença do tecido cerebral, a doenças degenerativas em geral, tais como a arteriosclerose, que eventualmente afetam o cérebro.
b) Distúrbios da mente que são evidências *tardias* de tensão emocional *precoce*.

Nessa segunda categoria pode ser incluída a maioria dos casos de psiquiatria de adultos e aí os psiquiatras de adultos *sempre chegam tarde demais* à cena. Em todos esses últimos casos a doença se iniciou na infância inicial ou na primeira infância. O pediatra era o médico que estava naturalmente envolvido na época de tensão máxima, mas felizmente, para sua paz de espírito, ele não o sabia. Se soubesse, teria pedido auxílio ao psiquiatra de crianças, e uma parcela dos casos de psiquiatria de adultos traduzem fracassos terapêuticos da combinação entre os departamentos de pediatria e de psiquiatria de crianças. Nossos êxitos conseguem evitar o encaminhamento ao departamento de psiquiatria de adultos.

A psiquiatria de crianças se ocupa:

a) Do desenvolvimento da personalidade e do caráter do indivíduo *na saúde*, em vários padrões familiares e sociais.
b) Dos distúrbios do desenvolvimento emocional em seu início e nos estágios precoces, quando as defesas estão em processo de se enrijecer em síndromes, e enquanto se entrelaçam com a provisão e a reação ambientais.

A grande maioria de nossos casos pode ser tratada satisfatoriamente (como problemas clínicos) e cada melhora que iniciamos se expande em uma melhora maior, porque nossos pacientes estão imaturos e os processos de crescimento podem então ser liberados. Dificilmente defrontamos com doenças devidas à degeneração de tecidos, e isso nos distingue dos psiquiatras de adultos. Além disso, em geral podemos contar com os pais para prover ao paciente um centro de reabilitação ou hospital psiquiátrico, por sua adaptação às necessidades da criança em casa.

A psiquiatria e a teoria do desenvolvimento da personalidade

Enquanto estou explorando essa área quero dizer que pessoalmente não fico impressionado quando examino a contribuição feita pela psiquiatria de adultos à compreensão dos processos de desenvolvimento que levam ao crescimento da personalidade e ao estabelecimento do caráter. Diz-se que a prática da psiquiatria avançou muito nos últimos trinta anos, mas algumas coisas negativas também poderiam ser citadas. Aqui me permito expressar algumas opiniões pessoais. Com o abandono da palavra *hospício* [*asylum*] se tornou quase impossível para um paciente psiquiátrico encontrar asilo [*asylum*], a menos, talvez, em instituições religiosas. Além disso, embora o tratamento por eletrochoque produza melhora clínica em muitos casos, acrescentou algo à compreensão de como as doenças se desenvolvem ou de como o tratamento leva a mudanças? Talvez, ao administrar eletrochoque, o médico ajude o paciente a cometer suicídio sem morrer? E no decurso de uma terapia eletroconvulsiva, o ódio ao tratamento que o paciente desenvolve, isto é, ódio sem assassinato, pode produzir uma valiosa integração de uma personalidade desintegrada. Mas se há verdade nessas teorias ela não vêm da psiquiatria. Finalmente, na série de minhas queixas pessoais, o tratamento pela leucotomia *realmente me chocou* e me trouxe uma desconfiança em relação à psiquiatria de adultos da qual não espero me recobrar. Na leucotomia, que felizmente já não é usada, só posso ver o delírio insano do paciente coincidindo com o delírio da parte do médico.

Talvez poucos compartilhem desses preconceitos pessoais meus. Há uma relutância da parte de um cão em comer outro cão, e da parte de médicos em criticar colegas. Há momentos, contudo, em que precisamos criticar e esperar ser criticados, e podemos fazê-lo dentro de um contexto de respeito de um por outro como pessoas.

Alegro-me de nunca ter trabalhado em um hospital psiquiátrico onde tivesse que fazer essas coisas horríveis. Não poderia tê-las feito e teria retornado à pediatria física, onde poderia ter tido o imenso prazer de trabalhar. Contudo, teria então sido privado de muito do que valorizo na prática da psiquiatria infantil.

PEDIATRIA

Abordarei agora o tema da pediatria. Como se sabe, meu preconceito é no sentido da pediatria como campo natural de formação para a psiquiatria infantil. A pediatria proporciona ao estudante e ao médico a melhor oportunidade de conhecer de verdade os pacientes pediátricos e seus pais. Se os pediatras quiserem, podem ser

18. FORMAÇÃO EM PSIQUIATRIA INFANTIL

psiquiatras de crianças mesmo sem sabê-lo. O pediatra tem de estar totalmente equipado para lutar contra emergências físicas e isso o deixa em uma posição muito sólida no manejo das relações médico--parentais; sob o pretexto da alimentação do bebê o pediatra pode, caso se interesse por isso, auxiliar a mãe na delicada tarefa de apresentar o mundo ao bebê e assim lançar as bases para a saúde mental da criança, que é o negativo dos distúrbios mentais tratados em hospital. Foi praticando pediatria que me dei conta do valor terapêutico da anamnese e descobri o fato de que isso provê a melhor oportunidade para tratamento, desde que a anamnese não seja feita com o propósito de coletar fatos. A psicanálise para mim é uma vasta extensão da anamnese, com a terapêutica como subproduto.

Continuei ao longo de minha carreira a acreditar na pediatria como a base apropriada da psiquiatria de crianças, e a principal coisa que quero dizer neste estudo é que, em qualquer planejamento a ser feito, o caminho deve ser deixado aberto para o médico que deseje vir para a psiquiatria infantil através da pediatria. Quero dizer, a prática da pediatria, por uma década. Se for obrigado a se submeter à formação de psiquiatria de adultos, se tiver de obter um DPM,[13] então precisará inevitavelmente deixar de ser um pediatra atuante no verdadeiro sentido do termo. Há tanto para ser aprendido e *vivenciado na prática* da pediatria que não é possível abarcar outra especialidade como a psiquiatria, composta de tantos elementos que em nada dizem respeito a bebês ou crianças.

Eu me aferro a esse ponto de vista a despeito de a pediatria ter falhado em desempenhar o papel ao qual se destinava em relação à psiquiatria infantil. Vinte e cinco anos foram desperdiçados desde que os responsáveis pela pediatria neste país tomaram conhecimento da ideia de que metade da pediatria é a psiquiatria infantil. A pediatria oficial tem deliberadamente evitado o assunto, e agora não temos nada a ganhar se esperarmos mais tempo para que a psiquiatria infantil se torne irmã gêmea da pediatria física. Isso poderia ter sido feito, mas não o foi.

---

13 Diploma em Medicina Psicológica [*Diploma of Psychological Medicine*].

A IDENTIDADE DA PSIQUIATRIA INFANTIL

Está aberta à psiquiatria infantil a possibilidade de dar preferência a pediatras e requisitar experiência e formação pediátricas. A única solução para a psiquiatria infantil é se tornar uma entidade com identidade própria e estabelecer sua própria formação. Gostaria de perguntar se o professor de pediatria já se encontrou com o professor de psiquiatria para discutir a questão de haver um dia um professor de psiquiatria infantil.

Mas – e esse é um tremendo *mas* – às vezes os pediatras tendem a pensar que eles podem simplesmente mudar para psiquiatria infantil ao mudar, por exemplo, o nome de "pediatria" para "saúde infantil". Claro que isso é impossível. Se eles forem para a psiquiatria infantil precisarão estar preparados para se reorientar e renunciar a muito do poder que exercem como pediatras físicos.

Lugar da psicanálise

Isso leva ao tema da relação entre psiquiatria infantil e psicanálise, e serei breve porque não pretendo fazer dele o tema principal desta reunião. Mas não posso evitar o tema. Comprometido como estou com a ideia de que a pediatria é a melhor preparação possível para a psiquiatria infantil, tenho de passar imediatamente à afirmação de que a preparação realmente necessária para a psiquiatria infantil (seja de pediatras ou psiquiatras) é a *formação psicanalítica*. É importante para mim que o que tenho a dizer é quase consenso hoje, embora poucos anos atrás fosse realmente revolucionário. Na minha experiência é um *trunfo* quando um candidato requer um posto em psiquiatria infantil se ele é um analista ou foi aceito como estudante no Instituto de Psicanálise. (Para os propósitos dessa discussão devo aqui incluir a formação junguiana, a despeito das grandes diferenças que se podem encontrar entre as duas disciplinas, se procurarmos por elas.) Muitos psiquiatras de crianças atualmente na direção de clínicas completaram um desses processos de formação. É claro que isso não significa que a formação psicanalítica equipe o candidato para a psiquiatria infantil; ela se refere apenas à formação para a psicanálise de adultos e crianças. Mas inclui o ensino da teoria do desenvolvimento da criança, que é dinâmica e que pode ser aplicada. Algumas instituições que vão além e treinam em psiquiatria infantil, como a Tavistock Clinic, insistem mais ou menos na formação psicanalítica; em outras é comum, e a Hampstead Clinic da srta. Freud, onde psicoterapeutas leigos podem fazer formação, é naturalmente orientada para a psicanálise e as teorias que a constituem.

Minha tese é de que um pediatra capaz de assumir responsabilidade por seus casos tem uma ótima oportunidade para se desenvolver como psiquiatra de crianças se – ao mesmo tempo em que está adquirindo experiência no aspecto físico – for capaz de fazer a formação psicanalítica.

Seleção

Isso tudo se liga à ideia de seleção.

O importante na formação em psicanálise é a análise pessoal do candidato. Para os propósitos deste estudo, gostaria de considerar essa análise pessoal como parte da seleção. A formação psicanalítica se dá depois da *seleção*, e o processo de seleção é levado muito a sério. Primeiro há a autosseleção; depois há a seleção; e então há uma nova autosseleção, que ocorre com a análise do próprio paciente. Com relação à psiquiatria infantil, é essencial que uma seleção cuidadosa, de acordo com a personalidade, a saúde e a maturidade do candidato, seja feita por uma comissão responsável. O ponto crucial da questão é: quem deverá selecionar e continuar selecionando e ter o direito de recusar um candidato à psiquiatria infantil? Essa é uma importante contribuição que pode ser feita pelo Instituto de Psicanálise. Não temos certeza alguma, por exemplo, de que o médico que você certamente chamaria para cuidar de seu bebê em uma emergência física, ou o psiquiatra a quem encaminharia sua mãe ou irmão, seria aquele que você selecionaria para praticar psiquiatria infantil. Esse é um assunto que envolve muitas dificuldades, mas a ideia de que deve haver um acesso à psiquiatria infantil livre de seleção é uma perspectiva muito pior do que poderia ser a de psiquiatras de crianças que não obtiveram o Diploma de Medicina Psicológica ou não trabalharam em um hospital psiquiátrico.

CONCLUSÃO

Antes de mais nada, estabeleçamos a psiquiatria infantil como tendo identidade própria; e então permitamos que psiquiatras de adultos continuem a entrar no ramo da psiquiatria infantil se estivem dispostos a estudar o desenvolvimento físico e emocional do bebê e da criança e se submeter a uma formação psicanalítica que inclua um processo de seleção e análise pessoal. Permitamos também que os pediatras tenham a mesma oportunidade, com os mesmos pré-requisitos. Mas isso não pode ser feito sem a cooperação ativa da psiquiatria oficial e da pediatria oficial, uma vez que é necessário auxílio financeiro para a formação analítica. Além disso, deve-se facilitar deliberadamente o corajoso esforço do pediatra, psiquiatra ou psiquiatra de crianças para inserir a formação analítica em sua rotina de trabalho de tempo integral, de modo a lhe proporcionar a segurança básica necessária para construir um lar e uma família.

RESUMO

A psiquiatria infantil é uma especialidade com características próprias, enquanto a psiquiatria geral se ocupa de processos degenerativos e fenômenos neurológicos que não são importantes na maioria dos departamentos de psiquiatria infantil. A psiquiatria infantil se ocupa do desenvolvimento emocional da criança e da interferência com os processos de amadurecimento provenientes do ambiente e de conflitos internos à criança. Isso torna a psiquiatria infantil aparentada à pediatria.

O psiquiatra geral e o pediatra necessitam de formação adicional do tipo proporcionado pela psicanálise e pela psicologia analítica. Esses institutos também proporcionam o mecanismo de seleção.

·Sempre haverá aqueles que chegam à psiquiatria infantil a partir da psiquiatria geral, mas é importante conservar uma rota aberta através da prática pediátrica.

19

PSICOTERAPIA DOS DISTÚRBIOS DE CARÁTER
[1963]

Embora o título escolhido para este trabalho seja "Psicoterapia dos distúrbios de caráter", não é possível evitar a discussão do significado da expressão "distúrbios de caráter".[14] Como observa Fenichel:[15]

> Pode-se perguntar se há alguma análise que não seja "análise do caráter". Todos os sintomas são a externalização de atitudes específicas do ego, que na análise aparecem como resistências e que se desenvolveram na vigência de conflitos infantis. Isso é verdade. E até certo ponto, realmente, todas as análises são análises do caráter.

E novamente:

> Os distúrbios de caráter não formam uma unidade nosológica. Os mecanismos subjacentes aos distúrbios de caráter podem ser tão diferentes quanto os mecanismos subjacentes às neuroses sintomáticas. Desse modo, um caráter histérico será tratado mais facil-

---
14 Proferida no 11º Congresso Europeu de Psiquiatria Infantil, Roma, maio-junho de 1963.
15 Otto Fenichel, *The Psychoanalytic Theory of Neurosis*. New York: Norton, 1945, p. 539.

mente do que um compulsivo, e um compulsivo, mais facilmente do que um narcisístico.

Fica claro que o termo ou é demasiado amplo para ter utilidade ou então terei de empregá-lo de modo especial. Neste último caso preciso indicar como farei o emprego do termo neste estudo.

Inicialmente, haverá confusão a menos que se reconheça que os três termos – caráter, bom caráter e distúrbio de caráter – evocam três fenômenos muito diferentes, sendo artificial se ocupar de todos ao mesmo tempo, ainda que os três sejam inter-relacionados.

Freud escreveu que "um caráter razoavelmente confiável"[16] é um dos pré-requisitos para uma análise bem-sucedida;[17] mas se estamos considerando uma personalidade *pouco confiável*, Fenichel pergunta: essa falta de confiabilidade pode ser tratada? E bem que poderia ter perguntado: qual é sua etiologia?

Quando considero distúrbios de caráter me vejo considerando *pessoas inteiras*. Há nesse termo a implicação de um grau de integração, por si só sinal de saúde psiquiátrica.

As apresentações que me precederam muito nos ensinaram, e fortaleceram em mim a ideia de caráter como algo que faz parte da integração. Caráter é uma manifestação de integração bem-sucedida, e um distúrbio de caráter é uma distorção da estrutura do ego, mantendo-se, não obstante, a integração. Talvez seja bom lembrar que a integração tem um fator temporal. O caráter da criança se forma com base em um processo de desenvolvimento contínuo, e sob esse aspecto a criança tem um passado e um futuro.

Pareceria proveitoso empregar o termo "distúrbio de caráter" para descrever a tentativa da criança de acomodar suas deficiências ou anomalias de desenvolvimento. Presumimos sempre que a estrutura da personalidade é capaz de tolerar a tensão da anormalidade.

---

16 Sigmund Freud, "Psicoterapia" [1905], in *Obras completas*, v. 7, trad. Paulo César de Souza. São Paulo: Companhia das Letras, 2016, p. 341.
17 O. Fenichel, *The Psychoanalytic Theory of Neurosis*, op. cit., p. 537.

A criança precisa se ajustar ao padrão pessoal de ansiedade ou compulsão ou humor ou suspeita etc., e também relacionar isso com as exigências e expectativas do ambiente imediato.

Na minha opinião o valor do termo pertence especificamente à descrição da distorção da personalidade que se evidencia *quando a criança necessita acomodar algum grau de tendência antissocial*. Daí decorre a conceituação de meu emprego dessa expressão.

Estou empregando essas palavras por permitirem focar nossa atenção não tanto no comportamento, mas nas origens do mau comportamento, que se estendem sobre toda a área entre a normalidade e a delinquência. A tendência antissocial pode ser examinada no filho saudável de qualquer um de vocês, que, aos dois anos de idade, tira uma moeda da bolsa de sua mãe.

A tendência antissocial sempre se origina de uma *deprivação* e representa o pedido da criança para voltar à época anterior à deprivação, ao estado de coisas tal como era quando tudo ia bem. Não posso desenvolver esse tema aqui, mas isso que chamo de tendência antissocial deve ser mencionado porque é verificado regularmente na dissecção de distúrbios de caráter. A criança, ao acomodar a tendência antissocial que carrega, pode ocultá-la; pode desenvolver uma formação reativa contra ela, tornando-se um moralista, por exemplo; pode desenvolver certo ressentimento e adquirir um caráter lamuriento; pode se especializar em devaneios, mentira, atividade masturbatória crônica leve, enurese noturna, chupar o dedo compulsivamente, esfregar as coxas, etc.; ou pode periodicamente manifestar a tendência antissocial (que é sua) como *distúrbio de conduta*. Este último está sempre associado a esperança, e é ou da natureza do roubo, ou da atividade agressiva e destruição. É compulsivo.

Distúrbio de caráter, portanto, segundo minha perspectiva, se relaciona mais significativamente à distorção da personalidade *intacta* que resulta dos elementos antissociais existentes nela. É o elemento antissocial que determina o envolvimento da sociedade. A sociedade (a família da criança e assim por diante) necessita responder ao desafio e precisa *gostar ou desgostar* do caráter e do distúrbio de caráter.

19. PSICOTERAPIA DOS DISTÚRBIOS DE CARÁTER

Eis aqui, portanto, o início de uma descrição:

Distúrbios de caráter não são esquizofrenia. Nos distúrbios de caráter há doença oculta na personalidade intacta. Os distúrbios de caráter de certo modo e em certo grau envolvem a sociedade ativamente.

Os distúrbios de caráter podem ser divididos de acordo com:

- Êxito ou fracasso por parte do indivíduo na tentativa de a personalidade total ocultar a doença. Êxito aqui significa que a personalidade, embora empobrecida, se tornou capaz de socializar a distorção de caráter e descobrir ganhos secundários ou se acomodar ao padrão social.
- Fracasso significa que o empobrecimento da personalidade acarreta consigo falhas no estabelecimento de uma relação com a sociedade como um todo, por causa do elemento da doença oculta.

Na verdade, a sociedade desempenha um papel na determinação do destino de uma pessoa com distúrbio de caráter, e o faz de vários modos. Por exemplo:

- A sociedade tolera a doença do indivíduo até certo grau.
- A sociedade tolera o fracasso do indivíduo em contribuir.
- A sociedade tolera ou até mesmo desfruta as distorções no modo como o indivíduo contribui.

ou
- A sociedade aceita o desafio da tendência antissocial de um indivíduo, e sua reação é motivada por:
  1. Vingança.
  2. Desejo de socializar o indivíduo.
  3. Compreensão e aplicação da compreensão visando à prevenção.

O indivíduo com distúrbio de caráter pode sofrer de:
1. Empobrecimento da personalidade, sentimento de queixa, irrealidade, percepção da falta de um propósito sério etc.
2. Fracasso em socializar.

Eis, pois, a base para a psicoterapia, uma vez que a psicoterapia diz respeito ao *sofrimento* do indivíduo e sua necessidade de ajuda. Mas esse sofrimento, no distúrbio de caráter, faz parte apenas dos estágios iniciais da doença do indivíduo; os ganhos secundários rapidamente assumem o comando, atenuam o sofrimento e interferem no impulso do indivíduo em buscar ajuda ou aceitar a ajuda oferecida.

Deve-se reconhecer que, no que concerne ao "êxito" (distúrbio de caráter oculto e socializado), *a psicoterapia torna o indivíduo doente*, porque a doença se situa entre a defesa e a saúde do indivíduo. Em contraste, no que concerne ao ocultar "malsucedido" do distúrbio de caráter, embora possa haver um impulso inicial no indivíduo para procurar ajuda em um estágio precoce, por causa das reações da sociedade, esse motivo não leva o indivíduo necessariamente ao tratamento da doença mais profunda.

A chave para o tratamento de distúrbios de caráter é dada pelo papel que o ambiente desempenha no caso de *cura natural*. Nos casos leves, o ambiente pode "curar", porque a causa era uma falha ambiental na área de apoio do ego e proteção em um estágio de dependência do indivíduo. Isso explica por que crianças são regularmente "curadas" de distúrbios de caráter incipientes no decurso do próprio desenvolvimento na infância, simplesmente porque recorrem a sua vida doméstica. Os pais têm uma segunda e uma terceira oportunidade de criar seus filhos a despeito de falhas em seu manejo (em geral inevitáveis) nos estágios iniciais, quando a criança é extremamente dependente. A vida familiar é o local, portanto, que oferece a melhor oportunidade para investigação da etiologia do distúrbio de caráter; e na verdade é na vida familiar, ou sua substituta, que o *caráter* da criança está sendo construído de modos positivos.

19. PSICOTERAPIA DOS DISTÚRBIOS DE CARÁTER

Etiologia dos distúrbios de caráter

Ao considerar a etiologia dos distúrbios de caráter, é necessário pressupor os processos de amadurecimento na criança, a área do ego livre de conflito (Hartmann), o movimento propulsivo impulsionado pela angústia (Klein) e a função do ambiente que favorece os processos de amadurecimento. A provisão ambiental deve ser suficientemente "boa" para que o amadurecimento se torne um fato no caso de cada criança.

Com isso em mente, pode-se afirmar que há dois extremos de distorção e que eles se relacionam com o estágio de amadurecimento do indivíduo em que a falha ambiental excedeu realmente a capacidade do ego para organizar defesas:

- Em um extremo fica o ego ocultando formações sintomáticas *neuróticas* (erigidas contra a angústia que faz parte do complexo de Édipo). Aqui a doença oculta é uma questão de conflito no inconsciente pessoal do indivíduo.
- No outro extremo fica o ego ocultando formações sintomáticas *psicóticas* (cisão, dissociações, descarrilamento da realidade, despersonalização, regressão, dependências onipotentes etc.) Aqui a doença oculta está na estrutura do ego.

Mas a questão do envolvimento essencial da sociedade não depende da resposta à pergunta: a doença oculta é neurótica ou psicótica? Na verdade, nos distúrbios de caráter há este outro elemento, a percepção correta *do indivíduo* na época da primeira infância de que a princípio tudo ia bem, ou bem o suficiente, e então as coisas deixaram de ir tão bem assim. Dito de outro modo, ele percebeu que em certo período, ou ao longo de uma fase do desenvolvimento, ocorreu uma falha real de apoio egoico que deteve o desenvolvimento emocional do indivíduo. Uma reação no indivíduo a essa perturbação tomou o lugar do desenvolvimento puro e simples. Os processos de amadurecimento foram barrados por uma falha do ambiente facilitador.

Essa teoria da etiologia dos distúrbios de caráter, se correta, leva a uma nova conceituação dos distúrbios de caráter em sua origem. O indivíduo nessa categoria é onerado com duas cargas distintas. Uma delas, naturalmente, é a carga crescente de um processo de amadurecimento perturbado e em certos aspectos detido ou adiado. O outro é a esperança, uma esperança que nunca se extingue completamente, de que o meio reconheça e remedie a falha específica que provocou o dano. Na vasta maioria dos casos, os pais ou a família ou os responsáveis pela criança reconhecem o fato da decepção (frequentemente inevitável) e, ao longo de um período de manejo especial – mimando-a, ou amamentando-a mentalmente, por assim dizer –, tentam conduzir a criança a uma recuperação do trauma.

Quando a família não repara suas falhas, a criança prossegue com certas deficiências, ocupando-se de:

1. Organizar-se para viver uma vida a despeito da detenção emocional.
2. Sujeitar-se o tempo todo a momentos de esperança em que pareça possível forçar o ambiente a efetuar uma cura (daí a atuação).

Entre o estado clínico da criança que foi ferida dessa forma que estamos descrevendo e a retomada do desenvolvimento emocional da criança – com tudo o que isso implica em termos de socialização –, há a necessidade de fazer a sociedade reconhecer e compensar. Por trás da marginalidade da criança há sempre uma falha do ambiente em se ajustar às necessidades absolutas da criança à época da dependência relativa. (Tal falha, de início, é uma falha de criação.) Pode-se acrescentar então uma falha da família em cicatrizar os efeitos de tais falhas; e pode-se então adicionar a falha da sociedade na medida em que ela toma o lugar da família. Deve-se ressaltar que nesse tipo de caso se pode demonstrar que a falha inicial ocorreu em uma época em que o desenvolvimento da criança acabara de capacitá-la a perceber a falha e a natureza do desajuste ambiental.

A criança apresenta agora uma tendência antissocial, que (como disse) no estágio anterior ao desenvolvimento de ganhos secundários é sempre um sinal de esperança. Essa tendência antissocial pode se revelar de duas formas:

1. Apresenta exigências quanto ao tempo, à consideração, ao dinheiro etc. das pessoas (manifestada pelo roubo).
2. Espera aquele grau de força estrutural e organização e recuperação que se torna essencial para a criança conseguir descansar, relaxar, desintegrar-se, sentir-se segura (o que se manifesta pela destruição que incita manejo firme).

Baseado nessa teoria da etiologia dos distúrbios de caráter, sigo adiante para examinar a questão da terapia.

Indicações para terapia

A terapia dos distúrbios de caráter tem três objetivos:

1. Uma dissecção até a doença que está ocultada e que aparece na distorção de caráter. Como preparação para isso pode haver um período em que o indivíduo é convidado a se tornar paciente, a adoecer em vez de ocultar a doença.
2. Ir ao encontro da tendência antissocial, que, do ponto de vista do terapeuta, é evidência de esperança no paciente; ir ao encontro dela como de um pedido de socorro, um *cri de coeur*, um sinal de emergência.
3. Uma análise que leve em consideração tanto a distorção do ego como a utilização, por parte do paciente, de seus impulsos do id durante tentativas de autocura.

A tentativa de ir ao encontro da tendência antissocial do paciente tem dois aspectos:

- Tolerar suas reivindicações de direitos, na forma da confiabilidade e do amor de determinada pessoa.
- Prover uma estrutura relativamente indestrutível de apoio egoico.

Isso implica que de tempos em tempos o paciente vai atuar e, desde que isso se relacione com a transferência, pode ser manejado e interpretado. As dificuldades na terapia têm relação com a atuação antissocial que se situa fora do maquinário terapêutico total, ou seja, que envolve a sociedade.

Com relação ao tratamento de doenças ocultas e distorções do ego, há necessidade de psicoterapia. Mas ao mesmo tempo a tendência antissocial deve ser engajada, como e quando aparecer. O objetivo nessa parte do tratamento é chegar ao trauma original. Isso tem de ser feito no decurso da psicoterapia, ou, se ela não está disponível, no decurso do manejo especializado provido.

Nesse trabalho, as falhas do terapeuta ou dos que manejam a vida da criança serão reais e pode-se demonstrar que reproduzem as falhas originais, de forma simbólica. Essas falhas são de fato reais, especialmente quando o paciente está regredido à dependência da idade em questão, ou recordando. Ao reconhecer a falha do analista ou do responsável, o paciente consegue ficar furioso, como deveria, em vez de traumatizado. *O paciente precisa remontar, através do trauma transferencial, ao estado de coisas vigente antes do trauma original.* (Em alguns casos é possível chegar de forma rápida ao trauma de deprivação na primeira entrevista.) A reação à falha atual só faz sentido se a falha atual *for* a falha ambiental original do ponto de vista da criança. A reprodução, no tratamento, de exemplos tirados da falha ambiental original, conjuntamente com o fato de o paciente estar experimentando a raiva devida, libera os processos de amadurecimento do paciente. Deve-se recordar que o paciente está em um estado dependente, com necessidade de apoio egoico e manejo ambiental (sustentação) no *setting* de tratamento, e a fase seguinte precisa ser um período de crescimento emocional em que o caráter se constrói positivamente e perde suas distorções.

19. PSICOTERAPIA DOS DISTÚRBIOS DE CARÁTER

Em casos favoráveis, a atuação que faz parte desses casos fica confinada à transferência, ou pode ser trazida para o âmbito da transferência de forma proveitosa pela interpretação de deslocamentos, simbolismos e projeções. Em um extremo se tem a cura "natural" comum que ocorre na família da criança. No outro estão os pacientes severamente perturbados, cuja atuação pode tornar impossível o tratamento pela interpretação porque o trabalho fica interrompido pelas reações da sociedade ao roubo e à destrutividade.

Em casos de severidade moderada, a atuação pode ser manejada, desde que o terapeuta compreenda seu significado e sentido. Pode-se dizer que a atuação é a alternativa ao desespero. Na maior parte do tempo o paciente não tem esperança de corrigir o trauma original e por isso vive em um estado de depressão relativa ou de dissociações que mascaram o estado de caos que está sempre ameaçando. Quando, contudo, o paciente começa a estabelecer uma relação de objeto, ou a investir [*cathect*] uma pessoa, então se inicia uma tendência antissocial, uma compulsão ou para reclamar (roubar) ou para ativar um manejo duro ou mesmo vingativo através de comportamento destrutivo.

Em cada caso, para a psicoterapia ser bem-sucedida, o paciente precisa assistido na travessia de uma ou várias dessas fases desconfortáveis de comportamento antissocial manifesto, e com frequência é exatamente nesses pontos difíceis do caso que o tratamento se interrompe. O caso é abandonado não necessariamente porque a situação não pode ser tolerada, mas (como é mais comum) porque os encarregados não se dão conta de que essa atuação é inerente e pode ter um valor positivo.

Nos casos graves, essas fases no manejo ou tratamento apresentam dificuldades tão grandes que a lei (sociedade) assume o controle ao mesmo tempo que a psicoterapia é suspensa. A vingança da sociedade toma o lugar da piedade ou simpatia, e o indivíduo para de sofrer e de ser um paciente para virar um criminoso com delírio de perseguição.

Minha intenção é chamar a atenção para o *elemento positivo do distúrbio de caráter*. O fracasso em chegar a um distúrbio de caráter em um indivíduo que está tentando acomodar algum grau de tendência antissocial indica uma predisposição a colapso psicótico. O distúrbio de caráter indica a capacidade da estrutura do ego do indivíduo para ligar as energias pertencentes ao bloqueio dos processos de amadurecimento e também as anormalidades na interação da criança com a família. Até o ganho secundário se estabelecer, a personalidade com distúrbio de caráter está sempre sujeita a sofrer um colapso no sentido da paranoia, depressão maníaca, psicose ou esquizofrenia.

Para resumir, a conceituação dos distúrbios de caráter pode ser iniciada com a afirmação de que esse tratamento é igual ao de qualquer outro distúrbio psicológico, isto é, psicanálise, se estiver disponível. Daí seguem-se estas considerações:

1. A psicanálise pode ter êxito, mas o analista deve estar preparado para deparar com a *atuação* na transferência e precisa compreender o significado dessa atuação e lhe atribuir um valor positivo.
2. A análise pode ter êxito, mas ser difícil, porque a doença oculta tem aspectos psicóticos, de modo que o paciente precisa ficar doente (psicótico, esquizoide) antes de começar a melhorar; e serão necessários todos os recursos do analista para lidar com os mecanismos de defesa primitivos que serão proeminentes.
3. Talvez a análise esteja indo bem, mas, como a atuação não fica confinada à relação transferencial, o paciente pode ser afastado do analista por causa da reação da sociedade à tendência antissocial do paciente ou por causa da aplicação da lei. Há espaço para grande variação aí, devido à variabilidade de reação da sociedade, que oscila desde a vingança crua até a expressão da disposição da sociedade em dar ao paciente uma chance de realizar uma socialização tardia.
4. Em muitos casos, distúrbios de caráter incipientes são tratados, e com sucesso, na casa da criança, por uma fase ou fases de manejo especial (mimar) ou por cuidado particularmente *pessoal* ou controle estrito por uma pessoa que ame a criança. Uma extensão disso é o tratamento de distúrbios de caráter precoces ou incipientes

sem psicoterapia, por meio de manejo em grupos, orientado para proporcionar à criança o que a própria família não pode dar na forma de manejo especial.
5. Na época em que o paciente vem a tratamento, talvez já esteja manifestando uma tendência antissocial fixada e uma atitude endurecida alimentada pelos ganhos secundários, caso em que não se cogita o uso da psicanálise. O objetivo então é prover manejo firme por pessoas compreensivas, e prover isso como *tratamento* para não ter de provê-lo como ação *corretiva* por ordem judicial. Psicoterapia pessoal pode ser adicionada, se disponível.

Finalmente,

6. O caso com distúrbio de caráter pode se apresentar como um caso judicial, com a reação da sociedade representada pela ordem de suspensão condicional da pena ou pelo confinamento a uma escola correcional ou instituição penal.

Pode ocorrer que um confinamento inicial pela Justiça se revele como um elemento *positivo* na socialização do paciente. Isso corresponde de novo à cura natural que ocorre comumente na família do paciente; a reação da sociedade foi, para o paciente, uma demonstração prática de "amor", qual seja, de sua disposição para "sustentar" o self não integrado do paciente e responder à agressão com firmeza (para limitar os efeitos dos episódios maníacos) e responder ao ódio com ódio, apropriado e sob controle. Este último é o melhor que algumas crianças deprivadas poderão receber em termos de manejo satisfatório, e muitas crianças deprivadas, inquietas e antissociais passam de incontroláveis a educáveis no regime estrito da casa de correção. O fato de crianças antissociais inquietas prosperarem em um regime de ditadura implica o risco de gerar ditadores e até levar os educadores a pensar que uma atmosfera de disciplina estrita, que ocupa cada minuto do dia da criança, seja um bom tratamento educacional para crianças normais, o que não é.

Meninas

Em sentido amplo, tudo isso se aplica tanto a meninos como a meninas. No estágio da adolescência, contudo, a natureza do distúrbio de caráter é necessariamente diferente nos dois sexos. Por exemplo, as moças adolescentes tendem a revelar sua tendência antissocial pela prostituição, e um dos riscos da atuação é a geração de bebês ilegítimos. Na prostituição há ganhos secundários. Um deles é que as moças percebem que sua única forma de contribuir para a sociedade é sendo prostitutas. Encontram muitos homens solitários, que querem mais um relacionamento do que sexo e que estão prontos para pagar por isso. Além disso essas moças, essencialmente solitárias, conseguem ter contato com outras como elas. O tratamento das moças adolescentes antissociais que começaram a experimentar ganhos secundários como prostitutas apresenta *dificuldades insuperáveis*. Talvez a ideia de tratamento não faça sentido nesse contexto. Em muitos casos já é tarde demais. É melhor desistir de todas as tentativas de curar a prostituição e, em vez disso, concentrar-se em fornecer a essas moças alimento e abrigo e a oportunidade de se manterem sadias e limpas.

CASOS CLÍNICOS

UM CASO DE TIPO COMUM

Um menino na latência tardia (atendido pela primeira vez aos dez anos) estava em tratamento psicanalítico comigo. Sua inquietação e propensão a ataques de fúria tinham começado em data bem precoce, logo após seu nascimento e muito antes de ser desmamado aos oito meses. Sua mãe era uma pessoa neurótica e passou a vida toda mais ou menos deprimida. Ele era um ladrão e dado a surtos agressivos. Sua análise estava indo bem, e no decurso de um ano de sessões diárias muito trabalho analítico padrão tinha sido realizado. Tornou-se muito excitado, contudo, à medida que seu relacionamento comigo começou a ganhar significado; subiu no telhado da clínica, inundou suas dependências e fez tanto barulho que o tratamento teve de ser interrompido. Às vezes ele era um risco para mim; arrombou meu carro fora da clínica e dirigiu-o em primeira marcha usando o motor de arranque, dispensando assim a necessidade de usar a chave de ignição. Ao mesmo tempo começou a roubar de novo e ser agressivo fora do *setting* de tratamento e foi enviado pelo Juizado de Menores a uma escola correcional exatamente no momento em que o tratamento psicanalítico estava a todo vapor. Talvez, se eu tivesse sido muito mais forte do que ele, teria conseguido lidar com essa fase e, assim, teria tido a oportunidade de completar a análise. Do jeito que aconteceu, tive de desistir.

(Esse menino saiu-se mais ou menos bem. Tornou-se motorista de caminhão, o que se adequava a sua inquietação. Mantinha seu emprego fazia catorze anos na época do seguimento. Casou-se e teve três filhos. Sua esposa se divorciou dele, e depois disso ele se manteve em contato com sua mãe, de quem os detalhes do seguimento foram obtidos.)

TRÊS CASOS FAVORÁVEIS

Um menino de oito anos começou a roubar. Tinha sofrido uma deprivação relativa (no próprio contexto de seu bom lar) quando tinha dois anos, na época em que sua mãe concebeu outro filho, e se tornou patologicamente ansioso. Os pais conseguiram satisfazer suas necessidades especiais e quase conseguiram efetuar uma cura natural de sua condição. Auxiliei-os nessa longa tarefa ao lhes suprir alguma compreensão do que estavam fazendo. Em uma consulta terapêutica, quando o menino tinha oito anos, me foi possível levá-lo a estabelecer contato emocional com sua deprivação, e ele conseguiu alcançar novamente a relação de objeto com a mãe boa de sua infância inicial. Conjuntamente com isso, parou com os roubos.

Uma menina de oito anos de idade veio a mim por causa de roubos. Ela tinha sofrido uma deprivação relativa em seu bom lar na idade de 4 a 5 anos. Em uma consulta psicoterapêutica ela conseguiu remontar a seu contato infantil inicial com sua boa mãe, e nessa mesma época deixou de roubar. Ela estava também com enurese e encoprese, manifestações menores de tendência antissocial que persistiram por algum tempo.

Um menino de treze anos, em uma escola pública longe de seu bom lar, estava roubando em grande escala, além de rasgar lençóis e perturbar a escola, metendo os meninos em confusões e deixando mensagens obscenas nos banheiros etc. Na consulta terapêutica ele pôde me comunicar que tinha atravessado um período de tensão intolerável aos seis anos de idade, quando fora mandado para o internato. Consegui para esse menino (o segundo de três irmãos) a concessão de um período de "amamentação mental" na própria casa. Ele o empregou para uma fase regressiva e então voltou à escola externa. Mais tarde foi para um colégio interno na vizinhança de sua casa. Seus sintomas antissociais cessaram abruptamente depois dessa única entrevista e o seguimento revelou que ele tem passado bem. Já concluiu a universidade e agora está se estabelecendo como homem. É especialmente verdadeiro dizer desse caso que o paciente trouxe consigo a compreensão de seu caso, e que ele precisava mesmo era que os fatos fossem reconhecidos e que fosse feita uma tentativa de reparação, de forma simbólica, da falha ambiental.

Comentário

Nesses três casos em que o auxílio pôde ser proporcionado antes que os ganhos secundários se tornassem uma característica, minha atitude em geral como psiquiatra possibilitou à criança, em cada caso, expor uma área específica de deprivação relativa. E o fato de isso ter sido aceito como real e verdadeiro possibilitou à criança passar por cima do fosso às suas costas e reestabelecer um relacionamento com objetos bons que tinha sido bloqueado.

UM CASO NA FRONTEIRA ENTRE DISTÚRBIO DE CARÁTER E PSICOSE

Um menino está há anos sob meus cuidados. Vi-o uma única vez e a maior parte de meus contatos foi com a mãe em momentos de crise. Muitos tentaram prestar auxílio direto ao menino, que está agora com vinte anos, mas ele rapidamente se torna não cooperativo.

O menino tem um QI alto e todas as pessoas que ele permitiu que lhe ensinassem disseram que ele podia ser excepcionalmente brilhante como ator, poeta, artista, músico etc. Ele não se manteve por muito tempo em nenhuma escola mas como autodidata estava sempre muito adiante de seus colegas, e assim o fez no início da adolescência ao instruir seus amigos nas tarefas escolares, depois mantendo-se em contato com eles.

No período de latência foi hospitalizado e diagnosticado como esquizofrênico. No hospital se encarregou do "tratamento" dos outros meninos e nunca aceitou sua condição de paciente. Eventualmente fugiu e passou um longo período sem escolaridade. Ficava na cama ouvindo música lúgubre ou se trancava em casa de modo que ninguém tivesse acesso a ele. Constantemente ameaçava suicidar-se, especialmente em relação a violentos casos de amor. Periodicamente organizava festas e isso prosseguia indefinidamente e às vezes danificava a propriedade alheia.

Esse menino vivia com sua mãe em um pequeno apartamento e mantinha-a em um estado de preocupação constante. Nunca havia possibilidade de resolução, uma vez que ele não ia embora, nem para a escola nem para o hospital, e era suficientemente esperto para fazer exatamente o que queria; e nunca se tornou um criminoso, mantendo-se, assim, fora da jurisdição da lei.

Várias vezes auxiliei a mãe ao pô-la em contato com a polícia, o serviço de custódia e outros serviços de assistência social, e quando por fim ele afirmou que iria para certa escola preparatória eu "movi os pauzinhos" para lhe possibilitar isso. Verificou-se estar bem adiante de seu grupo etário e seus professores o encorajaram muito por causa de sua inteligência. Mas ele deixou a escola antes da hora e obteve uma bolsa de estudos em uma boa escola de arte dramática. Nesse ponto decidiu que tinha um nariz deformado e acabou persuadindo sua mãe a pagar um cirurgião plástico para alterá-lo de adunco para reto. Descobriu então outras razões pelas quais não seria bem-sucedido se seguisse adiante e, ainda assim, de novo negou a todos qualquer chance de ajudá-lo. Isso persiste e hoje ele se encontra na ala de observação de um hospital psiquiátrico, mas descobrirá um jeito de deixar isso para trás e se instalar em casa mais uma vez.

A história precoce desse rapaz nos dá a chave da parte antissocial de seu distúrbio de caráter. Na verdade, ele foi o resultado de uma união que se dissolveu logo após seu infeliz começo. O pai, logo após se separar da mãe, tornou-se ele próprio vítima de paranoia. Esse casamento se seguiu imediatamente a uma tragédia, e estava condenado ao fracasso porque a mãe do menino não havia ainda se recuperado da perda de seu amado noivo, que, achava ela, fora morto pela falta de cuidado desse homem com quem ela se casara, e que se tornara o pai do menino.

O menino poderia ter sido ajudado em um estágio precoce, em torno dos seis anos, quando foi visto por um psiquiatra pela primeira vez. Poderia ter então conduzido o psiquiatra ao material de sua deprivação relativa e ter relatado o problema pessoal de sua mãe e a razão de sua ambivalência em seu relacionamento com ele. Mas em vez disso o menino foi mandado para uma enfermaria de hospital e daí por diante se enrijeceu em um caso de distúrbio de caráter, tornando-se uma pessoa que atormenta compulsivamente sua mãe, seus professores e seus amigos.

Não tentei descrever nenhum caso tratado por psicanálise nessa série de descrições clínicas rápidas.

19. PSICOTERAPIA DOS DISTÚRBIOS DE CARÁTER

Casos tratados por manejo por si só são inúmeros e incluem todas aquelas crianças que, quando deprivadas de um modo ou de outro, são adotadas, criadas por terceiros ou colocadas em pequenas casas que funcionam como instituições terapêuticas e em bases pessoais. Seria dar uma falsa impressão descrever um caso dessa categoria. Na verdade é necessário chamar a atenção para o fato de que os casos incipientes de distúrbios de caráter estão a todo momento sendo tratados com sucesso, especialmente em casa, em grupos sociais de todos os tipos e bem longe da psicoterapia.

A despeito disso, é o trabalho intensivo com poucos casos que lança luz sobre o problema dos distúrbios de caráter, assim como sobre outros tipos de distúrbios psicológicos, e é o trabalho de grupos psicanalíticos em vários países que tem lançado as bases para a conceituação teórica e que começou a explicar aos grupos terapêuticos especializados o que está sendo feito em tais grupos, que muitas vezes têm êxito na prevenção ou no tratamento dos distúrbios de caráter.

20

OS DOENTES MENTAIS NOS CASOS CLÍNICOS DOS ASSISTENTES SOCIAIS
[1963]

Desde o começo do século tem havido um *crescendo* de tentativas de salvar a psiquiatria da estagnação.[18] Os psiquiatras têm tido a enorme tarefa de transformar o cuidado e o tratamento das pessoas mentalmente doentes, passando da contenção mecânica a métodos mais humanos e humanistas. E aí veio a aplicação da psicologia dinâmica à psiquiatria. É a *psicologia* da doença mental que interessa aos psicanalistas e àqueles que trabalham com base na psicologia dinâmica, e essa categoria inclui muitos assistentes sociais. Minha tarefa será estabelecer o elo entre as doenças mentais e os estágios do desenvolvimento emocional do indivíduo, e prosseguirei com isso mesmo sem estar em posição de oferecer uma prova positiva dos detalhes de minha tese.

De início, devo-lhes recordar a classificação psiquiátrica dos distúrbios mentais. Mencionarei sumariamente os distúrbios mentais originados de anormalidade física do cérebro, que é o aparelho eletrônico do qual a mente depende para funcionar. Esse aparelho pode falhar de várias maneiras, hereditárias, congênitas, por causa de

---

18 Palestra proferida na Associação de Assistentes Sociais, em Londres, e publicada em *New Thinking for Changing Needs*, pela mesma associação, em 1963.

doença infecciosa, por causa de um tumor ou de processos degenerativos tais como a arteriosclerose. Além disso, certas doenças físicas sistêmicas afetam o aparelho eletrônico, tais como mixedema e desequilíbrios hormonais associados à menopausa. Devemos afastar essas considerações, ainda que sejam importantes, para nos dirigir à área daquela doença mental que é questão de psicologia, da psicologia dinâmica, de imaturidade emocional.

Também vou pressupor o conhecimento de vocês acerca do efeito nos estados mentais das doenças corporais e da ameaça de doença corporal. Certamente um câncer ou doença cardíaca afeta o estado mental de seu portador. Somente a psicologia desses efeitos pode nos interessar aqui.

Uma classificação começa, então, com estas três categorias:

a) Doenças do cérebro com a doença mental como consequência.
b) Doenças do corpo afetando atitudes mentais.
c) Doenças mentais propriamente ditas, isto é, doenças que não dependem de doença do cérebro ou de outra doença física.

Desse começo dividimos doenças mentais em neuroses e psicoses. Vocês não saltarão à conclusão de que pessoas neuróticas são necessariamente menos doentes do que pessoas psicóticas. Nesta altura, a palavra *doente* precisa ser examinada. Permitam-me empregar a definição de meu finado amigo John Rickman: "Doença mental consiste em não ser capaz de encontrar ninguém capaz de aturá-lo". Dito de outro modo, há uma contribuição da sociedade ao significado da palavra *doente* e por certo é extremamente difícil conviver com alguns neuróticos. Ainda assim, em geral não são insanos. Isso apresenta uma dificuldade a que me referirei mais tarde.

Saúde é maturidade emocional, maturidade emocional da pessoa individual. Neurose se refere ao estado da pessoa como criança de colo; à provisão familiar positiva ou negativa; ao modo como o período de latência aliviou ou acentuou as tensões que operavam no indivíduo; ao reagrupamento nos vários estágios da adolescência das mudanças dos impulsos instintivos; e à nova organização de defesas contra a ansiedade modelada na primeira infância do indivíduo.

Neurose é o termo empregado para descrever a doença das pessoas que adoecem no estágio do complexo de Édipo, no estágio de experimentar relacionamentos entre três pessoas *inteiras*. Os conflitos originados desses relacionamentos levam a medidas defensivas que, se organizadas em um estado relativamente rígido, merecem o rótulo de neurose. Essas defesas já foram enumeradas e claramente enunciadas. Obviamente, o modo como se erigem e fixam depende, em certa medida – talvez em larga medida –, da história do indivíduo antes de ele chegar ao estágio das relações triangulares entre pessoas inteiras.

Neurose envolve repressão e o inconsciente reprimido, que é um aspecto especial do inconsciente. Conquanto o inconsciente seja em geral o depositário das áreas mais ricas do self da pessoa, o inconsciente reprimido é o recipiente em que se guarda (a um grande custo, em termos da economia mental) o que é intolerável e está além da capacidade do indivíduo de alojar como parte do self e da experiência pessoal. O inconsciente propriamente dito pode ser alcançado em sonhos e contribui fundamentalmente para todas as experiências mais significativas do ser humano; em contrapartida, o inconsciente reprimido não está liberado para uso e aparece somente como uma ameaça ou uma fonte de reações formativas (por exemplo, sentimentalismo indicando ódio reprimido). Tudo isso é o material da psicologia dinâmica. A repressão faz parte da neurose, assim como a cisão da personalidade faz parte da psicose.

A doença neurótica pode ser realmente grave. Além disso, esse tipo de doença desespera o assistente social, porque o inconsciente reprimido é o terreno do psicanalista. Em contrapartida, como tentarei demonstrar, as áreas de doença chamadas de psicose, ou loucura, oferecem mais chão para o assistente social, em parte porque tais doenças deixam o psicanalista com menos chão – exceto, é verdade, se ele sair de seu papel em momentos apropriados e se tornar ele próprio um assistente social. (Esse tema será desenvolvido aos poucos conforme prosseguirmos.)

Como disse, na neurose uma das defesas tem a ver com regressão. Vê-se que a pessoa doente recuou da sexualidade genital e da relação triangular entre pessoas inteiras e adotou certas posições pertencentes a sua vida pregressa, antes do estágio da posição heterossexual ou homossexual nos assuntos interpessoais. Em certa medida os pontos de fixação, os pontos utilizados nessas defesas regressivas, dependem de experiências boas e más nos estágios anteriores do desenvolvimento do indivíduo, e obviamente dos fatores ambientais bons e maus correspondentes, relacionados com esses estágios.

A psicose pode ser vista como uma doença que tem mais a ver com as experiências nas fases mais precoces do que com as tensões no nível dos relacionamentos interpessoais que levam às defesas repressivas. No caso extremo não houve nenhum complexo de Édipo verdadeiro, porque o indivíduo ficou tão preso em um estágio anterior do desenvolvimento que as relações triangulares verdadeiras e plenas nunca se concretizaram.

É claro que é possível encontrar casos para descrição que demonstram uma mistura de normalidade, em termos do complexo de Édipo, com psicose, em termos de ficar detido em uma fase do desenvolvimento emocional inicial. Contudo, esses casos mistos não nos interessam aqui, uma vez que estamos procurando conceituar um tema extremamente complexo em termos simples.

Neurose, então, faz parte das defesas organizadas ao redor de ansiedades e conflitos de pessoas relativamente normais, isto é, pessoas que, de qualquer modo, atingiram o estágio do complexo de Édipo. Em um tratamento com psicanálise o analista torna possível a redução na quantidade de repressão e ao fim do tratamento os relacionamentos interpessoais adquirem expressão e experiência mais plenas e há uma redução do componente pré-genital da sexualidade.

Todo o resto das doenças mentais (afora as neuroses) faz parte da formação da personalidade nos primeiros estágios da infância, conjuntamente com a provisão ambiental que fracassa ou tem êxito em sua função de facilitar os processos de amadurecimento do indivíduo. Dito de outro modo, a doença mental, afora a neurose, tem importância para o assistente social porque diz respeito não tanto às defesas organizadas do indivíduo, mas ao fracasso em obter a força do ego ou integração da personalidade necessárias para a formação de defesas.

Posso agora retornar à classificação de tipos psiquiátricos com mais ânimo, porque acho que lhes transmiti a ideia de que a loucura é seu terreno, assim como a neurose é o terreno do analista freudiano ortodoxo. Além disso, a loucura se relaciona com a vida comum. Na loucura encontramos não a repressão, e sim o inverso dos processos de estabelecimento da personalidade e de autodiferenciação. Essa é a essência da loucura e é isso que estou tentando descrever, sobretudo. Falhas no processo de amadurecimento (por si só uma questão de hereditariedade) estão, naturalmente, muitas vezes associadas a fatores patológicos hereditários, mas o ponto é que essas falhas estão muitíssimo associadas a falhas do ambiente facilitador. Vocês verão que é aqui que entra o assistente social, uma vez que o fator ambiental tem um significado específico na *etiologia* da loucura. A presunção básica aqui é de que a saúde mental do indivíduo é detida na área do cuidado do bebê e do cuidado da criança, e tanto um como outro reaparecem nos estudos de caso do assistente social. Na psicoterapia da neurose, que é essencialmente um distúrbio ligado a conflito interno (isto é, conflito dentro de um self integrado, personalizado e relacionado com objetos), esses fenômenos derivados do cuidado do bebê e da criança vêm à tona no que chamamos de neurose de transferência.

Voltemos a minha tentativa de reunir as doenças, excluídas as neuroses, na classificação psiquiátrica. Seria mais simples do ponto de vista de minha apresentação se eu pudesse considerar os dois extremos e situar a neurose em um extremo e a esquizofrenia no outro. Não posso fazê-lo, contudo, por causa dos distúrbios afetivos. Entre a neurose e a esquizofrenia há todo um território coberto pela palavra *depressão*. Quando digo "entre", realmente quero dizer que na etiologia desses distúrbios os pontos de origem da depressão se situam entre os pontos de origem da esquizofrenia e da neurose.

Quero dizer também que há todos os graus de superposição, que não há distinções claras e que na doença psiquiátrica é falso rotular distúrbios do modo característico da medicina física de classificar doenças. (Estou excluindo, naturalmente, as doenças cerebrais, que na verdade são doenças físicas com efeitos psicológicos secundários.)

As depressões constituem um conceito muito amplo de distúrbio mental. Os desenvolvimentos da psicanálise elucidaram muito da psicologia da doença depressiva e relacionaram também a depressão ao que é essencialmente saudável, especificamente, a capacidade de lamentar e de sentir consideração. As depressões, portanto, vão do quase normal ao quase psicótico. Na extremidade normal da depressão estão aquelas doenças depressivas que implicam maturidade no indivíduo e certo grau de integração do self. Aqui, como na neurose, o psicanalista, mais do que o assistente social, é necessário, mas há uma coisa que pode ser de grande importância ao assistente social: a tendência de a depressão passar. Sem fazer qualquer psicoterapia, o assistente social pode fazer muito ao simplesmente deixar a depressão seguir seu curso. Aqui o necessário é uma avaliação do indivíduo como alguém cuja história pregressa dá evidencias de que a integração da personalidade pode tolerar a pressão da doença depressiva, em que certo tipo de conflito está sendo processado. Esse conflito na depressão, *grosso modo*, tem a ver com a tarefa pessoal do indivíduo de acomodar sua agressividade e seus impulsos destrutivos. Quando alguém amado morre, o processo de luto faz parte do processamento, dentro do indivíduo, do sentimento de responsabilidade pessoal pela morte, por causa das ideias e dos impulsos destrutivos que acompanham o amar. A depressão, nesse extremo da escala, se é conforme esse padrão que fica mais óbvio no luto; a diferença é que na depressão há maior grau de repressão e o processo transcorre em um nível mais inconsciente (no sentido de ser reprimido) do que no luto.

Do ponto de vista da psicanálise, a psicoterapia de uma depressão desse tipo não é diferente da psicoterapia de uma neurose, exceto pelo fato de, na transferência, a dinâmica mais poderosa estar na relação a duas pessoas, baseada no par original mão-bebê. A parte importante da terapêutica do analista no tratamento da depressão é sua sobrevivência ao longo do período em que as ideias destrutivas dominam o cenário, e de novo aqui a assistente social que assiste uma pessoa deprimida a atravessar a depressão está fazendo terapia, simplesmente por continuar a existir em pessoa e pela sobrevivência.

Associada à doença depressiva desse tipo reativo está a que se associa com a menopausa e outros tipos de constrição da oportunidade de construção e contribuição criativa.

No outro extremo desse grupo das depressões está a depressão psicótica, em que há aspectos associados que ligam a doença com a esquizofrenia. Pode haver algum grau de despersonalização ou de sentimentos de irrealidade. A depressão aí também está associada à perda, mas a perda é de uma espécie mais obscura do que no caso da depressão reativa e se origina em uma data anterior no desenvolvimento do indivíduo. Por exemplo, a perda pode ser de certos aspectos da boca que desapareçem do ponto de vista do bebê junto com a mãe e o seio, quando há uma separação antes de o bebê alcançar um estágio do desenvolvimento emocional que lhe forneceria as ferramentas para lidar com a perda. A mesma perda da mãe alguns meses mais tarde poderia ser uma perda de objeto sem esse elemento adicional da perda de parte do sujeito.

É necessário por isso classificar duas formas de depressão: a *depressão reativa* e a *depressão esquizoide*. Nos casos extremos desta última, o quadro clínico se parece com o da esquizofrenia e, de fato, não pode haver uma linha nítida de demarcação entre qualquer forma de uma doença mental e qualquer forma de outra. E na doença do indivíduo deve-se esperar qualquer tipo de mistura e alternância. E ocorrem alternâncias no indivíduo entre uma manifestação neurótica e uma doença mais psicótica (por exemplo, uma neurose obsessiva degenerando em uma fase de depressão agitada e se recuperando de volta à neurose obsessiva etc.). Pois doenças mentais não são doenças como tísica, febre reumática ou escorbuto. São padrões de conciliação entre êxito e fracasso no estado do desenvolvimento emocional do indivíduo. Desse modo, saúde é maturidade emocional, maturidade de acordo com a idade; e por trás da falta de saúde mental há sempre uma detenção do desenvolvimento emocional. A tendência ao amadurecimento persiste, e é isso que provê o impulso à cura – e à autocura, caso não haja auxílio disponível. É isso que está por trás do *processo* que se pode esperar ocorrer, se for proporcionado um ambiente facilitador, bem ajustado às necessidades imediatas do estágio de amadurecimento da pessoa. É aí que o assistente social se envolve de modo construtivo, e na verdade o assistente social tem um poder que não está disponível ao psicanalista, na medida em que este restringe seu trabalho a interpretar os elementos conscientes nascentes na neurose de transferência, o que é apropriado para o tratamento das neuroses.

Permitam-me ressaltar o fato de que distúrbios mentais não são doenças físicas; são conciliações entre a imaturidade do indivíduo e reações sociais reais, tanto prestativas como vingativas. Nesse sentido o quadro clínico da pessoa mentalmente doente varia de acordo com a atitude ambiental, mesmo quando a doença no paciente permanece fundamentalmente inalterada; por exemplo, uma menina de treze anos estava morrendo em casa, por recusar alimentos, mas ficava normal e até feliz em um ambiente alternativo.

No extremo da escala, além da depressão esquizoide está a esquizofrenia propriamente dita. Aqui a ênfase está em certas falhas de construção da personalidade. Estas serão enumeradas, mas antes quero esclarecer que clinicamente pode haver uma área da personalidade funcionando normalmente, mesmo em um caso esquizoide grave, de modo que o desavisado pode ser enganado. Essa complicação será abordada adiante sob a denominação de falso self.

Para compreender as doenças esquizofreniformes é necessário examinar os processos de amadurecimento, à medida que conduzem o bebê e a criança pequena nos estágios iniciais do desenvolvimento emocional. Nessa época precoce, quando tanto desenvolvimento se está iniciando e nenhum se completando, as duas tendências são descritas pelas palavras *amadurecimento* e *dependência*. O ambiente é essencial e, aos poucos, se torna menos essencial, de modo que se poderia falar de dupla dependência virando dependência simples. O ambiente não faz o bebê crescer nem determina o sentido do crescimento. O ambiente, quando suficientemente bom, facilita o processo de amadurecimento. Para isso acontecer a provisão ambiental, de modo extremamente sutil, se adapta às necessidades cambiantes se originando do evento do amadurecimento. Tal adaptação sutil às necessidades cambiantes só pode ser propiciada por uma pessoa, e uma que no momento não tenha nenhuma outra preocupação e que esteja "identificada com o bebê" de modo a sentir e satisfazer as necessidades dele, como por um processo natural.

No ambiente facilitador o bebê está envolvido em atingir várias metas, três das quais podem ser descritas como:

- integração;
- personalização;
- relações de objeto.

A integração rapidamente se torna complexa e logo inclui o conceito de tempo. O processo inverso é o da *desintegração*, e essa é uma palavra empregada para descrever um tipo de doença mental: desintegração da personalidade. Em grau menor, o inverso da integração é a cisão, e é a cisão que caracteriza a esquizofrenia; daí o nome da condição.

Personalização é uma palavra que pode ser empregada para descrever a conquista de uma relação íntima entre a psique e o corpo. Freud afirmou que o ego está essencialmente erigido sobre a base do funcionamento do corpo; o ego é essencialmente um ego corporal (isto é, não uma questão de intelecto). No contexto atual estamos examinando a conquista de cada indivíduo da união da psique com o soma. A doença psicossomática é às vezes pouco mais que o relevo desse elo psicossomático diante da ameaça de rompimento do elo; esse rompimento resulta em vários estados clínicos que recebem o nome de "despersonalização". Aí, de novo, o inverso do desenvolvimento que se observa no bebê dependente é um estado que reconhecemos como doença mental, especificamente, despersonalização, ou a doença psicossomática que a está ocultando.

Encontraremos o mesmo se examinarmos as relações de objeto e a vida instintiva. O bebê se torna capaz de se relacionar com um objeto e de unir a ideia do objeto com a percepção da pessoa total da mãe. Essa capacidade de se relacionar com um objeto se desenvolve como resultado de uma adaptação materna suficientemente boa; a teoria que descreve isso é complexa e tentei descrever sua complexidade em outro estudo.[19] Essa capacidade não pode se desenvolver somente pelo processo de amadurecimento; a adaptação suficientemente boa da mãe é essencial, e deve durar por um período suficientemente longo, ou a capacidade para se relacionar com objetos pode ser perdida, em parte ou por completo. De início o relacionamento é com um objeto subjetivo, e trata-se de uma longa jornada daqui até o desenvolvimento e estabelecimento da capacidade de se relacionar com um objeto que é percebido objetivamente e ao qual é concedida a oportunidade de uma existência separada, uma existência fora do controle onipotente do indivíduo.

O êxito nesse campo do desenvolvimento está intimamente ligado à capacidade da pessoa de se sentir real; isso, contudo, tem de andar lado a lado com a ideia de se sentir real no mundo e de sentir que o mundo é real. É preciso reconhecer que a pessoa normal não pode chegar a um sentimento de realidade no mundo comparável com o sentimento de realidade do esquizofrênico no mundo totalmente particular das relações do esquizofrênico com objetos subjetivos. Para as pessoas normais a única aproximação que se pode fazer dessa qualidade de sentimento é na vida cultural. O oposto da tendência de amadurecimento rumo a relações de objeto é a desrealização e a perda de contato com a realidade (compartilhada), e eis de novo palavras que descrevem doenças mentais.

---

19 Donald W. Winnicott, "Objetos transicionais e fenômenos transicionais" [1951], in *O brincar e a realidade*, op. cit, pp. 13-51.

Acrescenta-se a tudo isso uma categoria inteira de doenças, paranoia e os elementos persecutórios que podem complicar a depressão, e que quando retidos dentro da personalidade acarretam o estado de hipocondria. Não é possível incluir uma descrição disso aqui, porque a paranoia por si só não é uma doença, e sim uma complicação ou de depressão ou de esquizofrenia. Em última análise o surgimento dos elementos persecutórios que complicam a doença depressiva leva o paciente e o analista ao sadismo oral que não foi aceito pelo indivíduo, junto com os resultados desse sadismo oral no conceito imaginativo que o paciente forma do self psicossomático. Contudo, pode haver uma origem mais profunda da paranoia que pode estar associada à integração e ao estabelecimento de um self unitário: EU SOU.

Aqui poderíamos introduzir o conceito de self verdadeiro e falso self. É essencial incluir esse conceito na tentativa de compreender o quadro clínico enganoso apresentado na maioria dos casos de doença esquizofreniforme. O que se apresenta é um falso self, adaptado às expectativas de várias camadas do ambiente do indivíduo. Com efeito, o self submisso ou falso é uma versão patológica do que na saúde seria chamado de aspecto polido e socialmente adaptado da personalidade saudável. (Descrevi em outro estudo[20] o ponto de origem do falso self, relacionado com uma adaptação não suficientemente boa, no processo, no bebê, de relacionamento com objetos.)

Na forma patológica disso, o indivíduo eventualmente destrói o falso self e tenta reafirmar um self verdadeiro, embora isso possa ser incompatível com viver no mundo, ou com a vida. Um colapso nervoso é muitas vezes um sinal "sadio", no sentido de que implica a capacidade do indivíduo de usar o ambiente que se tornou disponível para restabelecer uma existência em uma base que é sentida como real. Naturalmente, tal dispositivo nem sempre tem êxito, e é um verdadeiro mistério para a sociedade ver um self submisso e talvez

---

20 Id., "Psicoses e cuidado materno" [1952], in *Da pediatria à psicanálise*, op. cit., pp. 393-407.

20. OS DOENTES MENTAIS NOS CASOS CLÍNICOS DOS ASSISTENTES SOCIAIS

valioso destruir boas perspectivas pela renúncia a cada vantagem óbvia, simplesmente pela vantagem oculta de obter um sentimento de realidade.

Um outro tipo de doença, a psicopatia, deve ser descrito. Para fazer isso é necessário tomar outra trilha e examinar o crescimento emocional do indivíduo em termos de dependência.

Notem que não há lugar, no meu modo de conceituar esses temas, para uma doença mental que não esteja relacionada com imaturidade do desenvolvimento, talvez com distorções decorrentes da tentativa do indivíduo de usar o ambiente para o propósito de uma autocura.

Em termos de dependência podem-se comparar dois extremos e uma área intermediária. Em um extremo, em que a *dependência é adequadamente recebida*, a criança alcança relacionamentos interpessoais entre pessoas inteiras, e fica sadia ou madura o suficiente para sofrer ao lidar com os conflitos pessoais e pertencentes à realidade psíquica própria do indivíduo, ou que estão no próprio mundo interno da pessoa. A doença aí se chama neurose e é medida pelo grau de rigidez das defesas pessoais, organizadas para lidar com a ansiedade no sonho pessoal.

No outro extremo está a doença mental do tipo hospitalizável, psicose, que está etiologicamente ligada com a falha ambiental, falha em facilitar o processo de amadurecimento, no estágio da dupla dependência. O termo "dupla dependência" indica que a provisão essencial estava completamente fora da percepção e compreensão do bebê naquela época. A falha aqui pode ser chamada de *privação*.

Entre as duas há o fracasso sobreposto ao êxito, a falha do ambiente que foi percebida pela criança como tal, na época em que ocorreu. Para tal criança havia provisão ambiental suficientemente boa, e então isso cessou. O "continuar a ser" fundado na suposição de um ambiente suficientemente bom foi substituído por uma reação à falha ambiental, e essa reação interrompeu o sentimento de "continuar a viver". O nome dado a esse estado de coisas é deprivação.

Esse é o ponto de origem da tendência antissocial, e aí tem início o que se apossa da criança sempre que ela se sente esperançosa, e que compele a uma atividade que é antissocial até que alguém reconheça e tente corrigir a falha do ambiente. Uma falha realmente ocorreu na história da criança e realmente houve um grave desajuste às suas necessidades essenciais. Ironicamente, a criança que é compelida a proclamar e reclamar essa queixa na sociedade é chamada de desajustada.

Essa tendência antissocial é realmente muito comum em suas manifestações menores, uma vez que até certo ponto os pais devem falhar em satisfazer mesmo necessidades essenciais muitas vezes; mas essas falhas menores do ajustamento são corrigidas pelos pais com a criança vivendo uma vida doméstica na família. Os exemplos mais sérios de desapontar a criança (falha de apoio egoico), contudo, dão à criança uma tendência antissocial e levam ao distúrbio de caráter e à delinquência. Quando as defesas foram enrijecidas e a desilusão é completa, a criança que foi afetada desse modo está destinada a ser um psicopata, especializada em violência ou em roubo ou em ambos; e a perícia envolvida no ato antissocial provê ganhos secundários, com a consequência de que a criança perde o desejo de se tornar normal. Mas, em muitos casos, se tivesse sido fornecido tratamento no estágio inicial, antes que os ganhos secundários complicassem as coisas, teria sido possível descobrir nas manifestações das tendências antissociais da criança um pedido de socorro à sociedade para reconhecer sua dívida e restabelecer para a criança o ambiente em que a ação impulsiva fosse uma vez mais segura e aceitável, tal como fora antes do desajuste ambiental.

Tendo o campo da psiquiatria sido coberto desse modo psicológico, em termos de desenvolvimento emocional do indivíduo, é possível para mim passar à descrição de doença mental em termos de resposta a ajuda. Precisamos reconhecer que há casos para os quais não existe remédio possível. Podemos morrer tentando ajudar com o que não se pode ajudar. Afora isso, sabemos que psiquiatras e psicanalistas constantemente encaminham casos ao cuidado do assistente social psiquiátrico pela simples razão de eles próprios não poderem fazer nada. Eu faço isso. Qual é o sentido disso?

20. OS DOENTES MENTAIS NOS CASOS CLÍNICOS DOS ASSISTENTES SOCIAIS

Bem, em meu ponto de vista, há razões pelas quais se deve aceitar uma posição como essa. De início gostaria de chamar a atenção para a afirmação de Clare Winnicott[21] sobre a função de uma agência. Por exemplo, o fato de vocês representarem o Mental Health Act ou o Home Office, ou a consideração da sociedade pelas crianças deprivadas realmente os põe em uma posição única em cada caso. Isso lhes dá um alcance especial, especialmente em relação aos doentes mentais que não são neuróticos e em relação àqueles casos iniciais que revelam uma tendência antissocial.

Sua função pode, logicamente, ser revista em termos de cuidado do bebê, isto é, em termos do ambiente facilitador, da facilitação dos processos de amadurecimento. A integração tem importância vital nesse contexto, e seu trabalho consiste em larga medida em contrariar forças desintegradoras no indivíduo, na família e em grupos sociais localizados.

Eu penso em cada assistente social como um terapeuta, mas não como o tipo de terapeuta que faz a interpretação correta na hora exata, interpretação que elucida a neurose de transferência. Façam-na se quiserem, mas sua função mais importante é a terapia do tipo que está sempre sendo conduzida pelos pais na correção de falhas relativas na provisão ambiental. O que fazem esses pais? Eles exageram alguma função parental e a sustentam por um período de tempo, de fato, até que a criança a tenha usado por completo e esteja pronta para ser dispensada desse cuidado especial. O cuidado especial se torna importuno, uma vez passada a necessidade dele.

Por exemplo, pensem em estudos de caso como provendo uma cesta humana. Os clientes põem todos os seus ovos em uma cesta que são vocês (e sua agência). Eles assumem o risco e de início precisam testá-los, para ver se vocês serão capazes de se mostrarem sensíveis e confiáveis ou se podem levá-los a repetir as experiências traumáticas do passado deles. Em certo sentido vocês são uma frigi-

---

21 Clare Winnicott, "Casework and Agency Function" [1962], in *Child Care and Social Work*. Hitchin: Codicote Press, 1964.

deira, com o processo de fritar desempenhado em sentido contrário, de modo que vocês realmente desmexem os ovos mexidos.

O cuidado do bebê pode quase ser descrito em termos de sustentação, que começa de forma tremendamente simples e se torna extremamente complexa, permanecendo, contudo, exatamente aquilo que é: sustentação. Dito de outro modo, o serviço social se baseia na provisão ambiental que facilita os processos de amadurecimento do indivíduo. Ele é tão simples e ao mesmo tempo é tão complexo quanto essa provisão ambiental logo se torna no cuidado do bebê e da criança. É mesmo mais complexo porque estende a provisão para cobrir o cuidado da família e o cuidado da pequena unidade social. Sempre tem como objetivo não dirigir a vida ou o desenvolvimento do indivíduo, mas capacitar as tendências operantes no indivíduo, levando a uma evolução natural baseada no crescimento. É o crescimento emocional que foi adiado e talvez distorcido; sob condições adequadas, as forças que teriam levado ao crescimento agora levam ao desenredar do nó.

Uma das dificuldades nesse ramo pode ser isolada para consideração especial. Refiro-me aos clientes que se tornam clinicamente doentes porque encontram *em vocês e em seu cuidado o ambiente confiável*, o que, para eles, praticamente induz um colapso nervoso. Na área da delinquência (tendência antissocial relacionada com deprivação), isso significa que, quando o cliente adquire confiança em vocês, segue-se roubo ou destruição – que usa sua capacidade de agir com firmeza, escudada por sua agência. Na área da loucura, o que ocorre é que seu cliente usa sua provisão especial para se tornar desintegrado e descontrolado ou dependente de um modo próprio do período da infância (regressão à dependência). O cliente fica louco.

Isso contém em si o germe da cura. É um processo de autocura que requer a ajuda de vocês; e, em alguns casos, funciona. É relaxamento que não é possível exceto no *setting* que vocês se mostraram capazes de prover, em uma área profissional limitada. De novo, talvez vocês achem difícil distinguir isso do colapso inútil daqueles que simplesmente não conseguem esperar por condições boas, mas que simplesmente fracassam em manter a integração e o crescimento emocional que tinham ou pareciam ter alcançado. Em geral não é impossível fazer essa distinção.

Vocês verão por que falei inicialmente em neurose e inconsciente reprimido. De modo geral a repressão não é aliviada pela provisão ambiental, por mais habilidosa e constante que seja. Aqui o psicanalista é necessário.

Contudo, os distúrbios mais psicóticos ou insanos se formam na base de falhas na provisão ambiental e podem ser tratados, muitas vezes com êxito, por nova provisão ambiental, e esse pode ser seu serviço social psiquiátrico, seu estudo de casos. O que vocês se veem provendo, em seu trabalho, pode ser descrito da seguinte maneira:

- Vocês se dedicam ao caso.
- Vocês entendem qual é a sensação de ser seu cliente.
- Vocês se tornam *confiáveis* para o campo limitado de sua responsabilidade profissional.
- Vocês se comportam de maneira profissional.
- Vocês se ocupam do problema de seu cliente.
- Vocês aceitam ficar na posição de um objeto subjetivo na vida do cliente, ao mesmo tempo que mantêm os dois pés firmes no chão.
- Vocês aceitam amor, e mesmo o estado de apaixonamento, sem recuar e sem atuar sua resposta.
- Vocês aceitam ódio e o recebem com firmeza, e não com vingança.
- Vocês toleram, em seu cliente, a falta de lógica, a inconsistência, a suspeita, a confusão, a debilidade, a mesquinhez etc. e reconhecem todas essas coisas desagradáveis como sintomas de sofrimento. (Na vida particular as mesmas coisas fariam-nos manter distância.)
- Vocês não ficam assustados nem sobrecarregados com sentimentos de culpa quando seu cliente fica louco, se desintegra, corre pela rua de camisola, tenta suicídio, talvez com êxito. Se ameaçados de assassinato, vocês chamam a polícia não só para proteger a si mesmos, mas também ao cliente. Em todas essas emergências vocês

reconhecem o pedido de socorro de seu cliente, ou um grito de desespero por causa da perda de esperança nessa ajuda.

Em todos esses aspectos vocês são, em sua área profissional limitada, pessoas profundamente envolvidas com sentimentos e, ainda assim, desapegadas, porque sabem que não são responsáveis pela doença de seu cliente e conhecem os limites de sua capacidade de alterar uma situação de crise. Se vocês conseguem sustentar a situação, é possível que a crise se resolva sozinha e então será por sua causa que o resultado foi alcançado.

21

DISTÚRBIOS PSIQUIÁTRICOS NOS PROCESSOS DE AMADURECIMENTO INFANTIL

[1963]

Meu objetivo é prosseguir na trilha principal da tese geral de Freud, segundo a qual, para a etiologia das neuroses, devemos examinar o complexo de Édipo e, portanto, as relações interpessoais entre três pessoas que fazem parte da idade pré-escolar da criança.[22] Acredito inteiramente nessa teoria. Trabalhei com base nela por quarenta anos e acredito, como a maioria dos psicanalistas, que a formação na técnica psicanalítica deveria ser feita considerando os casos que podem ser tratados pela técnica clássica, ou seja, uma técnica concebida exatamente para isto: a análise do neurótico.

Como supervisores de estudantes nos encontramos em nosso elemento quando o analista em formação tem um caso bom. Na verdade, análise boa só pode ser realizada com casos bons. Se o caso não é bom (neurótico), não podemos dizer se o estudante está se saindo bem ou mal em seu esforço para aprender a técnica básica de nosso trabalho.

---

22 Palestra no Dorothy Head Memorial, proferida para a Sociedade Psiquiátrica da Filadélfia no Instituto do Hospital Pensilvânia, em Filadélfia, em outubro de 1963.

Tipos disponíveis de casos

Todos sabemos, contudo, que em nosso trabalho prático, uma vez qualificados como analistas, não podemos restringir nosso trabalho à análise de neuróticos. Para início de conversa, à medida que nosso trabalho se torna mais profundo e abrangente, descobrimos elementos psicóticos (posso usar essa palavra?) em nossos pacientes psiconeuróticos. Para ir adiante com minha tese, as fixações pré-genitais de nossos pacientes neuróticos muitas vezes revelam estar lá por razões próprias e não simplesmente como fenômenos regressivos, organizados como defesas por causa de ansiedades que fazem parte do complexo de Édipo propriamente dito.

Nem sempre podemos fazer um diagnóstico correto de início. Algumas depressões reativas acabam sendo mais graves do que tínhamos imaginado; especialmente a histeria tende eventualmente a revelar aspectos psicóticos à medida que a análise prossegue. E há a temível realidade da personalidade "como se" que eu pessoalmente denomino falso self, que se apresenta bem para o mundo, mas que nosso tratamento deve ser capaz de transpor para chegar ao colapso que é negado. Nesses casos de falso self, nosso tratamento deixa doentes pessoas bem-sucedidas e muitas vezes elas têm de continuar doentes; quem é que sabe se sem nós elas não teriam ido de mal a pior – talvez se matando ou então se tornando até mais bem-sucedidas, mas cada vez mais irreais para si mesmas. E acontece então que, como psicoterapeutas, somos requisitados para tratar pessoas francamente psicóticas, e podemos aceitá-las como casos de pesquisa. Mas que fazemos? Podemos utilizar a técnica psicanalítica?

Aplicação mais ampla da técnica psicanalítica

Pessoalmente acredito que possamos, desde que aceitemos uma mudança na teoria da etiologia do distúrbio. Nem sempre obteremos a cura, mas, de qualquer modo, devemos ser capazes de sentir que estamos realizando trabalho honesto.

O aprofundamento do trabalho interpretativo

Há uma complicação maior que devo superar se pretendo apresentar meu ponto de vista em uma exposição breve: podemos fazer um trabalho cada vez mais profundo utilizando a técnica clássica, ao saber cada vez mais sobre mecanismos mentais e aplicar esse conhecimento. Poderia falar simplesmente dessa extensão do trabalho psicanalítico, mas, em vez disso, quero explicar o que quero dizer com isso.

A psicanálise clássica pode ser realizada em casos neuróticos bem escolhidos simplesmente pela interpretação da ambivalência, à medida que ela vem à tona na neurose de transferência. (Esse tipo de caso está se tornando raro, de qualquer modo, na Inglaterra, porque parece que os pacientes já realizaram esse trabalho em si próprios através de leitura e de absorção da tendência cultural geral, como é expressa abertamente nos romances e nas peças teatrais e na leitura moderna dos velhos mestres – Shakespeare, Leonardo da Vinci, Beethoven, etc. etc.)

Vem então a análise da depressão. Ao diagnosticar depressão estamos supondo automaticamente organização e força do ego. A análise da depressão envolve compreender os mecanismos mentais de introjeção e a teoria da realidade psíquica interna, localizada (na fantasia do paciente) no ventre ou na cabeça ou de algum modo dentro do self. O objeto perdido é levado para dentro desse local interior e então submetido a ódio, até que o ódio se esgote; e a recuperação do luto ou da depressão ocorre espontaneamente – no luto e, muitas vezes, na depressão reativa. Essa extensão da teoria leva na prática aos desenvolvimentos que se originam do estudo do mundo dos fenômenos internos. E o fim de uma depressão pode chegar como a passagem de uma massa fecal escura ou pela remoção cirúrgica de um tumor ou em alguma forma onírica que indique isso em forma simbólica.

A realidade psíquica pessoal localizada no interior

A análise da depressão e da hipocondria leva então a uma extensão baseada no estudo do funcionamento global do corpo, incluindo o dos intestinos, e a introjeção e a projeção se tornam mecanismos mentais que se originam como elaborações da ingestão e da eliminação.

Freud, Abraham e Klein desbravaram um mundo novo para o analista atuante. A técnica da análise não foi afetada.

O analista fica agora envolvido no estudo não apenas do ódio e da agressividade mas também dos resultados deles na realidade psíquica interna do paciente. Esses resultados podem ser rotulados como elementos benignos e persecutórios, que necessitam ser gerenciados nesse inatingível mundo interior: na verdade, o estado de ânimo depressivo se torna um fator clínico indicando uma cobertura temporária de todos os fenômenos internos; a recuperação da depressão se torna uma suspensão cuidadosamente controlada da névoa, onde pode-se permitir que, aqui e ali no mundo interior, elementos benignos e persecutórios se encontrem e se confrontem sem perigo.

Mecanismos de projeção e introjeção

Abriu-se então uma área nova para trabalho interpretativo, por causa do intercâmbio dos elementos que se acumulam na realidade psíquica interior e na realidade externa (ou compartilhada). Isso forma um aspecto importante do relacionamento do indivíduo com o mundo e deve ser aceito como tendo importância comparável à das relações de objeto baseadas no funcionamento do id.

Além disso, a alternativa clínica entre hipocondria e delírios de fatores persecutórios se torna maleável como conceito, representando formas introjetadas e projetadas da mesma coisa, especificamente, a tentativa de controlar e o fracasso em controlar os elementos persecutórios no mundo interno pessoal do indivíduo.

Daí o analista, mantendo-se na técnica clássica, verifica que pode interpretar o modo como os fatores internos benignos e persecutórios dependem, para sua origem, das experiências instintivas em seus aspectos satisfatórios e não satisfatórios, respectivamente.

Relações de objeto

Do mesmo modo, o analista aprofunda-se nas interpretações das relações de objeto do indivíduo. Há aspectos primitivos dessas relações, que incluem a cisão do objeto, de modo que a ambivalência seja evitada, e também a cisão na própria personalidade para corresponder à cisão do objeto. O relacionamento, mediante o impulso instintivo, com um objeto parcial ou que não pode ser concebido exceto como tal, também origina medos de retaliação, os quais fazem o indivíduo se retrair das relações de objeto. Tudo isso pode ser observado no material analítico e especialmente quando o paciente está lidando com o material psicótico e é um caso *borderline*.

É necessário tentar trazer tudo isso para a área da compreensão, utilizando a técnica analítica clássica, de modo que a interpretação possa ser feita, se o paciente estiver preparado para interpretações desse tipo.

O estado do ego do paciente

Nessa altura de minha exposição vocês podem estar se sentindo, como clínicos, algo tensos. Espero que estejam, porque há uma razão para isso.

Nesse ponto surge a pergunta: *qual é o estado do ego do paciente? Quanto ele depende do apoio egoico?* Como pode o analista saber que grau de resposta intelectual – mais do que emocional – pode ser induzido por interpretações desse tipo em um dado momento? Se a interpretação é incompreensível, então, qualquer que seja a razão, o paciente se sente sem esperança ou pode se sentir atacado, destruído e mesmo aniquilado.

Daqui prosseguimos para estudar a psicologia do ego, para avaliação da estrutura e força, da rigidez ou flexibilidade do ego, e de sua dependência.

O bebê sob cuidado

Pode ser que na análise dos casos *borderline* possamos interpretar de um modo que poderia ser considerado cada vez mais profundo, mas, ao fazê-lo, estamos ficando cada vez mais divorciados do estado do paciente como um bebê. Pois um bebê é um bebê sob cuidado, um ser dependente, de início dependente de forma absoluta; e não é possível falar de um bebê sem ao mesmo tempo falar do cuidado materno e da mãe.

Cuidado materno e saúde mental

Isso leva diretamente a meu ponto principal: *penso que seguimos Freud quando estabelecemos um elo direto entre a infância inicial* (isto é, o bebê sob cuidado, em um estado de dependência absoluta) *e as doenças psiquiátricas mais primitivas*, agrupadas sob a palavra *esquizofrenia*. A etiologia da esquizofrenia nos leva de volta não ao complexo de Édipo (que nunca foi adequadamente ou totalmente atingido), mas ao relacionamento a duas pessoas, à relação do bebê com a mãe antes que o pai ou qualquer outra pessoa entre em cena.

De fato, chegamos à vida do bebê relacionada a objetos parciais, e ao bebê que é dependente, mas incapaz de registrar essa dependência. A saúde mental do indivíduo com respeito à exclusão de doença psicótica está sendo estabelecida pelo bebê e a mãe juntos nos estágios iniciais do crescimento e do cuidado do bebê.

O ego na infância inicial

Quais são as principais coisas que ocorrem no crescimento emocional do bebê nas primeiras semanas e meses (e que são consolidadas em idades posteriores?). Três delas são:

- integração;
- personalização;
- relações de objeto.

O ego do bebê é muito forte, mas apenas por causa do apoio egoico proporcionado por uma mãe suficientemente boa, que é capaz de dedicar todo o seu ser a se adaptar às necessidades de seu bebê, aos poucos recuando dessa posição, porque o bebê precisa que ela se adapte cada vez menos. Sem esse apoio egoico, o ego do bebê está sem forma, fraco, facilmente perturbado e incapaz de crescer de acordo com as linhas do processo de amadurecimento.

A natureza dos distúrbios psiquiátricos

As doenças psiquiátricas costumam ser descritas em uma linguagem que indica falhas específicas do paciente em estabelecer essas e outras posições infantis. As personalidades se tornam "desintegradas", os pacientes "perdem a capacidade habitar seus corpos" e de aceitar seus limites cutâneos, e se tornam "incapazes de se relacionar com objetos". "Sentem-se irreais" com relação ao ambiente e "sentem que o ambiente é irreal".

A questão é: até que ponto os psiquiatras concordam que é razoável pensar que esses distúrbios com os quais estão lidando são falhas relativas exatamente nos pontos em que as consecuções caracterizam a vida de cada bebê sadio?

Origem de minhas ideias pessoais

Esse modo de encarar o desenvolvimento deriva da confluência de vários tipos de experiência. De minha parte, tive muita oportunidade, como pediatra, de observar os bebês com suas mães, e fiz questão de conseguir que inúmeras mães descrevessem o modo de vida de seus bebês nos estágios iniciais, antes de a mãe perder contato com essas intimidades. (Se tivesse tempo de novo, agora trabalharia com bebês prematuros, mas isso não tem sido possível.) Fiz então minha análise pessoal, que me levou de volta ao território esquecido de minha própria infância inicial. Isso foi seguido pela formação psicanalítica, e meus casos básicos de formação me levaram aos mecanismos mentais infantis precoces, tais como se revelavam nos sonhos e sintomas. A análise da criança me deu uma visão do bebê.

Então passei a analisar pacientes que revelaram ser *borderline* ou que vieram a mim para ter sua parcela de loucura alcançada e alterada. Foi o trabalho com pacientes *borderline* que me levou (quer eu quisesse ou não) à condição humana precoce, e quero dizer aqui, à vida inicial do indivíduo, e não aos mecanismos mentais da mais tenra infância.

CASOS CLÍNICOS

> (A característica da sessão de segunda-feira, a sessão anterior à que estou relatando para discussão, foi que minha jovem paciente chegou à sessão carregada de compras de mercado. Tinha descoberto as lojas próximas a meu consultório e estava deliciada com elas. Isso era um desenvolvimento natural de sua descoberta gradual da relação transferencial entre mim e o que ela chamava de sua

voracidade. Ela até mencionou que vir à análise era como vir a uma refeição. Tinha havido uma longa preparação para isso em relatos de sua anorexia, que alternava com um grau extremo de libidinização de refeições realmente bem preparadas e bem servidas.)

Terça-feira a senhorita X deitou-se no divã e, como era hábito seu, cobriu-se com o tapete do pescoço aos pés, deitando de lado, de frente para mim. (Eu me sentava, em sua análise, a seu lado, mas no nível das almofadas.) Não aconteceu nada. Ela não estava ansiosa, nem eu. Falamos de algumas coisas de modo trivial, mas não houve desenvolvimento de nenhum tema. Ao fim, a senhorita X estava contente em ir embora e tinha desfrutado da sessão.

Essa era uma análise com um desenvolvimento bem estável no processo analítico e de modo algum eu estava perdido, embora não soubesse nem pudesse saber exatamente o que estava acontecendo.

No dia seguinte, quarta-feira, a senhorita X se cobriu como de hábito e falou muito, em parte se desculpando pela aparente falta de material para análise. Tivemos uma conversa sobre saltos equestres, como resultado de termos ambos assistido à mesma competição de saltos hípicos na TV. Participei naturalmente da conversa, não sabendo o que estava acontecendo. Ela mencionou que os ingleses simplesmente deixam o cavalo saltar e, quando têm êxito, como em geral acontece, é porque o cavalo é muito bom. Os alemães, por outro lado, calculam tudo, incluindo o número de passos que o cavalo precisará dar antes de cada vala. Ao fim veio à tona que o que mais a impressionava no salto a cavalo era o treinamento deles.

Aí agucei os ouvidos, porque sabia que a senhorita X tinha um marcado interesse no treinamento de analistas. Ela tinha se tratado por anos com um analista, antes de descobrir que ele não era treinado, e leu muito antes de se arriscar a uma segunda análise e me escolher. Verifiquei que ela tinha lido todas as minhas obras e quando finalmente me escolheu, havia esperado bastante tempo em vez de ir a qualquer outro.

Três quartos da sessão já tinham decorrido, e o trabalho foi realizado nos últimos minutos, como ocorria muitas vezes em seu caso.

Relatou-me então um sonho sobre um pintor a cujo trabalho se havia referido na semana anterior. Seus quadros eram na verdade muito bons, mas ele ainda não era reconhecido. No sonho ela foi comprar um quadro, talvez um daqueles que vira na exibição original, mas ele já havia feito muito mais quadros e tinha mudado sua forma de pintar. Seus quadros originalmente eram como os de uma criança. Ela teria preferido comprar um quadro de criança. Mas todos os últimos eram calculados e sofisticados e o artista não conseguia nem se lembrar dos quadros originais. Ela mesma tinha desenhado um deles, mas ele não se lembrava.

Quando eu disse que esse sonho continuava o tema da técnica de saltos a cavalo, e a questão de treinamento e falta de espontaneidade, ela imediatamente viu que era isso mesmo e ficou satisfeita. Elaborou o tema. Era uma questão de vocação inicial e prática técnica produzindo um produto acabado.

Isso levou à ideia da sessão do dia anterior, à qual ela se referira como tendo sido importante e na verdade crucial. À noite ela tinha pensado nisso e agora se lembrava. Foi assim.

Na análise anterior ela rapidamente tinha chegado ao ponto onde está comigo agora nesta análise. Contudo o analista anterior não conseguia deixar as coisas se desenvolverem. Quando ela ficava quieta, por exemplo, ele às vezes lhe pedia para sentar direito, ou então adotava alguma outra medida, e ela rapidamente perdia contato com o processo que se havia iniciado em si. Levou alguns anos para reconhecer que era a técnica do analista que não era apropriada para um caso como o seu e eventualmente descobriu que ele não era um analista treinado. E se fosse um analista treinado não teria sido capaz de satisfazer suas necessidades, que eram as de uma paciente psicótica (apesar de ela não ser tão doente quanto a maioria dos esquizofrênicos que ela conhecera, com os quais vivera e os quais tentara ajudar).

Na tranquila sessão do dia anterior ela tinha chegado a esse ponto e superado uma dificuldade. De um lado ficava aliviada ao verificar que sua análise comigo, que também se iniciara bem, fracassaria como a outra; isso seria ruim e terminaria em suicídio, mas é o que ela sabia por experiência própria, sendo possível se manter insensível e evitar o sofrimento, que era o que ela esperava. Isso podia até fazê-la se sentir forte, por saber a verdade de antemão.

O que ocorreu na sessão foi que ela se deu conta de que a análise não ia falhar como de hábito e que deveria ir adiante em se arriscar e deixar seus sentimentos aflorarem, e talvez sofrer profundamente. Desse modo a sessão de terça-feira lhe trouxe enorme satisfação e ela estava grata.

Ela continuou então a trabalhar, o que às vezes faz e pode fazer por causa de seu *insight* especial, e me deu um indício útil sobre o papel do analista no tratamento de pacientes cujo medo é a desintegração. Ela me indicou que esses pacientes simplesmente necessitam que o analista seja onipotente. Nesse ponto são diferentes dos neuróticos. Eles precisam que o analista saiba e lhes diga o que temem. Eles mesmos o sabem o tempo todo, mas o ponto é que o analista deve saber e dizê-lo. O paciente pode dizer e fazer coisas para despistar o analista, como teste adicional de sua habilidade de ver o ponto principal sem que ele lhe seja comunicado.

Juntos acrescentamos a explicação de que é a própria onipotência e onisciência do paciente que o analista deve assumir, para permitir ao paciente o alívio de entrar em colapso, desfazer-se e experimentar o pior grau de desintegração ou sensação de aniquilação.

Como corolário, um paciente esquizoide é crédulo. Pode surgir qualquer um – um charlatão, um curandeiro pela fé religiosa, um analista sem treinamento – que diga: sei como você é e posso curá-lo, e o paciente cairá. Essa é a primeira fase e a pessoa que diz isso pode ser completamente desqualificada e na verdade ser um tolo ignorante ou um charlatão. Então vem o teste, e a desilusão e retraimento do paciente a uma nova falta de esperança, que lhe é tão conhecida que é quase bem-vinda. Para conseguir levar o paciente à fase seguinte, o analista deve estar treinado ou ter uma teoria estruturada e uma personalidade madura e uma atitude firme com relação ao paciente e ao tratamento. Alguns analistas podem não gostar desse aspecto de seu trabalho, porque o que se requer aqui não é sagacidade.

No dia seguinte, quinta-feira, a senhorita X chegou com um atraso de um quarto de hora – fato muito raro em sua análise. O carro não tinha chegado a tempo, mas a senhorita X disse que essa não era uma explicação satisfatória porque ela sonhara que chegava atrasada para a sessão do dia. Interpretei que algo havia mudado, de modo que ela agora revelava ambivalência em sua relação comigo e sua análise. Ela concordou e afirmou que de fato estava ansiosa para vir porque tinha se sentido satisfeita de verdade com os últimas dias da análise. Obviamente devia haver outro fator indo contra seu desejo de vir.

O que ocorreu na sessão foi um novo prenúncio das dificuldades seguintes. Veríamos que ela podia ser extremamente voraz. Discutimos isso e interpretei que significava que havia um elemento compulsivo em seu apetite (já tínhamos trabalhado nisso). Ela sabe que será difícil eu manejar a análise quando ela atingir sua capacidade total de reivindicar a mim e a tudo que seja meu. Aí veio o roubo, e na segunda-feira, eu me lembro, ela levou um livro meu emprestado.

Ao mesmo tempo, e chamei sua atenção para isso, no dia anterior ela me pagara à vista, fornecendo-me um proveitoso indício do papel do analista na análise de pacientes esquizoides.

Tínhamos muito material disponível relacionado com devorar o analista (o mercado etc.) e eu estava feliz por não ter interpretado o sadismo oral nessas fases mais precoces, porque a interpretação significativa, que agora se tornava aceitável, era a da voracidade compulsiva da tendência antissocial. Isso estava relacionado a deprivação.

O bebê dependente

Reformulando a experiência da infância inicial, acho que devo falar em termos de dependência e de fato suspeito agora de todos os

21. DISTÚRBIOS PSIQUIÁTRICOS NOS PROCESSOS DE AMADURECIMENTO INFANTIL

conceitos sobre mecanismos mentais primitivos que não levem em conta o bebê enredado no comportamento e na atitude da mãe.

As tendências herdadas

Isso me leva a uma conceituação da infância inicial. Nela o processo de crescimento pertence ao bebê e é a soma das tendências herdadas, incluindo o *processo de amadurecimento*. O processo de amadurecimento só se efetiva no bebê se houver um *ambiente favorável*. O estudo do ambiente favorável é quase tão importante de início quanto o estudo do processo de amadurecimento do indivíduo. A característica do processo de amadurecimento é o impulso para a *integração*, que vem a significar algo cada vez mais complexo, à medida que o bebê cresce. A característica do ambiente favorável é a *adaptação*, iniciada a quase cem por cento e mudando, pouco a pouco, no sentido da desadaptação, de acordo com os novos desenvolvimentos no bebê que fazem parte de uma mudança gradual rumo à independência.

Quando o ambiente favorável é suficientemente bom (isso sempre significa que há uma mãe que de início se dedica totalmente a sua tarefa de cuidado do bebê, e que aos poucos, a conta-gotas, se reafirma como uma pessoa independente), o processo de amadurecimento tem uma chance. O resultado é que a personalidade do bebê atinge certo grau de integração, de início sob a asa do apoio egoico (a adaptação da mãe) e com o tempo se tornando cada vez mais uma conquista que se sustenta sozinha.

Como disse, no decurso dessas semanas, meses ou anos iniciais, o bebê se torna capaz de se relacionar com objetos, vira habitante do próprio corpo e do próprio funcionamento corporal, experimenta um sentimento de EU SOU e fica pronto para o que der e vier.

Esses desenvolvimentos no indivíduo que se baseiam no processo de amadurecimento constituem a saúde mental. É o oposto ou inverso desses mesmos processos que devemos examinar se quisermos compreender o distúrbio de personalidade do tipo esquizoide.

Modificações da técnica

O fato importante que resta a mim descrever é a modificação de técnica necessária quando se está tratando um caso *borderline*. A base do tratamento é a técnica clássica, mas as coisas tomadas por certas na análise de neuróticos vêm a ser a pedra fundamental da técnica modificada.

Na psicanálise, o *setting* é aceito desde o princípio. O analista se comporta, se dedica aos interesses do paciente na hora analítica, ignora tudo que não é essencial, ou seja, tudo afora os detalhes da neurose de transferência. Acredita no paciente, e quando este o engana, acredita nos motivos do paciente para enganá-lo.

Quando o paciente neurótico se refere a esses temas, o analista sabe que ele ou ela está encontrando, no *setting* analítico, elementos confiáveis que já foram vividos no passado. O neurótico tem uma capacidade de acreditar na análise, baseada na experiência, e suas suspeitas devem-se à ambivalência.

O que foi dito sobre os neuróticos também vale para os depressivos, exceto os que tenham em si características esquizoides adicionais.

Quando um psicanalista está trabalhando com pessoas esquizoides (chame a isso psicanálise ou não), as interpretações perspicazes se tornam menos importantes, e a manutenção de um *setting* adaptável ao ego é essencial. A confiabilidade da situação é uma experiência primária, não algo a ser recordado e reencenado na técnica do analista.

Os riscos da dependência

A dependência assume uma forma que é exatamente como a do bebê no relacionamento mãe-bebê; mas o paciente pode levar um longo tempo para chegar aí, por causa de todos os testes que tem de fazer por ter se tornado cauteloso devido a experiências anteriores. Como bem se pode compreender, é muito doloroso para o paciente ficar dependente quando não se é realmente um bebê, e os riscos que se tem que tomar na regressão à dependência são de fato muito grandes. O risco não é somente de que o analista morra, mas sobretudo de que ele subitamente seja incapaz de acreditar na realidade e intensidade da angústia primitiva do paciente, do medo de desintegração ou de aniquilação, ou de cair para todo o sempre.

A função de sustentação

Vocês verão que o analista está *sustentando* o paciente e isso muitas vezes vem na forma de transmitir em palavras, no momento apropriado, algo que revele que o analista sabe e compreende a profunda angústia que o paciente está experimentando. Ocasionalmente a sustentação pode assumir uma forma física, mas acho que é somente porque houve uma demora na compreensão do analista, a qual pode ser usada para verbalizar o que está ocorrendo.

Há ocasiões em que você carrega para lá e para cá seu filho que está com dor de ouvido. Palavras de consolo não adiantam. Há ocasiões, provavelmente, em que um paciente psicótico necessita de sustentação física, mas eventualmente serão necessárias compreensão e empatia.

Comparação de técnicas

Com o paciente *neurótico* o analista deve interpretar amor e ódio tais como aparecem na neurose de transferência, e isso significa reconduzir à infância o que está vindo à tona. Isso diz respeito ao relacionamento do paciente com os objetos.

Com o caso *depressivo* o analista deve sobreviver à depressão que acompanha o amor. A depressão reativa é muito semelhante à neurose e necessita da interpretação da transferência. Mas a depressão requer a sobrevivência do analista e isso dá ao paciente tempo para reagrupar os elementos em sua realidade interna, de modo que o analista interno também sobreviva. Essa é uma tarefa factível, uma vez que *depressão implica força do ego*, e nosso diagnóstico de depressão implica que achamos que o paciente pode lidar com a culpa e a ambivalência e aceitar impulsos agressivos pessoais, sem ruptura da personalidade, desde que se dê tempo a ele.

No tratamento das pessoas *esquizoides* o analista precisa saber tudo que se refere a interpretações que possam ser feitas sobre o material apresentado, mas deve ser capaz de se conter para não ser seduzido a fazer esse trabalho, que seria inapropriado, porque a necessidade principal é a de simples apoio do ego, ou de sustentação. Essa "sustentação", como a tarefa da mãe no cuidado do bebê, reconhece tacitamente a tendência do paciente a se desintegrar, a cessar de existir, a cair para sempre.

Adaptação e satisfação dos impulsos do id

Uma fonte de equívocos aqui é a ideia (que alguns analistas têm) de que o termo "adaptação às necessidades" no tratamento de pacientes esquizoides e no cuidado do bebê significa satisfazer os impulsos do id. Nessa situação, não se trata de satisfazer ou frustrar os impulsos do id. Há coisas mais importantes em curso, da natureza de prover apoio egóico aos processos do ego. É somente sob condições de adequação do ego que os impulsos do id, quer sejam satisfeitos ou frustrados, se tornam experiências do indivíduo.

RESUMO

Os processos que constituem a doença mental esquizofrênica são os processos de amadurecimento infantil inicial, porém às avessas.

22

O ATENDIMENTO HOSPITALAR COMO COMPLEMENTO DE PSICOTERAPIA INTENSIVA NA ADOLESCÊNCIA

[1963]

Adolescência, que significa se tornar um adulto, é uma fase do crescimento saudável.[23] Ela cobre o período da puberdade do indivíduo. Inclui também a socialização do rapaz ou da moça. Nesse sentido, a palavra *socialização* não significa adaptação e conformidade. Quando, na saúde, o indivíduo se torna um adulto maduro, isso implica que ele ou ela é capaz de se identificar com figuras parentais e com alguns aspectos da sociedade sem demasiado sacrifício do impulso pessoal, ou, dito de outro modo, ele consegue ser essencialmente si mesmo sem precisar ser antissocial. Na saúde o rapaz ou a moça se torna capaz de assumir responsabilidades e ajudar a manter ou modificar ou mesmo alterar completamente o legado da geração anterior. Inevitavelmente, ele e ela transmitirão, como adultos, o legado à geração seguinte, no ciclo eterno da humanidade.

A adolescência, então, é uma fase no processo de crescimento de cada rapaz ou moça. Em nossas considerações teóricas e em nosso

---

23 Conferência proferida no Hospital McLean, em Belmont, Massachusetts, Estados Unidos, como parte de um simpósio clínico: "The Individual and the Community: Current Perspectives in Rehabilitation" [O indivíduo e a comunidade: perspectivas contemporâneas sobre reabilitação], por ocasião da inauguração do novo Centro de Reabilitação, em outubro de 1963.

trabalho prático temos que ter isso em mente quando lidamos com aquela outra coisa: doença psiquiátrica em um rapaz ou uma moça na faixa etária do adolescente ou jovem adulto.

Esboço da adolescência

A adolescência por si só pode ser um período tempestuoso. Rebeldia misturada com dependência, por vezes mesmo extrema dependência, fazem o quadro da adolescência parecer louco e confuso. Os pais, tão necessários nessa fase, ficam confusos quanto a seu papel. Podem se dar conta de estar gastando dinheiro para possibilitar que os próprios filhos os desrespeitem. Ou podem se achar necessários apenas como pessoas a serem descartadas, enquanto o adolescente procura tios ou tias ou mesmo estranhos para amizade e conselhos. Quando a família está ausente ou doente, alguma parcela da sociedade deve assumir a função da família. Para complicar ainda mais isso tudo, os adolescentes têm as técnicas adultas a sua disposição. O menino de quatro anos, no auge das angústias dos conflitos edípicos, sonha com a morte de seu pai, mas agora aos catorze ele tem o poder de matar. O suicídio é possível agora. Podem-se obter drogas. A menina, que aos quatro anos se identificou com a mãe e tinha ciúme de sua capacidade de conceber, sonhando com assaltantes ou com a morte de sua mãe, agora aos catorze pode engravidar ou oferecer seu corpo por dinheiro. A adolescente pode engravidar, embora ainda não esteja no estágio de querer dar um bebê a alguém a quem ama ou de querer se dedicar ela própria a cuidar de um bebê. Só para lembrá-lo, embora você não necessite de tal advertência: a adolescência não é nada fácil.[24]

Se concordamos que o rapaz adolescente tem um problema especial com seus impulsos agressivos (assim também a moça, indireta-

---

24 Cf. Donald W. Winnicott, "Adolescence" [1962], in *The Family and Individual Development*. London: Tavistock, 1965.

22. O ATENDIMENTO HOSPITALAR COMO COMPLEMENTO DE PSICOTERAPIA

mente), temos de concordar que o problema muda para pior com os avanços da física termonuclear. A maioria de nós acredita que não haverá guerras parciais, uma vez que qualquer guerra se torna total e uma guerra total é inimaginável. Aqui somos forçados a avaliar o valor da guerra em sua função de conceder licença para matar. Ponho "valor" entre aspas porque imagino que todos odeiam a guerra e rezam pela paz; mas como psiquiatras e psicólogos sociais somos forçados e avaliar o efeito da paz permanente na saúde mental da comunidade. O efeito da ideia de paz permanente exerce uma pressão severa sobre tudo que não seja maturidade emocional, o que é uma conquista bastante rara. Pode a adolescência em geral descarregar toda sua agressividade em esportes competitivos ou perigosos? A sociedade não vai restringir os esportes perigosos e rotular até estes de indignos ou mesmo antissociais? Ainda não sabemos a resposta a essa grande questão, mas sabemos que uma guerra localizada, apesar de ser uma imensa tragédia, costumava trazer algo de positivo para o alívio das tensões individuais, possibilitando que a paranoia permaneça potencial e dando uma sensação de REALIDADE a pessoas que nem sempre se sentem reais quando a paz reina suprema. Especialmente em rapazes, a violência é sentida como real, enquanto uma vida sem complicações traz a ameaça de despersonalização.

Vocês devem ter meditado muito sobre esses problemas inerentes ao processo de crescimento e descoberto meios de enunciar o importante papel que o próprio lar da criança pode desempenhar se ele ainda for uma preocupação contínua. Sua instituição é em parte um substituto organizado para o lar, o mais das vezes suficientemente satisfatória e, ainda assim, insuficientemente capaz de suportar as tensões específicas de ter de cuidar de um membro doente por um longo período.

Continuando com meu esboço da adolescência, exposto de maneira dogmática a fim de ser breve: só há uma cura para a adolescência, que é a passagem do tempo e a passagem do adolescente para o adulto. Não devemos tentar curar adolescentes como se estivessem sofrendo de alguma doença psiquiátrica. Utilizei a expressão "apatia adolescente" para descrever os poucos anos em que cada indivíduo não tem outra saída a não ser esperar e assim fazê-lo sem ter ciência do que está acontecendo. Nessa fase o adolescente não sabe se ele ou ela é homossexual, heterossexual ou narcisista. Ainda não há identidade estabelecida, nem um estilo de vida definido que molde o futuro e dê sentido a estudar para os exames. Não há ainda a capacidade de se identificar com as figuras parentais sem perda de identidade pessoal.

Aí, mais uma vez, o adolescente tem uma intolerância ferrenha a soluções falsas. Contribuiremos com algo para o adolescente se como adultos não oferecermos soluções falsas, encarando, em vez disso, os desafios localizados e lidando com as necessidades agudas à medida que aparecem. Esperamos uma alternância entre independência rebelde e regressão à dependência e aguardamos, tentando ganhar tempo em lugar de oferecer distrações e curas.

Doença durante a adolescência

Naturalmente, defrontamos com todo tipo de doença nessa fase do desenvolvimento:

- Neurose propriamente dita.
- Histeria, com algo de psicose oculta trazendo problemas, mas nunca se manifestando claramente como loucura.
- Distúrbios afetivos, com depressão como base. Estes incluem:
  - Oscilações maníaco-depressivas.
  - Defesa maníaca (recusa ou negação da depressão).
  - Euforia e complicações paranoides e hipocondríacas.
  - A personalidade com falso self, que ameaça sucumbir no período de exames.
  - O grupo de distúrbios esquizoides. Estes incluem a reversão da integração e dos processos de amadurecimento em geral. As manifestações clínicas incluem falta de contato com a realidade, despersonalização, cisão e perda do senso de identidade.

22. O ATENDIMENTO HOSPITALAR COMO COMPLEMENTO DE PSICOTERAPIA

Lidamos com esses distúrbios em pacientes que se encontram no período do crescimento puberal e que são tão adolescentes quanto podem ser. É difícil separar o que é doente do que é normal nessa idade; também é difícil saber nesses casos se devemos oferecer tratamento em termos de cuidado e manejo ou de psicoterapia. De modo geral, oferecemos psicoterapia àqueles pacientes que sentem necessidade dela, ou aos que podem ser induzidos facilmente a perceber a relevância desse tratamento; aqui ficamos atentos ao momento em que se torne necessário cuidado institucional ou acompanhamento psicológico especial, necessário porque o tratamento capacitou o paciente a atingir um ponto em que o colapso se torna construtivo. Para os outros aos quais falta compreensão, tentamos propiciar cuidado ou acompanhamento psicológico na expectativa de que os fenômenos regressivos eventualmente apareçam; e podemos aguardar até conseguir acrescentar psicoterapia em alguns casos.

Se a intenção, neste novo hospital, é facilitar a interação de cuidado hospitalar com psicoterapia, está-se propiciando exatamente o que é necessário e também exatamente o que é tão difícil de propiciar. Por que tão difícil? De forma breve: não apenas porque o pessoal do cuidado hospitalar e o da psicoterapia têm ciúmes um do outro, cada qual incapaz de reconhecer o valor dos outro, mas também porque certos pacientes tendem a estimular uma cisão entre os dois grupos. Ocorre frequentemente aqui o reflexo das tensões entre os pais do paciente e verifica-se de forma deslocada o medo do paciente de permitir que os pais se reúnam (no sistema de fantasias inconscientes).

Muito se poderia dizer sobre o manejo ou cuidado de rapazes e moças que têm essas várias doenças. Permitam-me escolher apenas uma coisa para menção especial: *haverá suicídios*. As juntas diretivas precisam aprender a se reconciliar com suicídios, evasão e surtos maníacos ocasionais que trazem em si algo na linha de assassinato, janelas quebradas e coisas destruídas. Os psiquiatras que cedem à chantagem desses desastres ficam incapacitados para fazer o que é melhor para o resto da comunidade sob seus cuidados. O mesmo se aplica à chantagem do psiquiatra pela tendência antissocial nos pacientes. Claro que a destruição real não é útil e a meta é evitar destruição ou suicídio reais; mas aquilo de que se necessita é prevenção *humana*, sendo inútil apelar para contenção mecânica. Isso significa que haverá falhas na prevenção, uma vez que seres humanos têm limitações humanas para o que querem fazer ou estão dispostos a fazer.

Notem que deixei fora de minha classificação esquemática um grupo importante, especificamente, a tendência antissocial, que pode levar um rapaz ou uma moça à delinquência e, eventualmente, à reincidência.

O termo "tendência antissocial" tem sua utilidade porque relaciona esse tipo de distúrbio com o normal e com o que está em sua origem, a reação à deprivação. Essa tendência pode se tornar uma compulsão vã, e a criança será então rotulada de delinquente.

Eis aqui um distúrbio que não deve ser classificado junto com as neuroses, distúrbios afetivos ou esquizofrenia; e é um distúrbio que se relaciona facilmente com distúrbios inerentes à síndrome de crescimento do adolescente. Fazem parte do trabalho nessa área problemas especiais de manejo. O tema não pode ser desenvolvido aqui, mas a ideia básica é de que a tendência antissocial na criança representa a esperança (inconsciente) da reparação de uma perda traumática.[25]

Interação de processos de amadurecimento e patológicos

Chegamos agora à grande dificuldade encarada por todos os que estão empenhados em trabalho curativo ou preventivo. Nessa fase do crescimento individual, é certamente muito difícil diagnosticar saúde e normalidade e distingui-las de distúrbios psiquiátricos. A adolescência altera a forma da doença psiquiátrica.

---

25 Id., "A tendência antissocial" [1956], in *Da pediatria à psicanálise*, op. cit., pp. 502-16.

22. O ATENDIMENTO HOSPITALAR COMO COMPLEMENTO DE PSICOTERAPIA

Examinemos vinte adolescentes. São personalidades isoladas, mas se agrupam frouxamente por causa de interesses comuns: cantores de *pop*, o *twist*, o *jazz*, um jeito de se vestir, um estado de apatia que seria desonesto tentar evitar. À margem de cada grupo há um rapaz ou moça depressiva que tenta o suicídio. O grupo inteiro então revela um estado de ânimo depressivo e está "com" aquele que fez a tentativa. Outro quebra uma vidraça sem razão alguma. O grupo inteiro fica então com o que quebra a vidraça. Outro, juntamente com alguns que estão por perto, arromba uma loja e rouba alguns cigarros, ou faz algo que chama a atenção da polícia. O grupo inteiro agora está com o transgressor.

Ainda assim se pode dizer que, em conjunto, os rapazes e as moças que compõem esse grupo ultrapassarão essa fase sem suicídio, assassinato, violência ou roubo.

Em outras palavras, os adolescentes na fase apática me parecem fazer uso dos indivíduos doentes da margem do grupo para concretizar sua sintomatologia potencial própria. Deixem-me agora dar um exemplo para ilustrar os problemas de diagnóstico e manejo.

Relato do caso de um rapaz

> Relatarei o caso de um rapaz que me foi inicialmente encaminhado aos oito anos. Era possível constatar nele um sentimento organizado de ressentimento; datava de seu manejo na primeira infância, que estava relacionado com a continuidade de uma grave doença mental de sua mãe. Tentou-se terapia naquela época, mas não foi bem-sucedida, em parte por causa da doença da mãe. O rapaz me foi enviado de novo quando tinha quinze anos. Na consulta ele foi capaz de me fornecer um indício vital relacionado com seus ataques de violência. Na verdade, tinha estado perigosamente próximo de tentar matar seu pai. A elucidação ocorreu na forma de um sonho que ele ilustrou com um desenho. O desenho mostrava sua mão procurando pela mão de sua amiga. Entre as duas mãos do sonho havia

uma barreira feita de vidro. A violência que ele temia estava relacionada com a tentativa de romper a barreira entre ele e o mundo real, uma barreira que se tornava tanto mais real quanto mais envolvidos estavam seus instintos em relações de objeto.

Encaminhei esse rapaz a um colega que está dirigindo um hospital psiquiátrico e que o admitiu com meu diagnóstico de esquizofrenia. O rapaz foi tratado adequadamente no hospital e logo conseguiu se adaptar à comunidade. Digno de nota foi que ele achou abrigo temporário da doença mental grave de sua mãe. Sem dúvida, a mudança imediata nesse rapaz decorreu principalmente de achar um lar alternativo, que, contudo, não podia durar muito. Logo após sua admissão no hospital, tornou-se capaz de romper o laço que tinha com essa amiga em particular, de quem era excessivamente dependente. Antes da vinda para o hospital, encontravam-no o tempo todo chorando após conversações intermináveis com essa moça, o telefone com seus fios representando o mesmo que a barreira de vidro entre ele e a moça no sonho. Por causa dessa coisa que se interpunha entre os dois, ele era capaz de sentir toda a intensidade de seu amor e de sua dependência. Essa moça tinha sido necessária para deslocar a mãe doente. Ele melhorou após cortar sua dependência da amiga e ficou mais à vontade com os outros membros do grupo e com o pessoal do hospital.

É aqui que o caso desse rapaz parece apropriado em um discurso pronunciado neste hospital, neste momento. Ele ilustra as dificuldades. No hospital o rapaz pôde usar os excelentes departamentos de terapia ocupacional e de arteterapia. Iniciou um trabalho muito criativo e original tanto em modelagem como em pintura. Tudo que fazia tinha um significado notável. Frequentemente pacientes psicóticos ou quase psicóticos conseguem bons resultados quando tentam um trabalho original em um dos departamentos de reabilitação. O problema foi que esse rapaz melhorou tanto e desfrutou tanto seu novo relacionamento com o mundo que estabelecera nessa pequena comunidade que os médicos alteraram seu diagnóstico. Concluíram que era histérico e algo antissocial e que o fator externo das condições de sua casa era a causa principal de considerarem-no doente. Por isso o rapaz teve alta, não sem que antes o médico encontrasse para ele uma boa escola, onde todas as dificuldades do rapaz foram expostas ao diretor. Após alguns meses na nova escola, o rapaz começou a manifestar de novo os sintomas pelos quais tinha sido hospitalizado; tornou-se violento e destrutivo e incapaz de se concentrar no trabalho. Foi novamente diagnosticado como esquizofrênico e rapidamente retirado da escola, e atualmente os pais estão tentando lidar com a difícil situação, organizando para ele uma viagem ao redor do mundo com duração ilimitada, na esperança de que quando retornar ao lar terá amadurecido e superado suas dificuldades. Até então, naturalmente, ele pode se meter em sérias complicações ou mesmo ferir alguém.

Esse caso infeliz pode ser usado para ilustrar o fato de que um departamento de reabilitação bem-sucedido pode alterar o quadro clínico e fazer parecer que um paciente melhorou tanto a ponto de fazer com que se perca de vista o diagnóstico original. Vocês aqui no departamento estarão atentos a tais perigos e não serão enganados, por exemplo, por excelentes produções artísticas que de fato podem revelar saúde potencial em um paciente, mas que não significam saúde propriamente dita.

RESUMO

Esboçaram-se algumas características da adolescência e se discutiu a relação dessas características com a sintomatologia de crianças com doenças psiquiátricas na época da puberdade. Relata-se um caso que ilustra algumas das dificuldades que fazem parte não só do manejo de pacientes desse grupo etário mas também da provisão de recursos de reabilitação – como estes que estão sendo formalmente inaugurados no dia de hoje.

23

DEPENDÊNCIA NO CUIDADO DO BEBÊ, NO CUIDADO DA CRIANÇA E NO *SETTING* PSICANALÍTICO

[1963]

Não há nada de novo na ideia de dependência, tanto na vida inicial do indivíduo como na transferência que ganha impulso à medida que decorre o tratamento psicanalítico.[26] O que acho que deve ser reexaminado de tempos em tempos é a relação entre essas duas instâncias de dependência.

Não preciso citar Freud. A dependência do paciente em relação ao analista sempre foi reconhecida e inteiramente admitida e se revela por exemplo na relutância do analista em aceitar um paciente novo um ou dois meses antes de longas férias de verão. O analista teme, com razão, que a reação do paciente à interrupção envolverá mudanças profundas que ainda não estão disponíveis para análise. Começarei com um desdobramento desse tema.

> Uma jovem paciente teve de esperar alguns meses antes de eu poder começar e então pude vê-la somente uma vez por semana; mais tarde consegui para ela sessões diárias exatamente quando estava prestes a viajar para o exterior por um mês. A reação à aná-

---

26 Estudo lido perante a Sociedade Psicanalítica de Boston, em outubro de 1962, e publicado pela primeira vez no *The International Journal of Psycho-Analysis*, v. 44, pp. 339-44.

lise foi positiva e o desenvolvimento, rápido. Vi essa jovem mulher independente se tornar, em seus sonhos, extremamente dependente. Em um sonho ela tinha uma tartaruga, mas sua casca era tão mole que o animal se encontrava desprotegido e, assim, certamente viria a sofrer. Então no sonho ela matava a tartaruga para salvá-la do sofrimento intolerável que esperava por ela. A tartaruga era ela mesma e indicava uma tendência ao suicídio. Era para curar essa tendência que ela tinha vindo se tratar.

O problema era que ela, em sua análise, ainda não havia tido tempo para lidar com suas reações a meu afastamento, de forma que ela teve esse sonho de suicídio e clinicamente desenvolveu uma doença física, embora de modo obscuro. Antes de partir, eu tive tempo – na verdade só tive tempo – para ajudá-la a perceber a relação entre sua reação física e minha partida. Minha partida reconstituiu um episódio traumático ou uma série de episódios de seu próprio tempo de bebê. Era, por assim dizer, como se eu a estivesse sustentado e então ficasse preocupado com algum outro assunto, fazendo com que ela se sentisse *aniquilada*. Essa foi a palavra que ela usou. Ao se matar ela adquiriria controle sobre ser aniquilada enquanto se encontrava dependente e vulnerável. Em seu self e corpo sadios, com toda sua forte vontade de viver, ela tinha carregado a vida toda a lembrança de uma vez ter sentido uma vontade total de morrer; e agora a doença física vinha como uma localização em um órgão do corpo dessa vontade total de morrer. Ela se sentia desamparada em relação a isso até que pude interpretar para ela o que estava ocorrendo, e com isso se sentiu aliviada e conseguiu me deixar partir. Incidentalmente, sua doença física deixou de ser uma ameaça tão grande e começou a se curar, em parte, é claro, porque ela estava recebendo tratamento adequado.

Se houvesse necessidade de ilustrações, isso poderia demonstrar o perigo de subestimar a dependência da transferência. O surpreendente é que uma interpretação pode levar a uma mudança e se pode apenas supor que a compreensão profunda e a interpretação no momento correto constituem uma forma de adaptação confiável. Nesse caso, por exemplo, a paciente se tornou capaz de enfrentar minha ausência porque sentiu (em um nível) que agora não estava sendo aniquilada, mas, de modo positivo, estava sendo mantida em existência por ter uma realidade como objeto de minha consideração. Um pouco mais tarde, em uma dependência mais completa, a interpretação verbal não seria suficiente, ou poderia ser dispensada.

Vocês devem ter notado que eu poderia seguir em qualquer uma das duas direções, tendo começado com o fragmento de uma análise. Uma direção nos levaria à análise da reação à perda e assim à parte principal daquilo que aprendemos em nossa formação psicanalítica. A outra direção nos leva ao que eu quero discutir neste estudo. Esta última me leva à compreensão, que temos em nós, de que devemos evitar viajar logo após iniciar uma análise. É nossa percepção da vulnerabilidade do ego do paciente, o oposto de força do ego. Satisfazemos as necessidades dos pacientes de inúmeras formas, porque sabemos mais ou menos como o paciente está se sentindo, e podemos encontrar o equivalente do paciente em nós mesmos. Podemos projetar o que temos em nós e encontrá-lo no paciente. Isso tudo é feito silenciosamente, e o paciente em geral permanece ignorante do que fazemos bem, mas toma nota do papel que desempenhamos quando as coisas vão mal. É quando falhamos a esse respeito que o paciente reage ao imprevisível e sofre uma quebra da continuidade de seu "continuar a ser". Eu quero considerar esse ponto em particular mais tarde neste estudo, ao discutir o estudo de Zetzel no Congresso de Genebra.[27]

Meu objetivo geral é relacionar a dependência na transferência psicanalítica à dependência em vários estágios do cuidado e do desenvolvimento do bebê e da criança. Não passará despercebido que estou envolvido na tentativa de avaliar o fator externo. Permitam-me fazer isso sem que se imagine que estou voltando atrás no

---

27 Elizabeth R. Zetzel, "Current Concepts of Transference". *The International Journal of Psycho-Analysis*, v. 37, 1956.

23. DEPENDÊNCIA

que a psicanálise defendeu nos últimos quarenta anos em psiquiatria de crianças. A psicanálise defendeu o fator pessoal, os mecanismos envolvidos no crescimento emocional do indivíduo, as pressões e tensões internas condutivas à organização de defesas no indivíduo, e a visão da doença neurótica como evidência de tensão intrapsíquica baseada nos impulsos do id que ameaçam o ego do indivíduo. Mas aqui retornamos à vulnerabilidade do ego e, portanto, à dependência.

É fácil verificar por que os psicanalistas relutaram em escrever sobre o fator ambiental, uma vez que, de forma recorrente, aqueles que desejavam ignorar ou negar a importância das tensões intrapsíquicas ressaltaram principalmente o fator externo desfavorável como causa de doença na psiquiatria infantil. Contudo, a psicanálise está agora bem estabelecida e podemos nos permitir examinar o fator externo, tanto o bom como o mau.

Se aceitamos a ideia de dependência, então já começamos a examinar o fator externo, e na verdade ao dizer que um analista deve passar por uma formação estamos dizendo que um fator essencial para a análise ortodoxa é um fator externo, isto é, o *analista suficientemente bom*. Tudo isso é evidente por si só; ainda assim posso encontrar aqueles que ou nunca mencionam esse fator externo como sendo realmente importante *ou então* falam dele o tempo todo, ignorando os fatores internos no processo. Como disse Zetzel em um seminário recentemente: primeiro Freud pensou que todas as pessoas neuróticas tinham tido traumas sexuais na infância, e mais tarde descobriu que o que elas tinham tido era desejos. Então por muitas décadas presumimos nos escritos analíticos que não existia essa coisa de trauma sexual real. Agora temos que admitir isso também.

No exame deliberado do fator externo, estou por isso empenhado em descrever a personalidade do analista, sua capacidade para se identificar com o paciente, o equipamento técnico e assim por diante, até os vários detalhes do cuidado materno, e então, de modo mais específico, o estado especial em que se encontra a mãe (e talvez também o pai, embora ele tenha menos oportunidade de demonstrá-lo) no curto espaço de tempo cobrindo os últimos estágios da gravidez e os primeiros meses da vida do bebê.

A psicanálise como aprendemos não é de forma alguma igual ao cuidado materno. De fato, os pais que interpretam o inconsciente para seus filhos devem se preparar para tempos difíceis. Mas na parte de nosso trabalho como analistas a que estou me referindo, tudo o que fazemos tem relação com o cuidado do bebê e da criança. Nessa parte de nosso trabalho podemos na verdade aprender o que fazer por sermos pais, por termos sido crianças, por observar mães com bebês muito pequenos ou que ainda não nasceram, por correlacionar falhas dos pais com estados clínicos subsequentes de crianças doentes. Embora saibamos que a doença neurótica não é causada pelos pais, sabemos também que a saúde mental da criança não se pode estabelecer sem cuidado paterno ou materno suficientemente bons. Sabemos, ainda, que uma experiência ambiental corretiva não cura diretamente o paciente, assim como um mau ambiente não causa diretamente a estrutura da doença. Vou me referir novamente a isso no fim deste estudo.

Quero agora retornar a meu fragmento de material clínico. Muito cedo na análise essa paciente se via representada em seu material onírico como criaturas frágeis e muitas vezes mutiladas, e agora ela tinha sonhado com uma tartaruga com casca mole.[28] É perceptível que isso indica o caminho para uma regressão à dependência que estava por vir. A paciente tinha tido vários anos de análise seguindo as linhas habituais por um analista que desencorajava qualquer regressão que ameaçasse ser atuada e envolver dependência em relação ao analista. Ela estava, portanto, mais do que preparada para essa parte do procedimento analítico global, embora necessitasse, é claro, tanto quanto qualquer outra pessoa, das interpretações habituais que se tornam apropriada a cada dia, ou mesmo a cada minuto.

---

28 A propósito, ela poderia também ser um cavalo que precisou ser abatido a tiros para não se jogar de um avião.

23. DEPENDÊNCIA

Se eu for um pouco além na questão do problema interpretativo na análise desse fragmento, acho que poderei demonstrar quão interligadas estão estas duas coisas: os mecanismos intrapsíquicos e a dependência, que por definição envolve o ambiente e seu comportamento.

Eu tinha muito material, nesse caso, para interpretar a reação da paciente à minha partida em termos de sadismo oral, que faz parte do amor reforçado pela raiva – raiva de mim e de todos os outros em sua vida que a haviam deixado, incluindo a mãe que a desmamara. Eu poderia ter pesado os prós e os contras, totalmente justificado pelo que a paciente me relatara, mas então eu teria sido um mau analista fazendo boas interpretações. Teria sido mau analista por causa do modo como o material me tinha sido apresentado. O tempo todo em nosso trabalho analítico estamos avaliando e reavaliando a força do ego do paciente. O material me havia sido fornecido de um modo tal que indicava que a paciente sabia que podia confiar que eu não o usaria de forma brusca. Ela é hipersensível a todas as drogas e a todas as doenças e à mais leve crítica, e se espera que ela seja sensível a qualquer erro que porventura eu cometa em minha estimativa da força do seu ego. Algo central em sua personalidade sente com excessiva facilidade a ameaça de aniquilação; clinicamente, é claro, ela se torna durona e extremamente independente, bem defendida, mas isso é acompanhado por um sentimento de futilidade e de falta de realidade própria.

De fato, seu ego é incapaz de acomodar qualquer emoção forte. Ódio, excitação, medo – cada qual se separava, como um corpo estranho, e se aloja facilmente em um órgão do corpo que entra em espasmo e tende a se destruir pela perversão de seu funcionamento fisiológico.

A razão por trás dos sonhos regressivos e de dependência tem que ver principalmente com o fato de ela verificar que eu não uso todo o material para interpretação, mas que guardo tudo para empregar no momento oportuno e me contento, enquanto isso, em me preparar para a chegada da dependência, que está a caminho. Essa fase de dependência será muito dolorosa para a paciente, e ela sabe disso, e há um risco de suicídio associado a isso, mas, como diz ela, não há outro jeito. *Há* outro jeito, pois se seu analista não foi capaz de lidar com sua dependência de modo a fazer da regressão uma experiência terapêutica, ela sucumbirá a uma doença psicossomática, que traz o tão necessitado cuidado, mas não o *insight* nem o cuidado mental que podem realmente fazer a diferença. O analista deve entender por que a paciente prefere se suicidar a viver sob a ameaça de aniquilação.

Ao examinar esse material desse modo, chegamos ao ponto em que estamos discutindo tanto a análise como a satisfação das necessidades de dependência. Uma corrente de "boas" interpretações relativas ao conteúdo geral da sessão produziria raiva ou excitação e ainda não é possível para essa paciente lidar com essas experiências emocionais plenas. Seria, portanto, ruim nos termos de minha conceituação atual do processo analítico interpretar os vários aspectos relacionados com a separação prematura.

No decurso de uma conversa em que fizemos planos para o futuro e discutimos a natureza de sua moléstia e os riscos inerentes à continuação do tratamento, eu disse:[29] "Pois eis você doente, e podemos observar que a doença física oculta uma reação extrema à minha partida, embora você não seja capaz de atingir uma compreensão emocional direta desse fato. Então você poderia dizer que eu lhe causei sua doença, como outros a fizeram adoecer quando você era um bebê, e poderia ficar brava". Ela respondeu: "Mas não estou". (Na verdade, no presente, ela me mantém em uma posição idealizada e tende a achar que médicos do corpo são perseguidores.) Então respondi: "O caminho está aqui, amplamente aberto para seu ódio e sua raiva, mas a raiva se recusa a trilhar esse caminho".

A paciente me disse que o motivo principal que a tinha levado a esse tão rápido e involuntário desenvolvimento no sentido da dependência era eu deixar as coisas acontecerem e querer saber o que cada sessão traria. Na verdade o padrão era tal que ela começava

---

29 Eu estava claramente influenciado pelo nível intelectual de seu método de apresentar o material.

23. DEPENDÊNCIA

cada sessão como se fosse uma visita social. Ela se deitava e revelava uma percepção intelectual bem clara de si própria e do entorno. Eu a seguia nisso e havia muito silêncio. Próximo do fim da sessão ela inesperadamente se lembrava de um sonho e recebia então minha interpretação. Os sonhos apresentados desse modo não eram muito obscuros, e podia geralmente se perceber que a resistência do sonho se situava nos quarenta e cinco minutos de material que o haviam precedido e que não era bom material para interpretação. O que era sonhado, relembrado e apresentado estava dentro dos limites da capacidade da estrutura e força do ego.

Assim, essa paciente vai se tornar muito dependente de mim por um período; a esperança é que, para seu bem, como para o meu, essa dependência se mantenha no âmbito da transferência e das sessões e do *setting* analíticos. Mas como se pode prever isso? Como se pode fazer esse tipo de diagnóstico que se relaciona com a avaliação das necessidades?

Em termos de *cuidado materno*, gostaria de dar um exemplo de regressão a serviço do ego examinando as fases de mimo que os pais percebem que as crianças requerem de tempos em tempos – isto é, pais que não mimam seus filhos por causa de suas próprias ansiedades. Tais fases de mimo podem ajudar a criança sem precisar envolver um médico ou de uma clínica de orientação infantil. É difícil citar um caso sem fazer parecer que seja raro, mas esses assuntos são experiência comum na vida em família, quando os pais cuidam de seus filhos. Por poucas horas, ou dias ou semanas, em um contexto particular, a criança é tratada como se fosse mais nova do que de fato é cronologicamente. Algumas vezes sucede que a criança bate a cabeça ou corta o dedo; vai num instante de quatro para dois anos e fica chorando e se consolando com a cabeça no colo da mãe. Após um tempo, ou depois do sono, está de novo crescida e ainda mais do que se esperaria de sua idade.

Eis um menino de dois anos.[30] Aos vinte meses reagiu muito mal à ansiedade que sua mãe experimentou quando deu à luz. Faz parte do padrão da mãe ficar extremamente ansiosa com a concepção. Ele parou de usar o penico e de usar palavras, e seu progresso ulterior foi detido. Quando o bebê nasceu, ele não se mostrou hostil ao irmão, mas queria que lhe dessem banho, como davam no pequeno. Começou a chupar o dedo na hora da amamentação do bebê, o que não era parte de seu padrão anterior. Fez exigências especiais à indulgência de seus pais, precisando dormir na cama deles por vários meses. Sua fala ficou detida.

Os pais enfrentaram todas essas mudanças e exigências de modo satisfatório, mas os vizinhos disseram que eles estavam mimando o menino. Eventualmente o menino emergiu dessa regressão ou retraimento e os pais puderam acabar com o mimo quando ele tinha oito anos, depois de ter passado por uma fase em que estava roubando dinheiro deles.

Esse é um tipo comum de caso em psiquiatria de crianças, especialmente, que eu saiba, na clínica particular, em que as crianças são trazidas por causa de sintomas que, na clínica de orientação de crianças, poderiam ser considerados insignificantes. Tem sido uma parte importante de minha orientação na psiquiatria infantil que em tais casos não se pense, de início, na psicanálise; cogita-se dar apoio a esses pais em seu manejo da infantilidade de seus filhos. Pode-se estar na posição de, naturalmente, prover assistência psicanalítica, enquanto os pais se encarregam da amamentação mental do paciente, mas é uma tarefa formidável tratar tais casos pela psicanálise se não há a provisão parental que satisfaça as necessidades de amamentação mental. Sem a amamentação mental dos pais, o psicanalista encarregado da psicanálise pode ter de lidar com o paciente que não

---

30 Donald W. Winnicott, "Regression as Therapy Illustrated by the Case of a Boy whose Pathological Dependence Was Adequately Met by the Parents". *British Journal of Medical Psychology*, v. 36, 1963.

23. DEPENDÊNCIA

só sonha em ser cuidado pelo analista, na casa do analista, como também que necessita realmente ser acolhido na casa do analista.

Um corolário disso é que quando uma análise ortodoxa de criança tem êxito há um reconhecimento a ser feito por parte do analista de que o lar, os parentes, os amigos dos pais e quem quer que ajude fizeram quase a metade do tratamento. Não precisamos proclamar esse reconhecimento em voz alta, mas precisamos ser honestos sobre essas questões da dependência do paciente quando estamos construindo a teoria.

Chego agora ao *relacionamento bebê-mãe* mais precoce. Muito foi escrito sobre isso. Quero chamar atenção para a parte desempenhada pela mãe na época da grande dependência do bebê, no início. Embora acredite que os leitores estão bem a par dessas questões, desejo examinar o argumento novamente para que possamos discuti-las.

Quero aqui me referir ao trabalho de Zetzel.[31] Não preciso reunir todas as referências que integram seu tão valioso relatório, "Current Concepts of Transference". Quero apenas extrair de seu estudo os parágrafos em que ela se refere a meu próprio trabalho:

> Outros analistas – o dr. Winnicott, por exemplo – atribuem psicose principalmente a experiências traumáticas severas, particularmente a deprivação na infância inicial. Conforme esse ponto de vista, a regressão profunda oferece uma oportunidade de satisfazer, na situação de transferência, necessidades primitivas que não haviam sido satisfeitas no nível apropriado do desenvolvimento. Sugestões semelhantes foram propostas por Margolin e outros [...].

Alegro-me de ter a oportunidade de citar essa descrição de minha atitude para com esse tema, um tema que tem grande importância porque um dos pontos de crescimento da psicanálise é o do tratamento de pacientes *borderline* e a tentativa de formular uma teoria das doenças psicóticas, especialmente a esquizofrenia.

---

31   E. R. Zetzel, "Current Concepts of Transference", op. cit.

De início, será que atribuo psicose principalmente a experiências traumáticas severas, em parte à deprivação na infância inicial? Posso compreender bem que foi essa a impressão que dei, tendo por isso mudado o modo como apresento meu ponto de vista no decurso da década passada. É necessário, contudo, fazer algumas correções. Afirmei decididamente que na etiologia da doença psicótica e, em particular, da esquizofrenia (exceto na medida em que os elementos hereditários estão atuantes), é preciso atentar para uma falha no processo total do cuidado do bebê. Em um estudo cheguei até a afirmar: "A psicose é uma doença de deficiência do ambiente". Zetzel emprega a expressão "experiências traumáticas severas" e essas palavras implicam a ocorrência de acontecimentos ruins, coisas que parecem ruins do ponto de vista do observador. As deficiências a que estou me referindo são falhas da provisão básica – como minha partida para os Estados Unidos quando minha paciente não está pronta para as reações que devem ocorrer nela com minha partida. Em outros estudos examinei com grandes detalhes os tipos de falha que constituem falhas da provisão básica. O ponto principal é que essas falhas são imprevisíveis; não podem ser consideradas pelo bebê como projeções, porque ele não chegou ainda ao estágio de estruturamento do ego que torna isso possível, e o resultado é a *aniquilação* do indivíduo. Seu "continuar a ser" é interrompido.

As mães que não são doentes de fato evitam esse tipo de falha no cuidado do bebê.

Sob o título de "Preocupação materna primária",[32] me referi às profundas mudanças que ocorrem na mulher que está tendo um bebê, e minha opinião é que esse fenômeno, qualquer seja o nome que lhe deem, é essencial para o bem-estar do bebê. É essencial porque sem ela não existe ninguém que esteja suficientemente identificado com o bebê para saber de que ele necessita, de modo que fica faltando a porção básica de adaptação. Compreende-se que não

---

32 D. W. Winnicott, "Preocupação materna primária" [1956], in *Da pediatria à psicanálise*, op. cit., pp. 493-501.

23. DEPENDÊNCIA

estou me referindo a adaptação em termos de satisfazer os instintos do id.

Uma porção básica de provisão ambiental facilita os tão importantes *desenvolvimentos de amadurecimento* das primeiras semanas e meses, e qualquer falha na adaptação inicial é um fator traumático interferindo nos processos de integração que levam ao estabelecimento no indivíduo de um self que "continua a ser", que adquire existência psicossomática e desenvolve uma capacidade de se relacionar com objetos.

Portanto, uma exposição de meu ponto de vista incluiria o seguinte:

1. É na doença neurótica que encontramos os conflitos que são exclusivamente do indivíduo, pessoais, e relativamente livres de determinantes ambientais. É necessário ser suficientemente sadio na idade pré-escolar para poder ter doença neurótica, para não falar de saúde.
2. É nos estágios mais precoces que a base da saúde mental do indivíduo é lançada. Isso envolve:
   a) Os processos de amadurecimento, que são tendências herdadas.
   b) As condições ambientais necessárias para os processos de amadurecimento se realizarem.

   Nesse sentido, a falha de provisão elementar básica inicial perturba os processos de amadurecimento, ou evita que eles contribuam para o crescimento emocional da criança, e é essa falha dos processos de amadurecimento, integração etc. que constitui o estado de doença que chamamos de psicótico. Essa falha de provisão ambiental (privação) não é usualmente descrita pela palavra *deprivação*, daí a necessidade de corrigir as palavras de Zetzel na referência a meu trabalho.
3. Uma dificuldade na formulação desse conceito é a existência de uma posição intermediária em que a provisão ambiental é boa de início, mas falha depois. Tem êxito na medida em que permite a organização do ego em grande escala, e então falha em um estágio em que o

indivíduo ainda não se tornou capaz de estabelecer um ambiente interno – isto é, não se tornou ser independente. Isso é o que em geral é chamado de "deprivação" e isso não leva à psicose; leva ao desenvolvimento no indivíduo de uma "tendência antissocial", que pode por sua vez forçar a criança a ter um distúrbio de caráter e se tornar um delinquente e reincidente.

Toda essa simplificação excessiva necessita de uma elaboração que expus em outro estudo e que não posso reunir aqui. Quero, contudo, referir-me brevemente a alguns dos efeitos dessa atitude diante da doença mental em nosso modo de pensar.

1. Um deles é que é nas psicoses – e não nas neuroses – que devemos esperar encontrar exemplos de autocura. Algum evento ambiental, talvez uma amizade, pode prover uma correção da falha de provisão básica e desatar o nó que impedia o amadurecimento de uma forma ou de outra. De qualquer modo, é muitas vezes a criança muito doente na psiquiatria infantil que pode ser auxiliada a crescer por uma psicoterapia de botequim, ao passo que no tratamento das neuroses sempre se quer ser capaz de prover um tratamento psicanalítico.
2. O segundo deles é que uma experiência corretiva não é suficiente. Por certo, nenhum analista se *propõe a prover* uma experiência corretiva na transferência, porque isso em si é uma contradição; a transferência em todos os seus detalhes se processa através do processo psicanalítico inconsciente do paciente e depende para seu desenvolvimento de interpretação, que é sempre relativa ao material apresentado ao analista.

Naturalmente, a prática de uma boa técnica psicanalítica *pode* por si só ser uma experiência corretiva e é possível, por exemplo, que na análise um paciente consiga, pela primeira vez na vida, a atenção total de outra pessoa, ainda que limitada à sessão de cinquenta minutos confiavelmente estabelecida; ou que, pela primeira vez,

23. DEPENDÊNCIA

esteja em contato com alguém que é capaz de ser objetivo. E assim por diante.

Mesmo assim, a provisão corretiva nunca é suficiente. O que é que poderia ser o suficiente para que alguns de nossos pacientes ficassem bem? Ao fim o paciente utiliza as falhas do analista, muitas vezes pequenas, talvez induzidas pelo paciente, ou o paciente produz elementos transferenciais delirantes[33] e temos que tolerar sermos mal compreendidos em um contexto limitado. O fator operativo é que o paciente agora odeia o analista pela falha que originalmente ocorreu como um fator ambiental, fora da área de controle onipotente do bebê, mas que *agora* é encenada na transferência.

De modo que no fim temos êxito por falhar – falhar do jeito do paciente. Isso está muito longe da simples teoria da cura pela experiência corretiva. Desse modo, a regressão pode estar a serviço do ego se recebida pelo analista e transformada em uma nova dependência em que o paciente traz o fator prejudicial externo para a área de seu controle onipotente e para a área manejada pelos mecanismos de projeção e introjeção.

Finalmente: com relação à paciente à qual me referi, não devo falhar nos aspectos do tratamento relacionados ao cuidado do bebê e da criança até um estágio posterior, em que ela *me fará falhar* de formas determinadas por sua história pregressa. Meu medo é que, ao me permitir a experiência de passar um mês no exterior, eu já tenha falhado de maneira prematura e me juntado às variáveis imprevisíveis de sua infância e infância inicial, de modo a deixá-la verdadeiramente doente dessa vez, da mesma forma que os fatores externos imprevisíveis a deixaram doente em sua infância.

---

[33] Margaret Little, "On Delusional Transference (Transference Psychosis)". *The International Journal of Psycho-Analysis*, v. 39, 1958.

ÍNDICE REMISSIVO

ABRAHAM, Karl 161, 223, 299
ADAMSON, Joy 122
adaptação 11, 25, 67, 72, 78, 88, 107-10, 122, 129, 144, 147-48, 157-60, 185-86, 190, 230-31, 233, 254, 288-89, 302, 308-09, 311-12, 319, 323, 331-32; *falha de* 109
adolescência 31, 84-85, 97, 101, 115-16, 130, 132, 147, 153-54, 165-66, 176, 190, 239, 244, 252, 273, 276, 280, 312-20
agressividade 18, 25, 27, 38, 51, 81, 83, 93, 130, 159, 160, 162, 225, 263, 272-74, 311-13
AICHHORN, August 158
alucinação 47, 59, 62-63, 98, 185
amadurecimento, processo de 11, 21, 34, 72-75, 92, 97, 102, 106-07, 116, 120-21, 123, 125-26, 129, 131-32, 138, 161, 171, 174-76, 230, 234-36, 242, 246, 250, 260, 266, 269, 271, 282-83, 286-88, 290, 292, 296, 302, 308, 311, 315, 317, 332-33
amamentação 78, 232, 267, 275, 329
ambiente 11-12, 15-17, 22, 31-32, 36, 38-39, 41, 43, 45-46, 48, 50-51, 53, 57-59, 62-63, 67-69, 77-78, 80, 83, 88, 92-94, 96, 102, 105-07, 121-23, 131-32, 140-42, 159-61, 167-76, 181, 186-87, 190, 216, 230-31, 233, 235-36, 238, 249-50, 260, 263, 265-67, 283, 286-93, 302, 308, 325-26, 331-33; *falha do* 332-33
ambivalência 18, 24, 30-31, 45, 91, 93-94, 96, 104, 124, 145, 214, 228, 277, 298, 300, 307, 309, 311
amor 17-19, 21-25, 45, 61, 72, 78, 90, 93-94, 100, 102, 109, 123, 125-26, 129, 157, 214, 216, 225, 269, 272, 276, 294, 310, 319, 326
análise *ver* psicoterapia
anamnese 140, 156, 166, 220, 256
aniquilação 51, 58-59, 65, 102, 163, 168, 181, 186, 301, 306, 310, 322-23, 326-27, 331
ansiedade 17-18, 24, 37-38, 50-51, 54, 57-58, 63, 72, 77, 84, 91, 96-97, 103, 111, 130, 138, 145, 148-49, 157, 161, 163-64, 198, 232, 263, 281, 290, 329
antissocial 12, 31-33, 42, 65, 82-83, 89, 105, 130-32, 146, 158, 169, 170-71, 175, 208-09, 215, 250, 263-64, 267-73, 275, 290-93, 307, 312, 316-17, 319, 333
apercepção 169-70, 174
atuação [*acting out*] 267, 269-71, 73
autismo 73, 235
autoerotismo 20, 52, 54

BALINT, Michael 108
bebê 11-12, 21, 24-29, 32-36, 39-41, 43, 45-78, 82, 84, 86-89, 92-98,

ÍNDICE REMISSIVO

103, 106-15, 118-46, 156, 158-65,
168, 171, 174, 178-80, 183-90, 209,
214, 223, 225-37, 238, 241-42,
245-46, 256, 258-59, 283, 285-
90, 292-93, 301-03, 307-09, 311,
313, 321-23, 325, 327, 329-31, 334;
recém-nascido 89
BEETHOVEN, Ludwig van 298
boca 114, 136-137, 193, 285
borderline 11-12, 46, 64, 68, 157,
168, 208, 210, 216, 242, 300-01,
303, 309, 330
BORNSTEIN, Berta 150-51
BOWLBY, John 26
brincar 42-43, 50, 61, 85, 96, 112-
13, 116, 135-37, 152, 185, 191-92,
198, 232, 237, 241, 288
BURTON, Richard 19, 26

CAMERON, Hector 251
caos 28, 77, 165, 210, 226, 228, 270
caráter 50, 65, 151, 157, 164, 195,
205-06, 254, 261-73, 276-78, 333
casa 32, 88, 93, 100-02, 107, 112,
116, 118, 132, 198, 254, 259, 271-72,
274-78, 286, 314, 319-20, 330
cérebro 70, 73, 162-63, 253,
279-80
chupar o dedo 137-38, 263, 329
cisão 27, 51, 57, 62, 97, 124, 138, 140,
186, 191, 214, 226, 228, 235-36,
266, 281, 287, 300, 315-16
ciúme 313, 316
clímax 18, 42-43, 163-64

clínica 50, 98, 140, 148, 160, 162,
165, 178-79, 182, 192, 212, 215,
222, 224, 251-52, 255, 274, 299,
328-29
colapso 74, 151, 165-66, 171, 175-76,
209, 271, 289, 293, 297, 306, 316
comer 129, 152, 222-23, 255
compulsão 32, 201, 270, 317
comunicação 98, 123-24, 156, 161,
193-95, 199, 229-30, 234-36,
240-47
conceber 114, 189, 237, 313; *concepção* 66, 114, 274, 329
confiabilidade 38, 40, 45-46, 57,
78, 88, 96, 103, 118-19, 122-23, 180,
200, 215-16, 234, 262, 269, 293,
309; *falha de* 122, 262
conflito 12, 17-18, 24, 28, 84, 148,
156, 171-72, 206, 216, 220, 224,
260-61, 266, 281-84, 290, 313,
332
consciência 19-20, 22, 40, 80, 111,
141
consideração [*concern*] 25-27,
29-30, 32, 86, 91-97, 100, 102-03,
105, 127, 144-45, 161, 225, 228,
284, 323
continuidade 26, 55, 57-59, 65, 68,
76, 89, 97, 131, 145, 174, 190, 318,
323
controle 17, 20, 21, 44, 49, 56, 64,
80, 107, 114-15, 162, 185, 226, 272,
288, 322, 334
corpo 42, 66, 70-72, 74-77, 85-86,
93, 107, 111, 115, 121, 128, 189, 222,

280, 287, 299, 308, 313, 322, 326-27
crença 38, 101, 118-20, 123
crescimento 15, 21, 24, 27-28, 39, 53, 61, 72, 75, 78, 83-85, 88, 91-93, 104-06, 109, 112, 115-16, 120, 129, 131-32, 137, 145, 165, 169, 174, 176, 182, 213, 215, 225, 230, 241, 254, 269, 287, 290, 293-94, 302, 308, 312, 314, 316-17, 324, 330, 332
criança 12, 18, 20-21, 23, 25-33, 36-37, 39-43, 47-49, 51, 53, 63-64, 70-73, 75-76, 78-86, 88-97, 102, 106-32, 138-54, 158-59, 163, 165, 169-71, 175, 180, 186, 189-92, 196, 200, 208, 220, 222-25, 227, 234, 237-38, 241-42, 246, 249-50, 254, 256, 258-60, 262-72, 275-76, 280, 283, 286, 290-93, 296, 303, 305, 314, 317, 321, 323, 325, 328, 330, 332-34
criatividade 119-20
culpa 15-33, 51, 86, 91, 96, 103, 113, 118, 129-30, 160, 162, 225, 294, 311
cura 32, 84, 160, 265, 267, 270, 272, 274, 281, 286, 293, 298, 314, 325, 334

Dedo, chupar o 114, 137-38, 168, 263, 328-29
defesa, mecanismos de 27-28, 50-51, 56-58, 62, 67, 73, 77, 124, 145, 149, 151, 156-57, 162-63, 168-69, 179, 181, 183, 186, 191, 193, 218, 224, 228, 240, 245, 265, 271; *falha de* 250; *maníaca* 162, 228, 245, 271, 315
deficiência 16, 73, 82, 86, 157, 162, 169-70, 173, 196, 219, 252, 331
dependência 11-12, 48, 51-52, 56, 60, 63-64, 68-69, 71, 77, 82-84, 98, 101, 104-06, 108-11, 114, 116, 119, 131, 140, 142, 157, 160, 168, 170-80, 183, 192, 209-10, 216, 226, 237, 265, 286-87, 290, 293, 301, 307, 309-10, 313, 315, 319, 321-28, 330
depressão 23, 67, 98, 113, 161-64, 166, 172, 195, 198, 200, 224, 228, 245-46, 270-71, 283-86, 289, 298-99, 309-11, 315, 318; *estado depressivo* 98, 299; *posição depressiva* 24, 26, 28, 35, 51, 130, 139, 162, 225-26, 228
deprivação 12, 32, 155, 167, 169-70, 175, 208, 215, 230, 263, 269, 274-75, 277, 290, 307, 317, 330-33
desejo 23, 34, 93-94, 101, 160, 172, 216, 241, 291, 307, 330
desilusão 111, 114, 306
desintegração 54, 76-77, 97, 151, 214, 287, 306
despersonalização 74-75, 77, 162, 285, 287-88, 314-15
destrutividade 23, 59, 99-102, 118, 129, 160, 225, 228, 270
diagnóstico 65, 73, 146, 148-49, 153, 163, 166, 169, 173, 182, 192, 208-09, 216-17, 249-50, 297, 311, 318-20, 328

ÍNDICE REMISSIVO

dissociação 11, 169, 182
distorção 62, 67-68, 145, 175, 177, 196, 203, 230, 262-64, 268
distúrbios 11, 50, 73, 80, 83-84, 157, 161-63, 170, 186, 206, 208, 216-17, 219-20, 231, 254, 256, 261-68, 271, 278-79, 283-84, 286, 294, 296, 302, 315-17
divã 99, 232, 304
doença 11, 22-23, 28, 33, 68, 73-74, 80-82, 84, 90, 150, 154, 156, 159, 163, 166, 170, 172, 175-76, 181, 186, 192, 200, 208, 210, 215-16, 220, 223-24, 236, 250, 253, 264-66, 268, 271, 279, 280-82, 284-91, 295, 302, 311, 313-15, 317-19, 322, 324-25, 327, 331-33
dor 114, 124, 189, 207, 223, 310
DUMPTY, Humpty 94

Édipo, complexo de 18-21, 24, 30-31, 35, 38, 49, 68, 84, 92, 102, 145, 147, 156-57, 161, 163-65, 214, 220, 223-25, 266, 281-82, 296-97, 301
educação 117, 119-20, 123, 126, 130-32, 250
ego 11-12, 17, 20-21, 26, 29, 36-44, 49-52, 54, 57-58, 61-63, 65, 69-76, 78, 85, 87, 91, 93-94, 98, 107-11, 138-40, 145, 148, 150-52, 156-57, 159, 161, 172-73, 176-77, 179, 183-84, 190, 193, 204-09, 214-15, 218, 225-26, 231, 237-38, 241-42, 246, 261-62, 265-66, 268-69, 271, 283, 287, 298, 300-02, 309, 311, 323-24, 326, 328, 331-32, 334; *falha de apoio* 208, 291
empatia 49, 54, 60, 64, 95, 310
enurese 31, 151, 263, 275
ERIKSON, Erik 128, 244
erotismo 56, 93, 223, 232; *erótico* 37, 93
escola 19, 23, 32, 132, 144, 195, 272, 274-77, 320
espontaneidade 33, 85, 95, 105, 184-86, 188, 191, 305
esquizofrenia 46, 49, 61, 72-74, 82, 84, 88, 166, 170-71, 208, 236, 264, 271, 283, 285, 287, 289, 301, 317, 330-31
esquizoide 72, 74, 166, 168, 232, 242, 271, 285-86, 306, 308
estar sozinho 36, 39-40, 43, 241
EU / NÃO EU 46, 55-56, 71, 73, 76-78, 86, 93, 115, 122, 222, 233, 242-43
excitação 25, 42-43, 77, 95, 147, 326-27

Falha 11-12, 21, 27, 33, 49, 62, 65, 69, 73, 91, 109-11, 122, 124, 141, 150, 158, 160, 162, 167, 170-71, 173, 175, 184, 208, 233, 240, 249-50, 265-67, 269, 275, 290-91, 331-34
família 18, 20, 23, 32-33, 92, 101, 107, 112, 119, 127, 187, 195, 197-200, 224, 239, 259, 263, 267, 270-72, 291-93, 313, 328

fantasia 19, 27-28, 31-32, 37-38, 76, 93, 95, 115, 128, 137-38, 145, 151, 160, 214, 216, 224, 227, 230, 298
fisiologia 60, 66, 92
FORDHAM, Michael 203-05, 208-10, 243
fracasso 16, 73, 97, 103, 157, 182, 264, 270, 277, 283, 285, 290, 300
FREUD, Anna 50, 145, 148, 157, 218-19, 227
FREUD, Sigmund 11, 15, 17-18, 20, 24, 28, 31-33, 35, 45-51, 59-60, 62-63, 66, 68, 93-94, 119, 121, 139, 144-45, 148-49, 151, 156-58, 161, 164, 168, 178, 187, 203, 205, 218-19, 223-27, 237, 258, 262, 287, 296, 299, 301, 321, 324
frustração 51, 78, 179, 182, 225, 227
fusão 38, 54, 56, 58, 62-63, 93, 95, 113, 122, 139, 159-60, 184, 210, 232-33

GLOVER, Edward 172
gratificação 60-61, 232
gravidez 107-08, 187, 325
GREENACRE, Phyllis 44, 57, 178

HARTMANN, Heinz 159, 266
HEIMANN, Paula 225
HIPÓCRATES 205
hipocondria 187, 214, 216, 224, 289, 299, 315
histeria 156, 158, 161, 166, 208, 261, 297, 315, 319
HOFFER, Willi 50

homossexualidade 82, 113, 151, 199, 282, 315
humor 161, 196, 263

Id 17, 20-21, 29, 36-37, 40-43, 49-50, 52, 58, 70, 75, 78, 85, 94-96, 103, 107, 152, 156, 172, 179, 183, 206, 231, 246, 268, 299, 311, 324, 332
identificação 33, 40, 42, 54, 67, 85, 87, 89, 113-14, 173, 187-88, 209, 231, 241
ilusão 185
impulso 18, 24-27, 40-42, 56, 72, 80, 83, 88, 93, 100-01, 120, 128, 152, 168, 172, 184, 227, 265, 286, 300, 308, 312, 321
inconsciente 17, 31, 33, 37, 43, 63, 101, 138, 145, 148-49, 153, 156, 163, 172, 204, 206, 208, 213-14, 216, 237, 251, 281, 284, 294, 317, 325, 333
incontinência 125, 151
independência 51, 57, 78, 81-83, 86, 95, 104-06, 109, 115-16, 174, 181, 215, 308
inibição 27, 41, 96, 205
inquietação 42, 76, 113, 191, 197, 273-74
insight 148, 214, 219, 306, 327
instinto 18, 27, 42, 59-60, 65, 87, 95, 107, 128, 145, 152, 159, 214, 226, 245
integração 29, 37-39, 49, 54, 70, 74-78, 81, 84-85, 88-89, 91,

341

96-97, 100, 114, 121, 127, 129, 140, 175, 184, 213, 215, 225, 255, 262, 283-84, 287, 289, 292, 294, 302, 308, 315, 332; *não integração* 41, 54-55, 76-77, 184, 199, 272; *desintegração* 292-93
intelecto 46, 71, 74, 150, 169, 183, 231, 287
interpretação 60, 63, 98, 100, 108, 138-39, 150-53, 203-04, 207, 209-10, 213, 233, 243, 270, 292, 298, 300-01, 310, 322-23, 326, 328, 333
introjeção 20-21, 39, 41, 43, 51, 57, 62, 77, 124-25, 152, 156, 159, 162, 165, 186, 214, 216, 222-23, 226-27, 237-38, 298-99, 300, 334
inveja 101, 148, 228

Jogo 112, 121, 193, 196, 198, 238, 242; *do rabisco* 196
JONES, Ernest 51, 219, 221
JUNG, Carl Gustav 203-04, 206, 208, 243

KLEIN, Melanie 24-26, 28, 38, 51, 55, 62, 130, 139-40, 145, 148-49, 157-58, 161-62, 219-27, 237, 245, 266, 299

LAING, Ronald 243, 246
latência 12, 84-85, 116, 143-44, 147-54, 220, 224, 273, 276, 280

linguagem 38, 66, 75, 86, 95, 108, 112, 120, 153, 204, 230, 236, 240, 247
LITTLE, Margaret 73, 211, 334
loucura 31, 100, 215, 283, 293, 303, 315
luto 113, 284, 298

MACBETH, Lady 22
mãe 18, 24-27, 29, 33, 35-36, 39-41, 43-44, 49-50, 53-73, 76-78, 83, 86-89, 92, 94-97, 103, 106-14, 122-23, 129, 131, 140, 145-46, 150-51, 159, 171-72, 174, 178-80, 183-88, 190, 195-201, 206, 209, 214, 225, 227, 231-32, 234, 238-39, 246, 249, 256, 259, 263, 273-77, 285, 288, 301-03, 308, 311, 313, 318-19, 324, 326, 328-30; *maternagem* 11, 50, 64, 73, 75, 92, 226
mamadeira 75, 82, 108
manejo 30, 32-33, 50, 57, 64, 72, 74, 77-78, 84, 90, 94, 97, 101, 110, 116, 132, 179, 208-09, 242, 256, 265-72, 278, 307, 316-20, 329, 334
manuseio 26, 61, 75, 87, 94, 200
masturbação 20, 37, 154, 263
maturidade 37-38, 43, 80-81, 83, 104-06, 142, 175, 205, 231, 250, 258, 280, 286, 314; *imaturidade* 39, 66, 81, 104, 109, 137, 140, 245, 280, 286, 290
médico 97, 195, 205, 207, 250-51, 253, 255-56, 258, 320, 328

medo 18, 21-23, 34, 114, 150, 154,
175-76, 197, 215, 226, 232, 306, 310,
316, 326, 334
metapsicologia 19, 57, 157, 161-62
morte 18-19, 23, 59, 112-13, 159,
226, 228, 245-46, 250, 284, 313
mulher 20, 26, 37, 65-66, 81, 110,
180, 187, 205-06, 322, 331

Narcisismo 35, 54, 75, 157, 159, 187,
241, 262, 315
nascimento 15, 19, 26, 58, 67, 72, 87,
107, 145, 174, 190, 273
natureza humana 17, 117-18, 121,
126, 128, 142
negação 162, 199-201, 228, 242,
245, 315
neurose 11-12, 22, 81, 139, 145-46,
157-58, 162-66, 170, 172, 203-10,
213, 216, 220, 228, 261, 280-86,
290, 292, 294, 296, 298, 309-10,
315, 317, 333; *neurótico* 28, 208,
223, 242, 296, 309-10; *psiconeurose* 163-64; *psiconeurótico* 297
normalidade 24, 166, 174, 181, 190,
263, 282, 317; *anormalidade*
21-22, 66-67, 168, 170-71, 183, 199,
202, 246, 262, 271, 279

Objeto 25, 38, 41-42, 66, 74-75,
93-95, 100-02, 124-25, 127,
129-30, 135-37, 145, 151, 157, 160,
163, 172, 184-85, 200, 206, 213-14,
222, 225-36, 239, 242, 246, 270,
274, 285, 287-88, 294, 298-302,
319, 323; *bom* 38, 91, 93, 101, 127,
226, 232-33, 276; *interno* 38, 223,
246; *mãe-objeto* 94-95, 129, 234;
perda de 50-51, 285; *relação
de* 52, 54, 56, 58-62, 74, 78, 85,
88-89, 93, 95, 97, 100, 105, 121, 129,
184, 222, 229-230, 234, 270, 274,
287-88; *subjetivo* 71, 112, 206, 213,
230-34, 236-40, 242, 288, 294,
300-02, 319; *transicional* 137, 231,
236, 241
ódio 17-19, 21-24, 37, 51, 59, 93-94,
98-99, 101-02, 111, 114, 118, 126,
202-03, 214, 216, 240, 245, 255,
272, 281, 294, 298-99, 310, 327
onipotência 44-46, 57, 59, 71,
77-78, 114, 182, 184-85, 215,
230-31
oral 26, 72, 95, 100, 104, 151, 160,
289, 307, 326
orgasmo 41-42, 56

Pai 18, 20-21, 23, 35, 44, 53, 69, 83,
87-89, 98-99, 107, 112-13, 122-23,
127, 131, 154, 180, 198-200, 204,
209, 218-19, 249, 277, 301, 313,
318, 324
paradoxo 17, 36, 40, 41, 46, 106,
232
parto 67, 187, 197
pênis 38
percepção 12, 40, 54, 67, 110,
115, 123-24, 167, 265, 288, 290,
323, 328

perseguição 34, 77, 138, 219, 224, 270
personalidade 11-12, 28, 37, 43, 57, 68, 70, 72-74, 76, 81-82, 85, 88, 111-12, 121, 127, 137, 156, 161, 164, 171, 175, 182, 186, 192, 204-06, 209, 219, 233, 240, 242-43, 254-55, 258, 262-65, 271, 281-89, 297, 300, 306, 308, 311, 315, 324, 326
perversão 199-200, 326
prazer 16, 40, 46-48, 52, 92, 127, 231, 241, 247, 255; *desprazer* 59, 63
ponto de vista 11, 16-17, 28, 49, 62, 67, 118, 140, 150, 163, 173-74, 183, 194, 219, 220, 222, 225, 227, 235, 256, 268-69, 283-85, 292, 298, 330-32
potencial 11, 18, 21, 46, 52-53, 57-58, 68, 82, 96, 98, 107, 115, 125, 160, 181-82, 184, 233, 314, 318, 320
prazer 40, 46-48, 52, 92, 127, 187, 215, 231, 255
preocupação materna primária 39, 66, 95, 107, 187, 231, 331
privação 12, 167, 231, 290, 332
projeção 38, 45-46, 51, 57, 62, 119, 165, 214, 222-23, 226-27, 237, 240, 299, 334
psicanálise 15, 20, 24, 28, 29, 33, 35, 44-46, 49, 51-52, 55, 58, 66-68, 77, 89, 108, 119-22, 131, 135, 137, 142-44, 146, 155-57, 163, 165, 168-69, 172-73, 177-78, 180, 182-83, 187, 193-94, 202-03, 205, 208-09, 212, 214, 216, 221, 227, 237, 240, 242, 244, 256-58, 260, 271-72, 277, 282, 284, 289, 298, 309, 317, 324-25, 329-31; *psicanalista* 15, 92, 165-66, 178-79, 192, 216, 281, 284, 286, 309, 329
psicologia 16, 20, 28, 33, 50, 54, 60, 66, 92, 106, 119, 139, 140-42, 160, 163, 226, 228, 230, 238, 251, 253, 260, 279-80, 284, 301
psicose 49, 61, 62, 66, 155-57, 161-67, 170-71, 208, 213, 216, 242-43, 271, 281-82, 290, 315, 331, 333; *psicótico* 161, 179, 208, 210-11, 271, 284, 300, 310, 332
psicossoma 55, 169, 183
psicoterapia (análise) 15, 18-19, 21, 26, 28, 45, 86, 90, 97-99, 102, 113, 137, 140-46, 148-51, 153-54, 156-58, 166, 168-69, 174, 180, 188, 192-94, 200-01, 203, 205-07, 210-15, 219-24, 227, 237, 242, 255, 258, 261-62, 265, 268-74, 278, 284-85, 289, 292, 296-99, 301, 303-07, 309, 312, 316, 318-19, 321-27, 330, 333
psique 55, 77, 85, 204, 287
psiquiatria 33, 73, 105, 143, 163-64, 166, 177, 179, 248-60, 279, 291, 324, 329, 333
puberdade *ver* adolescência

Raiva 23, 25, 51, 93, 109, 223, 225, 227, 245, 269, 326-27

reação 12, 51, 73, 76-78, 89, 109, 112, 122, 161, 170, 210-11, 232, 254, 264, 266, 269, 271-72, 290, 317, 321-23, 326-27
realidade 17, 20, 25, 28, 38, 41, 47, 52, 55, 57, 61, 71, 76-77, 81, 89, 94, 97, 106, 110-11, 115, 121-24, 135, 139-40, 147, 156, 162, 168, 172, 184-91, 203, 209, 213, 215, 222, 224, 228, 230-40, 247, 266, 288, 290, 297-99, 310, 314-15, 323, 326
reassegurar 99, 246
rebeldia 31, 33, 83, 313, 315
regressão 45, 52, 58, 63-64, 101, 156, 160-61, 178, 180, 183, 192-93, 208-09, 220, 266, 282, 293, 310, 315, 325, 327-30, 334
religião 22, 28, 118-19, 127, 236, 246
reparação 29, 96-98, 101, 103, 130, 225, 275, 317
repressão 21, 45, 138, 148, 151, 163, 281-84, 294
resistência 34, 100, 214, 328
responsabilidade 27, 37, 83, 91-92, 96, 105, 132, 145, 149, 200, 225, 250, 284
ressentimento 164, 263, 318
retraimento 34, 37, 141, 193, 201, 241, 243, 329
RICKMAN, John 172
RIVIERE, Joan 51, 224-25
roubar 32, 270, 274-75

Sadismo 26, 95, 151, 160, 223, 289, 307, 326
satisfação 12, 25, 45, 47, 58-59, 61, 63, 72, 86-87, 93, 108, 147, 160, 179, 188, 232, 311, 327
saúde 18, 21, 28-29, 48-49, 55-58, 61-62, 65-66, 69, 79-84, 86, 89, 93, 105-06, 109, 115, 124, 128, 131-32, 151, 161, 164, 172, 187, 190-91, 231, 233, 235-37, 240, 247, 250, 254, 256-58, 262, 265, 283, 286, 289, 301, 308, 312, 314, 317, 320, 325, 332; *falta de* 49, 67, 81, 286
SECHEHAYE, Marguerite 75, 88, 185
segurança 112, 199, 231, 259, 268; *insegurança* 61, 199
segurar [*hold*] 26, 53-54, 87, 108, 141, 184, 187-88, 199; *sustentar* [*hold*] 12, 26, 54-56, 58-61, 64-65, 67, 69, 73-75, 77, 96, 167, 207, 269, 272, 292-93, 295, 308, 310-11, 322; *falha em* 74, 77
seio da mãe 114
self / falso self / verdadeiro self 11, 17, 31, 50, 57-58, 60, 71-77, 93, 94, 107, 109, 115, 121-22, 124-25, 129-30, 145-46, 155, 159-60, 162, 167-69, 171, 173, 175, 177-94, 202, 209, 215, 211, 222, 227, 232, 234-36, 238, 240, 243-44, 247, 250, 272, 281, 283-84, 286, 289, 297-98, 315, 322, 332;
sensibilidade 60, 66, 128, 244
separação 33, 48, 50-51, 89, 97, 196-98, 200-01, 285, 327

23. ÍNDICE REMISSIVO

setting 45, 146, 158, 176, 212, 269, 274, 293, 309, 321, 328
sexualidade 68, 151, 156, 178, 282
SHAKESPEARE, William 82, 298
silêncio 34, 242, 245, 328
sintoma 22, 33, 63, 65, 151, 303
sobrevivência 100, 111, 129, 141, 285, 310
socialização 11, 30, 74, 105, 115, 120, 125, 131, 153, 264-65, 267, 271-72, 312
sofrimento 84, 183, 233, 265, 294, 306, 322
solidão 33, 36-37, 243-44
sonho 18, 50, 55, 85, 98, 191, 205, 214, 238, 281, 290, 303, 305, 318-19, 322, 326, 328; *pesadelo* 23, 98, 150, 222
STRACHEY, James 31, 138, 219, 221
subjetivo 112, 206, 213, 230, 232, 234-37, 242, 288, 294
submissão 168, 184, 186, 190
suicídio 168, 181, 250, 255, 276, 294, 306, 313, 317-18, 322, 326-27
sujeito 75, 145, 159, 196, 239, 285
superego 17, 19-22, 33, 118, 128, 132, 156, 161

Terapia *ver* psicoterapia
transferência 34, 40, 44, 52, 56, 62-64, 66, 69, 98, 100, 139, 146-47, 153, 157, 178-79, 187, 193, 203-06, 209-10, 213-14, 216-17, 223-24, 242, 269-71, 283-84, 286, 292, 298, 309-10, 321-22, 328, 330, 333-34; *contratransferência* 202-04, 207, 210-11
transicional 137, 213, 231-32, 236, 241
trauma 44-46, 58, 63, 83, 122, 154, 173, 176, 179, 190, 215, 240, 267, 269-70, 292, 322, 324, 330-32

Unidade, estado de 25, 38-39, 48, 52, 55, 70, 77, 92-93, 109, 114, 121, 124, 174

Verbalizar 49, 123, 153, 200, 213, 217, 242, 310
vingança 270-71, 286, 294
vivacidade 88, 245-46
voracidade 304, 307

YOUTH, Wayward 158

ZETZEL, Elizabeth Rosenberg 323-24, 330-32

SOBRE O AUTOR

Donald Woods Winnicott nasceu em 7 de abril de 1896, em Plymouth, na Inglaterra. Estudou ciências da natureza na Universidade de Cambridge e depois medicina na faculdade do hospital St. Bartholomew's, em Londres, onde se formou em 1920. Em 1923, foi contratado pelo Hospital Infantil Paddington Green – onde trabalhou pelos quarenta anos seguintes –, casou-se com a artista plástica Alice Taylor e começou sua análise pessoal com James Strachey, psicanalista e tradutor da edição Standard das obras de Sigmund Freud para o inglês. Em 1927, deu início à sua formação analítica no Instituto de Psicanálise, em Londres. Publicou seu primeiro livro em 1931, *Clinical Notes on Disorders of Childhood* [Notas clínicas sobre distúrbios da infância]. Em 1934, concluiu sua formação como analista de adultos e, em 1935, como analista de crianças. Pouco depois, iniciou uma nova análise pessoal, desta vez com Joan Riviere. Durante a Segunda Guerra Mundial, Winnicott trabalhou com crianças que haviam sido separadas de suas famílias e evacuadas de grandes cidades. Nos anos seguintes à guerra, foi presidente do departamento médico da Sociedade Britânica de Psicologia por duas gestões. Após um casamento conturbado, divorciou-se de Alice Taylor em 1951 e casou-se com a assistente social Clare Britton no mesmo ano. Foi membro da Unesco e do grupo de especialistas da OMS, além de professor convidado no Instituto de Educação da Universidade de Londres e na London School of Economics. Publicou dez livros e centenas de artigos. Entre 1939 e 1962, participou de diversos programas sobre maternidade na rádio BBC de Londres. Faleceu em 25 de janeiro de 1971.

OBRAS

Clinical Notes on Disorders of Childhood. London: Heinemann, 1931.
Getting to Know Your Baby. London: Heinemann, 1945.
The Child and the Family: First Relationships. London: Tavistock, 1957.
The Child and the Outside World: Studies in Developing Relationships. London: Tavistock, 1957.
Collected Papers: Through Paediatrics to Psychoanalysis. London: Hogarth, 1958.
The Child, the Family, and the Outside World. London: Pelican, 1964.
The Family and Individual Development. London: Tavistock, 1965.
The Maturational Processes and the Facilitating. London: Hogarth, 1965.
Playing and Reality. London: Tavistock, 1971.
Therapeutic Consultations in Child Psychiatry. London: Hogarth, 1971.
The Piggle: An Account of the Psychoanalytic Treatment of a Little Girl. London: Hogarth, 1977.
Deprivation and Delinquency. London: Tavistock, 1984. [póstuma]
Holding and Interpretation: Fragment of an Analysis. London: Hogarth, 1986. [póstuma]
Home Is Where We Start From: Essays by a Psychoanalyst. London: Pelican, 1986. [póstuma]
Babies and their Mothers. Reading: Addison-Wesley, 1987. [póstuma]
The Spontaneous Gesture: Selected Letters. London: Harvard University Press, 1987. [póstuma]
Human Nature. London: Free Association Books, 1988. [póstuma]
Psycho-Analytic Explorations. London: Harvard University Press, 1989. [póstuma]
Talking to Parents. Reading: Addison-Wesley, 1993. [póstuma]
Thinking About Children. London: Karnac, 1996. [póstuma]
Winnicott on the Child. Cambridge: Perseus, 2002. [póstuma]
The Collected Works of D. W. Winnicott. Oxford: Oxford University Press, 2016. [póstuma]

EM PORTUGUÊS

A criança e seu mundo, trad. Álvaro Cabral. São Paulo: LTC, 1982.

Da pediatria à psicanálise, trad. Davy Bogomoletz. São Paulo: Ubu Editora, 2021.

A família e o desenvolvimento individual, trad. Marcelo B. Cipolla. São Paulo: Martins Fontes, 2005.

Processos de amadurecimento e ambiente facilitador: estudos sobre a teoria do desenvolvimento emocional, trad. Irineo Constantino Schuch Ortiz. São Paulo: Ubu Editora/WMF Martins Fontes, 2022.

O brincar e a realidade, trad. Breno Longhi. São Paulo: Ubu Editora, 2019.

Consultas terapêuticas em psiquiatria infantil, trad. Joseti M. X. Cunha. Rio de Janeiro: Imago, 1984.

The Piggle: o relato do tratamento psicanalítico de uma menina, trad. Else P. Vieira e Rosa L. Martins. Rio de Janeiro: Imago, 1979.

Privação e delinquência, trad. Álvaro Cabral. São Paulo: Martins Fontes, 1987.

Holding e interpretação, trad. Sónia Maria T. M. de Barros. São Paulo: Martins Fontes, 1991.

Tudo começa em casa, trad. Paulo Cesar Sandler. São Paulo, Ubu Editora/WMF Martins Fontes, 2021.

Bebês e suas mães, trad. Breno Longhi. São Paulo: Ubu Editora, 2020.

O gesto espontâneo, trad. Luis Carlos Borges. São Paulo: Martins Fontes, 1990.

Natureza humana, trad. Davi Litman Bogomoletz. Rio de Janeiro: Imago, 1990.

Explorações psicanalíticas, trad. José Octavio A. Abreu. C. Winnicott, R. Shepperd e M. Davis (orgs). Porto Alegre: Artes Médicas, 1994.

Conversando com os pais, trad. Álvaro Cabral. São Paulo: Martins Fontes, 1999.

Pensando sobre crianças, trad. Maria Adriana V. Veronese. Porto Alegre: Artes Médicas, 1997.

WINNICOTT NA UBU
CONSELHO TÉCNICO Ana Lila Lejarraga, Christian Dunker, Gilberto Safra, Leopoldo Fulgencio, Tales Ab'Sáber

O brincar e a realidade
Bebês e suas mães
Tudo começa em casa
Da pediatria à psicanálise
Processos de amadurecimento e ambiente facilitador

wmf **martinsfontes**   **ubu**

Título original: *The Maturational Processes and the Facilitating Environment: Studies in the Theory of Emotional Development*

© The Winnicott Trust, 1984
© Ubu Editora, 2022

Tradução atualizada conforme critérios estabelecidos pelo conselho técnico.

PREPARAÇÃO DE ARQUIVO Beatriz Lourenção
REVISÃO DE TRADUÇÃO Gabriela Naigeborin
REVISÃO Cristina Yamazaki
COMPOSIÇÃO Denise Matsumoto, Lívia Takemura
FOTO DA CAPA E PP. 2-3 Nino Andrés
MODELO DE MÃOS Jorge Wisnik

EQUIPE UBU
DIREÇÃO EDITORIAL Florencia Ferrari
COORDENAÇÃO GERAL Isabela Sanches
DIREÇÃO DE ARTE E DESIGN Elaine Ramos; Júlia Paccola, Lívia Takemura (assistentes)
EDITORIAL Bibiana Leme; Gabriela Naigeborin, Júlia Knaipp (assistentes)
COMERCIAL Luciana Mazolini; Anna Fournier (assistente)
CRIAÇÃO DE CONTEÚDO / CIRCUITO UBU Maria Chiaretti; Walmir Lacerda (assistente)
DESIGN DE COMUNICAÇÃO Júlia França
ASSISTENTE DE MARKETING Luiza Michelazzo
ATENDIMENTO Laís Matias, Micaely da Silva
PRODUÇÃO GRÁFICA Marina Ambrasas

Nesta edição, respeitou-se o novo Acordo Ortográfico da Língua Portuguesa.

Dados Internacionais de Catalogação na Publicação (CIP)
Elaborado por Vagner Rodolfo da Silva – CRB-8/9410

W776p   Winnicott, Donald W. [1896–1971]
Processos de amadurecimento e ambiente facilitador: estudos sobre a teoria do desenvolvimento emocional / Donald W. Winnicott; Título original: *The Maturational Processes and the Facilitating Environment: Studies in the Theory of Emotional Development*. Traduzido por Irineo Constantino Schuch Ortiz. – São Paulo: Ubu Editora; WMF Martins Fontes, 2022. 352 pp.
ISBN UBU   978 85 7126 071 9
ISBN WMF   978 85 469 0392 4

1. Psicanálise. 2. Psicologia. 3. Pediatria. 4. Terapia. 5. Amadurecimento. 6. Distúrbios mentais. 7. Saúde mental. 8. Desenvolvimento emocional. I. Ortiz, Irineo Constantino Schuch. II. Título. III. Série.

2022-1896   CDU 159.964.2   CDD 150.195

Índice para catálogo sistemático:
1. Psicanálise 150.195   2. Psicanálise 159.964.2

EDITORA WMF MARTINS FONTES LTDA.
Rua Prof. Laerte Ramos de Carvalho, 133
01325 030 São Paulo SP
11 3293 8150
wmfmartinsfontes.com.br
info@wmfmartinsfontes.com.br

UBU EDITORA
Largo do Arouche 161 sobreloja 2
01219 011 São Paulo SP
ubueditora.com.br
professor@ubueditora.com.br
/ubueditora

FONTES Domaine e Undergroud
PAPEL Pólen Soft 80g/m²
IMPRESSÃO E ACABAMENTO Margraf